诚信的力量

马树林　刘玉广　段学忠　编著

红旗出版社

图书在版编目（CIP）数据

诚信的力量/马树林，刘玉广，段学忠编著.
—北京：红旗出版社，2016.5（2020.6重印）
ISBN 978-7-5051-3809-4
Ⅰ.①诚… Ⅱ.①马… ②刘… ③段… Ⅲ.①社会公德教育-中国-通俗读物 Ⅳ.①D648.3-49
中国版本图书馆CIP数据核字(2016)第120732号

书　　名　诚信的力量
著　　者　马树林　刘玉广　段学忠

出品人　唐中祥
总监制　褚定华
责任编辑　张明林
封面设计　李　妍

出版发行　红旗出版社
地　　址　北京市沙滩北街2号
邮政编码　100727
编辑部　010-57274597
E-mail　hongqi1608@126.com
发行部　010-57270296
印　　刷　香河利华文化发展有限公司
开　　本　710毫米×1000毫米　1/16
字　　数　357千字
印　　张　22.5
版　　次　2016年8月北京第1版
2020年6月河北第5次印刷
ISBN 978-7-5051-3809-4
定　　价　45.00元

欢迎品牌畅销图书项目合作　联系电话：010-57270270
凡购本书，如有缺页、倒页、脱页，本社发行部负责调换企业无信，则难求发展；社会无信，则人人自危；政府无信，则权威不立。

——习近平

人而无信，不知其可也。

——孔　子

夫信者，人君之大宝也，国保于民。民保于信，非信无以使民，非民无以守国。是故古之王者不欺四海，霸者不欺四邻，善为国者不欺其民，善为家者不欺其亲。不善者反之，欺其邻国，欺其百姓，甚者欺其兄弟，欺其父子。上不信下，下不信上，上下离心，以至于败。

——司马光

中华民族历来推崇诚信，所谓“人无信不立”“人而无信，不知其可也”、“不宝金玉，而忠信以为宝”，等等。领导干部有没有诚信、诚信度高不高，不仅关乎自身形象和威信，而且关乎社会诚信方面没有发挥好示范带头作用是一个重要原因。有的领导干部对上吹吹拍拍、曲意逢迎，说假话、汇假报、编假数字、造假政绩信手拈来，脸都不红；对下表空态，搞忽悠，到处许愿而不兑现，群众找上门来一躲而推三训斥；对同事则八面玲珑，见面拍肩膀，只说三分话，背后却嘀嘀咕咕，搞小动作、拉小圈子。对这种多重嘴脸、翻云覆雨的现象，党员、群众很有意见，希望好好治一治。

我们每个领导干部都要把诚实守信作为立言立德的起码要求，光明磊落、襟怀坦白，表里如一、言行一致，对党忠诚老实，对群众忠诚老实，对说过的话、做过的事敢于承担责任，做到台上台下一种表现、圈里圈外一个形象，决不搞见风使舵、看人下菜碟那一套，决不搞出尔反尔、欺骗忽悠那一套。

——摘自习近平 2013 年 8 月 31 日在辽宁考察工作结束时的讲话《领导干部要讲诚信、懂规矩、守纪律》

前　言

德国著名抒情诗人海因里希·海涅说："生命不可能从谎言中开出灿烂的鲜花。"所以，"万善之首必曰信。"（谭嗣同）

所谓诚信，按照《说文解字》的解释，诚，信也。诚信的本意就是诚实、守信。言必行，行必果。说老实话，办老实事，做老实人。

人无信不立。孔子曰："人而无信，不知其可也。"（《论语》）孟子也云："诚者，天之道也；思诚者，人之道也。"（《孟子·离娄上》）史学家司马光认为："夫信者，人君之大宝也。国保于民，民保于信；非信无以使民，非民无以守国。是故古之王者不欺四海，霸者不欺四邻，善为国者不欺其民，善为家者不欺其亲。不善者反之，欺其邻国，欺其百姓，甚者欺其兄弟，欺其父子。上不信下，下不信上，上下离心，以至于败。所利不能药其所伤，所获不能补其所亡，岂不哀哉！"

中华民族几千年来一直把诚信作为自己的立身之道、兴业之道、治世之道。历史上季布"一诺千金"，商鞅、吴起的"立木取信"，诸葛亮七擒孟获，曹操割发示三军，等等，都是中华民族历史上"以诚取信"的经典案例。

德无信不立。"意诚而后心正，心正而后身修，身修而后家齐，家齐而后国治，国治而后天下平。"（孔子）"君子养心莫善于诚，至诚则无它事矣。"（《荀子·不苟》）程颢、程颐认为"进学不诚则学杂，处事不诚则事败，自谋不诚则欺心耳弃己，与人不诚则丧德而增怨。"（程颢、程颐《二程粹言·论学篇》）

习近平总书记则深刻指出：“一个人只有明大德、守公德、严私德，其才方能用得其所。‘人失信，五德不行’。”

“信则立，不信则废。”诚信之于人类，犹如粮食、空气和阳光。一个缺乏诚信的民族，是没有灵魂和信仰的民族，也是没有希望的民族。改革开放30多年来，我国经济建设取得了令世人瞩目的成就，但也出现了党内严重腐败、道德沦丧、诚信严重缺失现象。另据中国人民银行研究局引用调查资料显示，因信用缺失造成企业直接或间接损失每年高达5855亿元，受此影响GDP减少2个百分点。另据2015年3月28日《北京晚报》报道，中国电商等八大行业诚信缺失。诚信的缺失不仅对整个社会造成了非常不良的影响，也对我国的国际形象造成很不好的影响。世界贸易组织总干事穆尔曾经尖锐地指出：“中国加入世贸组织后，从长远看，最缺乏的不是资金、技术和人才，而是信用，以及建立和完善信用体系的机制。”

党的十八大以来，以习近平同志为核心的党中央在治国理政上，提出了中国梦和中国精神、中国道路、中国力量，狠抓党的思想、组织建设，坚持高调反腐，坚持“老虎”“苍蝇”一起打，对腐败现象“零容忍”；坚持党对军队的绝对领导，坚持对军队大刀阔斧的改革，重塑军魂；坚持狠抓意识形态工作，提出了诚信等为内容的社会主义核心价值观和“四个意识”等等，使党的宗旨、信仰、理想、信念又开始回来了，社会风清气正，正气上升，歪风邪气得到了有效扼制，讲诚信风气和机制正在逐步形成。据2015年12月2日《京华时报》报道：我国法院失信被执行人名单库中已列入170万名“老赖”的身份信息。全国工商失信被执行人信息共享交换应用系统当月全面运行，“老赖”今后将不得在全国范围内担任任何公司的法定代表人、董事、监事和高级管理人员。工商总局和各地工商、市场监管部门的登记注册系统将对其登记申请进行自动拦截。其他一切丑恶现象，如贪污腐化、行贿受贿、假冒伪劣、制假售假、电信诈骗、卖淫嫖娼、拐卖人口等等也正在得到治理。一个“信行天下、诚信中国”的形象已初现端倪。

本书分为11篇，包括：诚信育人篇、诚信做人篇、诚信交友篇、诚信执政篇、诚信用人篇、诚信管理篇、诚信经营篇、诚信服务篇、诚信智慧篇、诚信家风篇、诚信警世篇等等。

本书具有以下鲜明的特点：

一是“正”，即故事充满正能量。本书210个故事，所有故事都不是编著者“编”出来的，有些是从古今中外一些著作和资料中精选出来的；有些是作者在基层调研、企业文化咨询和讲课中听来的，而后经过总结、归纳、整理的；不少是来源于百度网或其他网上的，包括每个故事的照片，等等。书的内容，包括中华民族上下五千年的诚信典型人物，横跨世界诸多文明国家。一个个精彩故事，如群星灿烂，竞相闪烁，照亮一片星空；如一片片花朵，倾倒一个季节；如矗立的一座座丰碑，供人仰慕，净化着人们的心灵，不断释放出正能量。不管是儿童、青年、老人，从书的每一个故事中都能够看到人间各种层次人心灵的真善美，从而受到感染、感悟、启迪和教育，找到自己的人生坐标。

二是“丰”，即诚信故事内容丰富，涵盖了国内外育人、做人、交友、执政、用人、管理、经营、服务、外交、家风和警钟等正反两方面故事，无所不包。为了增强故事的知识性、感染性和可读性，每个故事除了内容外，还增加了简介、人物图片，做到图文并茂。从故事类别看，有中国诚信故事，也有国外诚信故事；有古代诚信故事，也有现代诚信故事；有大人诚信故事，也有小孩诚信故事；有企业诚信故事，也有其他社会各个行业、各类人员的诚信故事，包括革命导师、帝王将相、总统、教授、学者、企业家、经营者、商人、工人、农民、留学生、大学生、军人、保安、个体户等等，各有代表。一个个故事栩栩如生，有血有肉，惊天地，泣鬼神，犹若一座座丰碑，给人以思想美、心灵美、人格美，使人不仅看到中华民族五千年诚信的源头，看到诚信在世界的闪光，也能看到在今天新的历史条件下，诚信在社会主义市场经济中的魅力。

三是“广”，即面向的读者群非常广。本书和作者过去编著的书不同，就是不单面向企业，而是面向整个社会所有人员。从幼儿、儿童到青年、成年和老年人；从企业到各行政事业单位，包括政府、机关、学校，各种办事机构等等，是适应全社会各阶层人员的读物。不但可以用来对幼儿、儿童、小学生进行启蒙教育，而对成年人的修身养性、增加阅历知识、扩大胸怀和视野都能起到一定的作用。

本书是一部集古今中外经典诚信故事之大成的书！

本书是一本呼唤诚信回归，弘扬社会主义核心价值观的书！

本书是一本讴歌古今中外诚信人物，特别是现代中国诚信人物，为诚信人物树碑立传的书！

本书是一本对社会各行各业、各类人员都有用，老少皆宜的书！

本书是一本营造“讲诚实、重信用、守承诺”氛围和环境，倡导“信行天下”的书！

希望广大读者喜欢。

编著者

2016 年 3 月 5 日

目　录

一、诚信育人篇

俗话说：三岁看小，七岁看老。一个孩子的教育，应当在他生前一百年就开始。古今中外的有大成就者，无一不是从儿时就非常注重诚信品德教育的。春秋战国时的思想家、教育家孔子把“信”列为学生教育的“四大”科目（文、行、忠、信）和五大规范（恭、宽、信、敏、惠）之一，就说明了这样一个道理。十年树木，百年树人。诚信教育要从娃娃抓起。

二、诚信做人篇

习近平说：“信则立，不信则废。”孔子曰：“人而无信，不知其可也”。因此，人应该“以信立身，以信立世，以信处事，以信待人。”一个人若不讲信用，就丧失了做人的起码资格，是不能在社会上立足的。

三、诚信交友篇

交朋友要有选择地交。就如孔子云：“与朋友交，言而有信。”朋友不信，则交易绝。马克思说：“友谊需要用忠诚去播种，用热情去灌溉，用原则去培养，用谅解去护理。”

四、诚信执政篇

习近平说：“政府无信，则权威不立。”“唯天下至诚，为能经纶天下之大经，立天下之大本。”墨子曰：“政者，口言之，身必行之。”执政，莫大于一个“信”字。王安石诗曰：“自古驱民在信诚，一言为重百金轻。今人未可非商鞅，商鞅能令政必行。”

五、诚信用人篇

孔子云:“举直错诸枉,则民服;举枉错诸直,则民不服。”意思是说:提拔正直的人,居于邪曲的人之上,老百姓才会服,;提拔邪曲的人居于正直的人之上,老百姓则就不服。习近平同志要求党员干部的标准有三条:“对党忠诚、个人干净、敢于担当”。第一条就是“对党忠诚”。“正直”“忠诚”之人,即诚信之人。用对一个人,激励一大批;用错一个人,搅乱整盘棋。只有“惟天下至诚,然后能立天下之大本”。

六、诚信管理篇

所谓诚信管理，即正视矛盾、揭露矛盾、解决矛盾的管理；即领导“一诺千金”“率先垂范”“以身作则”“不令而行”的管理；即领导与下属、与员工，企业与消费者心换心的贴心管理。

七、诚信经营篇

见利忘义，一败涂地。“为人不可贪，为商不可奸，经商只信义，无德不成商。”（胡雪岩）习近平说：“企业无信，则难求发展。”著名犹太商人约翰·皮尔特·摩根说：“我最重视的是人的品德，其重要性远远凌驾在钱或者其它事务之上……只要是我不信任的人，都别想在我这儿拿走一毛钱。”

八、诚信服务篇

最好的服务，就是心的服务，即诚心诚意的服务；就是一切为客户着想，一切为顾客的服务；就是海尔“忠诚到永远”的服务。随着经济全球化和创新时代的到来，以及市场竞争的白热化，商品将越来越丰富，各种商品的相似之处又大于不同之处，企业和商家拼的将是更诚心诚意的服务。

九、诚信智慧篇

美国哈特说：“诚信就像万有引力定律一样，适用于一切领域。”所以，有人把诚信看作傻，是不对的。一个人诚实守信，就是按照客观规律办事。所以，诚信本身是一种智慧。小诚信是小智慧，大诚信是大智慧。

十、诚信家风篇

所谓家风，指的是家庭成员的道德风貌和相沿成习的家庭传统。习近平说：“家庭是社会的基本细胞，是人生的第一所学校。不论时代发生多大变化，不论生活格局发生多大变化，我们都要重视家庭建设，注重家庭、注重家教、注重家风，紧密结合培育和弘扬社会主义核心价值观，发扬光大中华民族传统家庭美德，促进家庭和睦，促进亲人相亲相爱，促进下一代健康成长，促进老年人老有所养，使千千万万个家庭成为国家发展、民族进步、社会和谐的重要基点”。“家风正民风纯。”家是最小的国，国是千千万万的家，家国两相依。一玉口成国，一瓦顶乃家。好的家风是中华民族绵延不息的重要软实力，也是五千年中华文明璀璨不绝的基本基因。

十一、诚信警世篇

以铜为镜，可以正衣冠；以史为镜，可以知兴替；以人为镜，可以明得失。用孔子话说：“见不贤而内自省也。”

人的命运决定于教育。

——别林斯基

一、诚信育人篇

俗话说：三岁看小，七岁看老。一个孩子的教育，应当在他生前一百年就开始。古今中外的有大成就者，无一不是从儿时就非常注重诚信品德教育的。春秋战国时的思想家、教育家孔子把“信”列为学生教育的“四大”科目（文、行、忠、信）和五大规范（恭、宽、信、敏、惠）之一，就说明了这样一个道理。十年树木，百年树人。诚信教育要从娃娃抓起。

1. 列宁小时“认错”的故事

列宁（1870—1924），原名弗拉基米尔·伊里奇·乌里扬诺夫，列宁是他的笔名。世界上第一个社会主义国家奠基人。他继承了马克思主义，并与俄国革命相结合形成列宁主义，被全世界的共产主义者普遍认同为国际无产阶级革命的伟大导师和精神领袖。著名的马克思主义者，无产阶级伟大的革命家、政治家、理论家、思想家。

列宁从小性格就非常开朗，活泼好动，经常弄坏家里的东西。8 岁那年，有一次母亲带着他到阿尼亚姑妈家中做客。活泼好动的小列宁一不留神把姑妈家的一只花瓶打碎了，但是谁也没有看见。

后来，姑妈问孩子们：“是谁打碎了花瓶?”其他孩子都说：“不是我。”

而小列宁因为在生人家里，害怕说出实话会遭到不大熟悉的姑妈的责备，所以他也跟着大家大声回答：“不——是——我！”

然而，母亲看他的表情，已经猜到花瓶是淘气的小列宁打碎的。因为这孩子特别淘气，在家里经常发生类似的事情。但是，小列宁向来是主动承认错误，从未撒过谎。

于是，列宁的妈妈就想应该怎样对待孩子撒谎这件事呢？当然，最省事的办法就是直接揭穿这件事，并且处罚他，但是列宁的妈妈没有这么做。她认为，重要的是教育儿子犯错误后要勇于承认错误，做一个诚实的好孩子，而不是责备他。

列宁

于是她装出相信儿子的样子，在三个月内一直没有提起这件事，而是给儿子讲各种各样的诚实守信的美德故事，等待着儿子的良心深处萌发出对自己行为的羞愧感。

从那以后，列宁的妈妈明显地感觉到儿子不如以前活泼了，似乎是良心正在折磨着他。

有一天，在小列宁临睡前，妈妈又像往常一样，一边抚摸着他的头，一边给他讲故事。不料小列宁突然失声大哭起来，他痛苦地告诉妈妈：“我欺骗了阿尼亚姑妈，我说不是我打碎了花瓶，其实是我干的。”听完孩子羞愧难受的述说，妈妈耐心地安慰他说：“给阿尼亚姑妈写封信，向她承认错误，姑妈一定会原谅你的。”

于是，小列宁马上起床，在妈妈的帮助下，给姑妈写信承认了错误。

几天后，小列宁收到了阿尼亚姑妈寄来的回信。在信中，她不但表示原谅小列宁，还称赞小列宁是个诚实的好孩子。

小列宁得到原谅后，十分高兴，又像以前一样过着快乐的日子。他还悄悄地对妈妈说：“做诚实的人真好，不用受良心的谴责。”妈妈看着儿子会心地笑了。

点评：桃李不言，下自成蹊。对孩子出现的撒谎不是一味的批评，更不是指责甚至打骂，而应该是像列宁妈妈那样，不是责备他，而是通过循循善诱的启发和诱导，使孩子自我认识到错误和承认错误，做一个诚实的好孩子，使孩子产生“做诚实的人真好，不用受良心的谴责”的心理感受，那样才会产生意想不到的效果。

2. 宋庆龄“诚实守信”的故事

宋庆龄（1893—1981），中国民主革命的伟大先行者孙中山先生的妻子。伟大的爱国主义、民主主义、国际主义和共产主义战士，中华人民共和国名誉主席，举世闻名的20世纪的伟大女性。

宋庆龄

新中国诞生后，有一天，一个幼儿园接到上级通知，说宋庆龄副主席要来看望孩子们。大家高高兴兴做好了一切准备。谁知到了那一天，天气骤变，飞沙走石。大家纷纷议论：“宋副主席可能不会来了”“也许，风停了再来……”正在这时，只听大门外汽车喇叭声鸣，宋奶奶冒着漫天的沙尘来了。幼儿园老师很感动，一位老师歉疚地说：“天气不好，您就改个日子再来嘛！”宋副主席摇了摇头，认真地说：“不，我不能失信，我应该遵守诺言。”

宋庆龄从小就注重养成遵守诺言的美德，答应的事一定去做，从不失信。

在她小的时候，有一个星期六的下午，她和同学小珍约好第二天上午到她家来教小珍叠纸花篮。第二天，宋庆龄拒绝了与父母去李伯伯家做客，专心专意地在家等了一天，直到爸妈做客回家时，小珍也没有来。爸爸不无遗憾地说："唉，早知小珍不来，就不必等她……"宋庆龄接过话，说："爸爸，不对！小珍来不来，我都要等，虽然没有等到，但是我心里坦然。"

点评：从故事可以看出，宋庆龄之所以长大后能够成为中华民族德高望重的伟人，做到"我不能失信，我应该遵守诺言"，是因为她小的时候就非常注意养成遵守诺言的好习惯。故事再一次告诉我们：诚信是一个人从小时候养成的。小时候没有养成，老爱说谎话，大了再改就晚了。

3. 彭湃不吃偷来石榴的故事

彭湃（1896—1929），原名彭汉育，曾用过王子安、孟安等化名。广东省海丰县城郊桥东社人，出生于一个工商地主家庭。中共早期农民运动的主要领导人之一，也是广东海陆丰农民运动和革命根据地的创始人，中国无产阶级革命家。

彭湃

彭湃6岁上学，在学校里一直是个品学兼优的好学生。

一天中午放学，同学们三三两两走出校门。当路过一处大院的围墙时，有个同学突然嚷了起来："瞧，石榴！"大家闻声抬头，只见围墙里探出一枝石榴，枝头上挂满了红艳艳的大石榴，有的已经笑开了口，真馋人！"好大的石榴啊！""真红！""一定很甜！"大家你一言，我一语，赞叹不已。后来，不知谁冒出一句："摘一个尝尝吧！"随着，一个小同学蹬到大同学的肩膀上，爬上围墙，给每个人摘了一个石榴。

正当他们贪婪地吃着石榴时，彭湃从后面赶上来了。小同学见了，忙把自己手中的石榴掰了一半递给他。彭湃奇怪地问：“哪里来的?”小同学指了指石榴树：“摘的!”彭湃连忙把石榴退还给他，生气地说：“为什么要偷人家的石榴呢？可耻!”

回家后，彭湃把刚才发生的事告诉了妈妈。妈妈心里很高兴，首先夸他是一个有出息的好孩子，接着又故意试探地问他：“难道你就不想吃?”“我喜欢吃啊!”彭湃回答得很干脆。“那他们分给你，你为什么不要呢?”“那是偷来的，我不要!”“给你钱买，你要不要呢?”妈妈笑着说。“为什么不要，我要啊!”妈妈高兴地从兜里拿出一枚铜圆给他：“去买吧!”彭湃接过钱，有礼貌地道了一声：“谢谢!”蹦蹦跳跳地去买石榴了。

（来源：成功励志网）

点评： 家长是孩子的第一个老师，对孩子诚信品质的养成影响很大。故事告诉我们，小时候的彭湃是非就很分明，非常诚信。而他母亲教育孩子的方法也很好。对于孩子诚信的举动，首先就是表现高兴、夸奖，然后就是进行一定物质奖励，使之发扬光大。相反，如果孩子诚实做了好事，做父母的听了以后跟没有听一样，就不利于孩子诚实的行为保持和坚持下去。更错误的是，家长把孩子诚实守信的行为当成“傻”，不是爱护、表扬、奖励，而相反是进行责备、斥责。现代版的父母不少就属于这种类型。这是不利于孩子教育的。严重一点儿说，这是把孩子往坏路上引。做家长的头脑一定要清醒，要教育孩子是非分明，自己首先就要是非分明，教育孩子要志存高远，不要一切向钱看，而自己首先就要志存高远，不要一切向钱看，做孩子的榜样。

4. 孔子“金试颜回”的故事

孔子（公元前551—前479），名丘，字仲尼，春秋末期鲁国陬邑（今山东曲阜市东南）人。中国春秋末期著名的政治家、思想家、教育家，儒家学派的创始人。1985 年，美国把孔子列为世界十大思想家之首。

孔子

下面，是孔子考察颜回诚信的故事。

颜回家贫，在孔子的弟子中是最出名的。颜回平时不善言语，更使一些富贵子弟看不起他，有时还借故侮辱他。颜回从来不和这些同学计较，总是一个心思读书。

一天，有一个同学的铜方圈（镇纸）丢了，怀疑是颜回偷的。虽然有些学生在颜回面前进行旁敲侧击，但颜回始终镇定自若，不理不睬。这样，同学们就更加怀疑铜方圈是他偷的了。

一天放学后，同学们都到孔子面前说颜回偷了同学的铜方圈。开始，孔子不信，可告状人多了，孔子就生气了，没有想到自己门下竟会出小偷。可孔子转念一想，说颜回偷了同学的铜方圈又没有人抓住，假如不是他，岂不是白白冤枉了一个好孩子吗！于是，就拿出一锭金子写了几个字，说："那就试试他吧！"

饭后，颜回第一个来到学校，他一踏进教室的门就被一个硬东西碰了一下。颜回低头看见一个白纸包，打开一看，是一锭金元宝，纸包上写着："天赐颜回一锭金。"

颜回笑了笑，取出笔也在上面写了几个字，又把金子包好放回原处，然后走到自己的座位上，取出经书放声诵读起来。

一会儿，有的同学趁颜回不注意，就把那纸包拿回来给了孔子。孔子打开一看，纸包上又多了一行字：

外财不发命穷人。

孔子看了默不作声，那些诬赖颜回的弟子也都低下了头。

后来，丢失的铜方圈找到了。那个同学向颜回道歉，颜回只是一笑而已。

从此，孔子更加器重颜回了。颜回也不负师望，不仅学问大进，而且品德修养也居孔门弟子之首，成为孔子三千弟子、七十二贤的头一名。

（来源：寓言故事网）

点评：我国古代就非常重视对孩子诚信的教育。孔子作为中国历史上著名的思想家和教育家，在听到一个同学的铜方圈（镇纸）丢了都怀疑是颜回偷了的情况下，不是听风是雨、人云亦云，而是很注意方法，坚持“实践是检验真理的标准”，“金试颜回”。一个见了金子都能够做到“苟非之我所有，则分文不取”的人，怎么能偷同学的一个铜方圈呢？事情一下子就清楚了。后来，丢失的铜方圈找到了。故事告诉我们，诚信教育非常重要，诚信教育采取的方法也非常重要。相反，如果孔子听风是雨、人云亦云，不是颜回硬逼着颜回承认，这不但冤枉了颜回不说，而且还可能把一个品学兼优的好孩子逼到邪路上去。“反正不是我偷的也说我偷的，那我就索性偷好了。”所以，诚信教育还要重视诚信教育方法，否则也不会成功。

5. 孔子“眼见不为实”的故事

这也是发生在颜回身上的故事。

颜回（公元前521—前481），字子渊，春秋末期鲁国曲阜人。在三千弟子中，颜回是孔门七十二贤之首，被后世称为“复圣”。历代文人学士对他也无不推尊有加，宋明儒者更好“寻孔、颜乐处”。

颜回

这个故事在《吕氏春秋》中有记载：

孔子与颜回在陈国和蔡国之间的地方受困，七天都没有吃上米。有一天，颜回出去讨米，孔子在原地休息。不一会儿，颜回讨得米回来生火做饭。饭快要熟的时候，孔子远远地看见颜回用手抓锅里的饭吃，孔子“佯为不见之”。等到吃饭的时候，孔子就说：“我刚才梦见我的父先人，我要用饭来祭祀他。”颜回听了孔子的话，赶忙说：“不行啊，刚才房上有灰尘掉进锅里面，那些米我舍不得扔掉，被我吃过了。这饭不能再用来祭祀了。”孔子听了颜回的话，深为颜回的诚实所感动。因为按照当时的礼法规定，用来祭祀的饭菜所有人都不能先动一筷子，必须等到祭祀结束以后人才能吃。孔子这里说要祭祀父亲，只不过是想考验一下颜回是否能坦率承认自己已经吃过了锅里的饭而已。如果颜回什么话也不说，您要祭，我就给您把饭盛来让您祭祀好了。而他很诚实地说明自己吃过了，并且说明了自己吃的原因。不但表现出了自己的诚实，而且表现了对孔子的忠诚，因此，孔子一下子消除了误解。

（来源：精品学习网）

点评：古人云：耳听为虚，眼见为实。但故事告诉我们也不尽然。孔子远远地看见颜回用手抓锅里的饭吃，好像没错，经过再试颜回才了解事情的真相。再一次使颜回免受不白之冤。从中我们可以看出，教育家孔子并不是徒有虚名，而是实至名归。不管是老师、父母，包括我们一切做管理工作的人，都应该学习孔子关于人的管理教育方法和艺术。

6. 孟母孩子面前“不失信”的故事

孟母“三择邻处”和“断机”的故事家喻户晓，但你知道孟母教育孟子诚信育人的故事吗？故事是这样的：

当孟家还在庙户营村市集旁居住时，东邻有一个人杀猪，孟子不解地问母亲：“邻家杀猪干什么？”孟母当时正忙，便随口慢应道：“给你吃！”于是，孟子就十分高兴地等待食肉。孟母看到孟子十分高兴的样子，为了不失信于儿子，忍痛在家里生活捉襟见肘时，仍然拿出一部分钱买了一块肉，让儿子吃

孟母教子

了个痛快。

点评：叔本华说："凡是才慧卓绝的人，必有个理智优越的母亲。"孟子之所以成为"亚圣"，与其母亲教育和为其创造良好的学习环境有很大关系。故事告诉我们，做父母的不能因为怕孩子哭，就轻易对孩子许诺，更不能认为他们小，什么都不知道，就可以随意骗他。实际上，孩子现在的聪明程度是我们大人想象不到的。因此，在孩子面前不能轻易许诺，一旦许诺就要兑现。不能说了话不算话，更不能在孩子面前说谎。父母的一句谎话，上行下效，可能就会造成孩子谎话连篇、说谎的习惯，影响孩子一生诚信品德的养成。

7. 乐羊子妻"以鸡还鸡"的故事

汉朝的时候，乐羊子妻是洛阳有名的贤惠女子。一天，她到地里干活去了，只有小姑子自己在家。小姑子看见邻居家的一只母鸡跑到自己家的菜地里，就抓住给杀了，准备炖了给哥嫂吃。傍晚，乐羊子妻从地里干活回来看到碗里的鸡肉，就问是从哪里来的。小姑子不敢骗嫂子，如实相告。嫂子听了后，感到自己虽然家里穷，但也不能拿别人的东西。这鸡是人家养着用来下鸡蛋的，怎么能白吃人家的呢？所以，二话没说就朝着自己家的鸡窝走去。她挑了一只母鸡，给邻居家送去，并且向邻居道歉。小姑子被嫂嫂诚实守节、不贪小便宜的行为感动，以后也成为一个诚实正直的人。另外，还有"劝夫捐金于野""劝夫沉心求学"等故事也是写乐羊子妻的。

乐羊子妻劝夫

点评：像这样的事，编者小时候在农村生活时就见过。一家丢了一只鸡，女主人骂了好几天，什么脏话都骂出来了，要是遇到乐羊子妻就不会出现这种情况了。乐羊子妻“以鸡还鸡”的故事，不但教育了小姑子以后也成为一个诚实正直的人，而且还促进了邻里之间的和谐。故事很接地气，今天读了也很受教育。

8. 曾子“杀猪”的故事

曾子（公元前505—前435），名参，字子舆，生于春秋末年鲁国南武城（今山东嘉祥县）人，是黄帝的后代，也是夏禹王的后代，是鄫国（缯国）太子巫的第五代孙。春秋末期著名思想家、教育家，是孔子学生中唯一让后人尊称“子”的学生。在山东曲阜大成殿里，孔子塑像端立于神楼正中，塑身雕龙贴金，以孔子为中心，左一为颜回、左二为子思（孔子之孙）、右一为曾子、右二为孟子，可见曾子在儒家文化中的地位。

曾子

一次，曾子的妻子准备去市场赶集，孩子却哭着闹着要跟着去，于是，他妻子就诓哄孩子，回来后给他杀猪吃。等她从市场上回到家里，一眼就看到曾子正在磨刀霍霍准备杀猪，便忙问个究竟。曾子说：“你不是对孩子讲好赶集回来杀猪给他吃吗？”妻子急忙劝阻说：“我不过是跟孩子说着玩的，你怎么还当真呢？”曾子正色道：“我们不能哄骗孩子，因为孩子时刻都在模仿父母，现在你哄骗他，等于教他用同样的方法去哄骗别人。而且，当他知道你是为了哄骗他时，他就不再信任你了，将来你如何教育他呀？”最终，曾子还是把猪杀了，让孩子吃到了猪肉。

点评：“我们不能哄骗孩子，因为孩子时刻都在模仿父母，现在你哄骗他，等于教他用同样的方法去哄骗别人。”曾子的话说得多么好呀！事实不就是这样吗？现在，有些孩子爱说谎，不是孩子天生就会说谎，而是后天学来的，而且不少就是从父母那儿“学”来的。更有甚者，有的父母见了孩子说谎不但不纠正，反而认为是孩子聪明，脑筋转得快，听了一乐。更有甚者，甚至教孩子怎么撒谎，这样怎么能教育好孩子呢？我们做父母的一定要学习故事中的曾子，对孩子要讲诚信，许诺就要兑现。不能认为说着玩，说了不算话，说过就过去了。要一诺千金，说到做到，不放空炮。就如萧伯纳说的：“在我们对后代说‘诚实为上上策’之前，我们必须使世界变得诚实。”

9. 皇甫绩“信规求罚”的故事

皇甫绩（541—592），安定郡朝那县人，隋朝有名大臣。以博学闻名天下，历任信州总管、掌十州军事。

皇甫绩3岁的时候父亲就去世了，母亲一个人难以维持家里的生活，就带着他回到娘家住。外公见皇甫绩聪明伶俐，又没了父亲，怪可怜的，因此对他格外疼爱。

外公韦孝宽，是当地有名的大户人家，家里很富裕。由于家里上学的孩子多，外公就请了个教书先生，办了个自家学堂（私塾）。皇甫绩就和他的表兄弟们都在自家的学堂里上学。

外公是个很严厉的老人，尤其是对他的孙辈们，更是严加管教。在私塾开学的时候就立下规矩，谁要是无故不完成作业，就按照家法重打二十大板。

有一天，上午上完课后，皇甫绩和他的几个表兄躲在一个已经废弃的小屋子里下棋。因为贪玩时间就显得过得快，不知不觉就到了下午上课的时间。大家都忘记做老师上午留的作业。

第二天，这事被外公知道了，他把几个孙子叫到书房里，狠狠地训斥了一顿，然后按照规矩，每人重打二十大板。

外公看皇甫绩年龄最小，平时又很乖巧，再加上没有爸爸，不忍心打他。于是，就把他叫到一边，慈祥地对他说："你还小，这次我就不罚你了。不过，以后不能再犯这样的错误。不做功课，不学好本领，将来怎么能成大事？"

皇甫绩和表兄们相处得很好，小哥哥们都很爱护他。看到小皇甫绩没有被罚，大家心里都替他高兴。可是，小皇甫绩心里却很难过。他心想：我和哥哥们犯了一样的错误，耽误了功课。外公没有责罚我，这是心疼我。可是我自己不能放纵自己，应该也按照私塾的规矩，被重打二十大板。

于是，皇甫绩就找到表兄们，求他们代外公责打自己二十大板。表兄们一听，都扑哧一声笑了出来。皇甫绩一本正经地对他们说："这是私塾里的规矩，我们都向外公保证过触犯规矩甘愿受罚，不然的话就不遵守诺言。你们都按规矩受罚了，我也不能例外。"

表兄们都被皇甫绩这种信守学堂的规矩、诚心改过的精神感动了。于是，就拿出戒尺打了皇甫绩二十大板。

后来，皇甫绩做了大官，但这种从小养成的信守诺言、勇于承认错误的品德一直没有丢，这使得他在文武百官中享有很高的声望。

（来源：百度网）

点评：有志不在年高，无志空活百岁。"你们都按规矩受罚了，我也不能例外。"小皇甫绩幼年就有这种诚实、严于律己的精神，着实使人感动。故事告诉我们，一个从小诚实守信的孩子，长大后才是有出息的孩子，才是干大事业的孩子。

10. 司马光小时剥青核桃的故事

司马光（1019—1086），北宋陕州夏县涑水乡（今山西运城夏县安邑镇东北）人，初字公实，更字君实，号迂夫，晚号迂叟，自幼就比较聪明，“司马光砸缸家喻户晓”。北宋时期著名政治家、史学家、散文家，其代表作《资治通鉴》。

司马光砸缸漫画

下面，是司马光的父亲司马池对其诚信的故事。

司马光小时候一次跟姐姐一起剥青核桃。姐姐有事情离开，仆人就对司马光说：“你只要用热水烫一下，就好剥了。”姐姐回来，看他剥得特别快，剥了很多，就问：“你如何剥得这么快？你何以知道要用热水烫一下？”司马光回答说：“我自己本来就会的。”这个过程恰巧被父亲司马池看到了，见司马光说谎，就严厉地训斥他：“自己有多少本事就说多少话，不要欺骗别人去逞能。”司马光羞愧地低下了头。儿子初次逞能说谎，父亲慎于始，就给他纠正过来，才成就了司马光后来能够做大事的德行。以后，无论是为人处世还是学习，司马光总是十分诚实，不敢有半点虚假。

点评：司马光长大后能够成为历史名儒、宰相，与其父司马池“慎于始”，小时初次说谎就被及时纠正过来有很大关系。作为父母不能认为孩子小就迁就不管，对孩子首次教育印象非常深刻，教育得法甚至能够引导孩子的一生。发现孩子第一次说谎不管，等到孩子长大“出窑的砖定型了”，再管就晚了。正确的应该像司马光父亲那样，一旦发现，就第一时间指出来，这对孩子一生都会产生警钟长鸣的作用。

11. 梁颢守信抄书的故事

梁颢，北宋大臣。生于宋太祖建隆四年（963），卒于宋真宗景德元年（1004）。宋太宗雍熙二年（985）乙酉科状元。

梁颢

梁颢小时候，父母早逝，叔父收养了他。他自幼就喜好读书，可是由于叔父家境贫寒，买不起书，梁颢只好向别人借书。他从别人那里借来的书，总是按时归还，很守信用。有时，还书的期限快到了，他便连夜抄书。

一个冬天的晚上，天寒地冻，滴水成冰，梁颢仍在抄书。夜深了，天气冷得出奇。他抄了一会儿，就冻得手脚僵硬了。

叔父一觉醒来，发现梁颢屋里的灯还亮着，于是心疼地说："颢儿，今天你已经从早到晚抄了一整天，现在又抄到了大半夜，天又这么冷，这样下去会搞坏身体的。快收拾一下，等明天再抄吧。"

梁颢说："不行，我已经答应明天就把书还给人家，如果今天抄不完，明天还不了书，我就没有什么可读的了。"

叔父笑笑说："傻孩子，他们家里有好多书，不等着这一本，你跟他们说明情况，晚一天也没有什么要紧的。"

梁颢一脸严肃地说："做人要讲信用，我怎么能因这点小困难就失信呢？我答应明天还给人家，明天就一定还给人家。"说完，又低下头抄书。

第二天，梁颢按时把书送还给人家。主人惊讶地说："真没有想到你读书这么快。"

梁颢说："我还没有读呢，只是连夜把它抄了下来。"那人一听，惊得目瞪口呆，说："你真是个诚实守信的好孩子，将来一定会有大作为的。我这里还有很多书，你要借哪一本都可以，什么时候还都行。"

梁颢非常感激，随后就经常前去借书，而且总是按时归还，从没有失信过。

（来源：百度网）

点评："守信好学，将来必有出息"。古时，能成就大事业者，都是"守信好学"之人。梁颢中状元时，年仅22岁，被任命为大名府观察推官。雍熙四年（987），召为右拾遗，入值史馆。咸平二年（999），随真宗亲征，至大名，上书论用兵赏罚不明之弊，并献骑兵奔袭之术，得到朝野交口称赞。景德元年（1004），权知开封府，六月得暴病身亡，享年42岁。《三字经》对其都有记载，云：“若梁颢，八十二，对大廷，魁多士。”只不过把其终年四十二错写成八十二了。

12. 画家梁国志教子“学画先学做人”的故事

梁国志是清朝乾隆年间人士，他从小就聪明好学。可是他家里很穷，父亲想让他放弃学业，做些小生意来养家糊口。梁国志为此苦苦哀求父亲，让他再读几年书。街坊邻居见了，也觉得梁国志不读书太可惜了，就帮着说情，有的还愿意帮他出学费。父亲也盼着将来儿子能有出息，家里日子就好过了，于是就答应让他继续上学。

村子里的乡亲们都是忠厚老实的人，心肠很好。虽然都不富裕，但还是经常帮助贫困的梁家。全村的人都盼望着梁国志将来能有出息，好给村子争光。小国志知道，自己一定不能辜负乡亲们的期望，学习也就更加努力了。

由于梁国志从小就在这样一个和谐友好的环境下成长，因此，从小就养成了诚实、善良、正直的品格。

1741年，年仅17岁的梁国志中了举人。24岁那年，他又中了头名的状元。梁国志在朝廷当了官以后，不忘家乡父老，经常用自己的俸银为乡亲们办事。无论在哪里打官司，他都能够替老百姓着想，受到老百姓的好评。

梁国志不但学问高，人品好，而且还擅长书画。谁要是得到他的书画作品，都当作宝贝收藏起来。他的儿子受他的感染，很小的时候就对书画产生了兴趣，吵着让梁国志教他画画。

一天，儿子又拿着画笔来找父亲，还弄得满脸都是墨汁。梁国志见了就想笑，帮儿子擦了擦脸，然后语重心长地对儿子说：“学作画之前，要先学会做人，没有人格，永远也不会成为优秀的书画家。”

儿子抬起幼稚的小脸，很疑惑地问爸爸：“画画就画画呗，和做人有什么关系?”

梁国志说：“一个真正的画家，是用心在画，而不是用笔在画。如果你是一个诚实、正直的君子，你的画也就会充满正气，让人一看就觉得充满灵气。”

儿子眨眨眼睛，好像还不是很懂，于是梁国志就讲了宋朝大奸臣秦桧的例子。他说：“秦桧其实是一个很有才华的人，他的书法相当好，可他是历史上有名的奸臣，品行十分恶劣。他死了以后，人们一听到他的名字就咬牙切齿地骂他，没有人愿意收藏他当时留下的书法作品，都认为留着他的字会带来灾难，他的作品不是被撕毁后扔到粪坑里，就是让人用火烧掉。他的字现在留下的已经很少了，人们讨厌他的字，其实是讨厌他这个人。”

儿子点点头，好像明白一点儿了。梁国志又说：“诚信是做人的第一步，不说谎话、讲信用的人，才会挺起胸脯，光明磊落地做人。”

儿子听了，牢记父亲的教导，一生坚守诚信的品格，后来真的成了当时很受人尊敬的著名画家。

点评：“学作画之前，要先学会做人。”“诚信是做人的第一步，不说谎话、讲信用的人，才会挺起胸脯，光明磊落地做人。”清朝著名画家梁国志的话说得多么好呀！今天读起来仍然铿锵有声，具有很强的警示和教育作用。学画如此，做其他的事情不也是如此吗?

13. 陈谏议教子有方的故事

宋人陈谏议家里有一匹劣马，性情暴躁，不能驾驭，踢伤咬伤了很多人。一天，他走进马棚，没看到这匹马，于是责问仆人：“那匹马怎么不见了?”仆人说是陈尧咨把马卖给商人了。陈尧咨是陈谏议的儿子。陈谏议马上召来儿子，说：“你是朝中重臣，家里的仆人都不能制服这匹马，商人又怎么能养它呢？你这是把祸害转嫁给别人啊！”陈谏议赶紧命人去追商人牵回马，并把卖马的钱退给商人。

他告诫仆人把那匹马养到老死。当时的人都称赞陈谏议有一种古代贤仁之风。

陈谏议居家图

点评：诚实为人是古往今来中国人做人的道德准则。故事告诉人们，家长对子女的教育责任是终生的，不是一时的。在父母面前，晚辈多大也是孩子。只要发现子女身上不诚实的问题，不管孩子多大，甚至做了多么大的官，都应该像故事中主人公那样，尽到长辈的责任，都要对子女进行严肃认真的教育，令其改正。所谓十年树木、百年树人，讲的就是这个道理。

14. 美国“诚实节”的故事

在日历上，5 月 2 日是个非常普通的日子，但对于美国威斯康星州的中小学生来讲却很特殊，因为这一天要过“诚实节”。每年的这个时候，当地各个学校都会举行形式多样的活动，对学生进行诚实教育。

“诚实节”是为纪念一个年仅 8 岁的男孩而设立的，他因为坚持诚实而献出了自己的生命。

这个节日，来自一个悲惨而又真实的故事。

在美国威斯康星州蒙特罗市，曾有一个男孩名叫埃默纽 · 旦南。埃默纽 5 岁的时候父母双亡，成了一个孤苦伶仃的孤儿，生活无依无靠。这时，有个名叫诺顿的酒店老板对他说：“埃默纽，你到我的店里来干活吧！”后来他被诺顿夫妇收养为义子。老板是个贪婪的人，他这样做的目的只是为了讨得一个慈善的好名声，让大家以为他心地善良，帮他干更多的活。

转眼之间，三年过去了，埃默纽长到了 8 岁，他每天辛勤劳动，待人诚恳，彬彬有礼。

一天晚上，劳累了一天的埃默纽睡得正香，忽然，一声巨响惊醒了他。埃默纽不知发生了什么事，连忙起床到外面去看，一幕可怕的情景出现在他的眼前。“天啊，你们在干什么！”他叫起来。原来，老板夫妇正在杀人。被杀的是个商人，随身带了很多钱，晚上他在酒店喝酒，结果醉成一摊泥。诺顿财迷心窍，为了掠夺钱财，竟杀死了商人。

埃默纽看见鲜血四溅，顿时吓坏了，他连忙跑回到自己的小房间躲了起来。不一会儿，老板收拾干净外面的血迹，走进了埃默纽的房间。他装出悲哀的样子说：“孩子，你都看到了，杀死他我也很伤心。明天，如果警察来问这件事，你就说，这个商人喝醉了酒，见人就打，老板是为了自卫，把凳子扔过去，不料竟把他砸死了。”埃默纽望着凶狠的老板，胆怯却坚定地说：“不，爸爸，事情不是这样的，我不想说谎。”

老板生气了，逼着他说：“你必须得这样说，快向我发誓！”埃默纽摇摇头说：“不，我不想说谎！”老板恼羞成怒，说：“那我就不客气了！”说罢，他把埃默纽捆绑起来，吊在屋梁上，用鞭子抽打他。“照不照我的话说？”“不！”老板见埃默纽不改口，就狠命地抽打，最后，埃默纽被活活地打死了。

事后，诺顿夫妇受到法律的严惩。埃默纽小小年纪，至死不肯说谎，他的事迹深深地感动了人们。蒙特罗市政府为埃默纽建造一块纪念碑和一座塑像。纪念碑上写着：“怀念为真理而屈死的人，他在天堂永生。”威斯康星州政府决定每年5月2日为“诚实节”，以永久纪念这个诚实而勇敢的孩子。

点评：诚信是人类高尚之人共同的品德，也是人类共同崇拜的品德。美国蒙特罗市政府为纪念旦南——这个宁死也不肯说谎的孩子，建造了一块纪念碑和一个塑像，专门设立“诚实节”的节日的做法非常好！不但为诚信的孩子——旦南树立了一座不朽的丰碑，使之受到世人的敬仰，而且也为人们特别是青少年建立一所诚信品德教育基地。看到纪念碑和塑像，心灵就受到一次洗礼，思想就受到一次诚信教育。改革开放以来，很多西方的洋节日，什么情人节、愚人节、圣诞节等等都传过来了，让人不可思议的是，唯独富有教育意义的“诚实节”为什么没有传过来呢？或者说传过来了没有借鉴呢？是作者孤陋寡闻，还是至今没有呢？反正我没有看到。西方尚且如此重视青少年诚信思想品德教育，我们社会主义国家难道不应该更是如此吗？从中也可以看到，我国思想教育的现状和精神的缺失程度。

15. 华盛顿小时“招供”的故事

乔治·华盛顿（1732—1799），美国第一任总统。由于扮演了美国独立战争和建国中最重要的角色，故被尊称为“美国国父”，又称“合众国之父”。学者们将他和亚伯拉罕·林肯、富兰克林·罗斯福、伍德罗·威尔逊并列为美国历史上最伟大的总统。

华盛顿

华盛顿小时候，是一个既聪明又淘气的孩子。

一天，父亲送给他一把小斧头。那小斧头崭新崭新的，小巧锋利，小乔治可高兴啦！他想：父亲的大斧头能砍倒大树，我的小斧头能不能砍倒小树呢？我要试一试。他看到花园边上有一棵樱桃树，微风吹得它一摆一摆的，好像在向他招手：“来吧，小乔治，在我身上试试你的小斧头吧！”小乔治高兴地跑了过去，举起小斧头向樱桃树砍去，一下，两下……不一会儿，樱桃树就倒在地上了。他又用小斧头将小树的枝叶削去，把小树棍往两腿间一夹，一手举着小斧头，一手扶着小树棍，在花园里玩起了骑马打仗的游戏。一会儿，父亲回来了，看到心爱的樱桃树倒在地上，很生气。他问小乔治：“是你砍倒了我的樱桃树吗？”

小乔治这才明白自己闯了祸，心想：今天准得挨爸爸揍啦！可他从来不爱说谎，就对父亲说：“爸爸！是我砍倒了你的樱桃树。我想试一下小斧头快不快。”

父亲听了小乔治的话，不但没有打他，还一下子把他抱起来，高兴地说："我的好儿子，爸爸宁愿损失一千棵樱桃树，也不愿你说一句谎话，爸爸原谅诚实的孩子。不过，以后再也不能随便砍树了。"

小乔治望着父亲，懂事地点了点头。

（来源：百度网）

点评：孩子教育，很多都是从孩子不懂事时开始的。"爸爸宁愿损失一千棵樱桃树，也不愿你说一句谎话。爸爸原谅诚实的孩子。"这句话说得是多么好呀！因为多少棵樱桃树，都没有孩子诚实的品质可贵。这件事对华盛顿一生的影响都是非常大的。这从华盛顿的一句名言就可以看得出来："我希望自己有足够的勇气和美德来保持我认为是所有头衔中最好的品质——一个'老实人'的品质。"故事告诉我们，孩子教育不能见物不见人。孩子成长时期，因为小，不懂事，贪玩，经常弄坏东西，犯错误是难免的。故事告诉我们：在这种情况下，是孩子"诚实品质"重要，还是"樱桃树"重要？孰大孰小，哪头轻哪头重，做家长的心里一定要清楚，不能只见树木不见森林，捡了芝麻丢了西瓜。

16. 大卫·李嘉图童年"有约在先"的故事

大卫·李嘉图（1772—1823），荷兰犹太人，后来加入了英国国籍。英国资产阶级古典政治经济学的主要代表之一，也是英国资产阶级古典政治经济学的完成者。主要经济学代表作是《政治经济学及赋税原理》，使古典政治经济学达到了最高峰。

李嘉图9岁那年，有一天在放学回家的路上，看见一家百货商店的橱窗里摆着鞋口有皮毛的鞋子，式样很新颖，从没见有人穿过。李嘉图心想，要是能穿上这双鞋同学们肯定会羡慕。于是，就想买来一双满足自己的虚荣心。

回到家里，他跟家里人吵着要买那双鞋。大人们说："你没有看清那

大卫·李嘉图

双鞋的样子，不一定适合你穿。”

可是他说：“我就要那双鞋子，别的鞋子都让给弟弟妹妹们穿。”

于是，父亲就答应给他买那一双鞋子，不过条件是买来一定要穿，直到穿小为止，李嘉图爽快地答应了。

鞋子买回来了，李嘉图这才发现，这是一双木头鞋，是专门用来做样品的，穿着不但不舒服，而且当他穿着鞋子走在马路上时，所有的人都会盯着他看，因为这双鞋会发出很大的响声，每走一步就会“咔嗒”一声。本来是想满足一下自己的虚荣心，结果却让他在同学们面前丢尽了脸，全校都认识穿木头鞋的李嘉图。为了让声音小一点儿，他走路时不得不尽量放轻脚步。

一个同学问他为什么不换一双舒服点儿的鞋子，他说：“我已经答应我爸爸，必须把这双鞋子穿小，才能再换别的鞋子穿。再说我已经把我的几双鞋子都送给我的弟弟妹妹了，没有可换的鞋子了。”

那个同学说：“我可以借给你一双鞋子，你可以在学校偷偷地穿，回家的时候再换上那双木鞋。”

李嘉图说：“谢谢你，可是我不能接受。因为我已经和爸爸有约在先，我爸爸已经按照约定给我买了这双鞋子，我也必须按照当初的约定一直穿这双鞋子，不然，就是不诚实，不守信用。我爸爸说：不讲诚信的人是永远不会有成就的。”

（来源：百度网）

点评：“不讲诚信的人是永远不会有成就的。”这是成功人士成功的规律。小时候的李嘉图让人佩服的就是诚实守信，在学校始终按照当初与父亲的约定，一直穿这双鞋子。后来他能够成为世界著名的经济学家，与小时候就具有诚信品质的养成有很大关系。

17. 福克斯“拆亭子”的故事

一次，福克斯受邀去某大学演讲，有的大学生问他：“你在从政的道路上靠的是什么?”

福克斯说：“诚实和信用。”大学生窃窃私语，有的还发出轻微的笑声。因为每一个政客都是这么说的。那么，怎么才能使同学们相信他的话是真的呢？他给同学们讲了这样一个故事。

有一位孩子的父亲是绅士。有一天，他觉得园中的那座亭子应该拆了，于是就叫来了工人。而他的孩子对拆亭子很感兴趣，就对父亲说：“爸爸，我想看看是怎么拆掉这座亭子的，等我从寄宿学校回来再拆好吗?”

父亲答应了。孩子去上学后，工人却很快就把这个旧亭子拆了。

孩子放学回家后，发现亭子已经被拆除了，心里闷闷不乐，对父亲说：“爸爸，你骗了我。”

父亲惊讶地看着孩子。孩子说：“你说过的，那座旧亭子要等我回来再拆的。”父亲说：“孩子，爸爸错了，我应该实现自己的诺言。”

父亲很快召集来工人，让他们按照旧亭子的模样重新在原地上造了一座。亭子造好后，他叫来了孩子，对工人们说：“现在，你们可以拆掉这座亭子了。”

福克斯说，我认识这位父亲和孩子，这位父亲并不富有，但他却为孩子实现了自己的诺言。

大学生问：“请问这位父亲的名字叫什么，我们希望认识他。”

福克斯说：“他已经过世了，但是他的儿子还活着。”

“那么，他的孩子在哪里？他应该是一个诚实的人。”大学生们问。

福克斯平静地说："他的孩子就站在这里，就是我。"福克斯接着说："我想说的是，我愿意像我父亲一样，为自己的诺言为你们拆一座亭子，做一个品德高尚的人。"

（来源：百度网）

点评：不信不立，不诚不行。做父母的应该懂得，在诚信问题上，父母付出的代价越多，对孩子教育越深刻。福克斯父亲为了说话算数，在孩子面前实现了自己的诺言，把已经拆掉的旧亭子按照原来模样重新在原地上造了一座新亭子拆掉，在福克斯教育上就说明了这个道理。

18. 爱因斯坦追求真理的故事

阿尔伯特·爱因斯坦（1879—1955），犹太裔物理学家。他于1879年出生于德国乌尔姆市的一个犹太人家庭（父母均为犹太人）。1900年，他毕业于苏黎世联邦理工学院，入瑞士国籍。1905年，获苏黎世大学哲学博士学位。爱因斯坦提出光子假设，成功地解释了光电效应，因此获得1921年诺贝尔物理奖。同年，创立狭义相对论，1915年创立广义相对论。

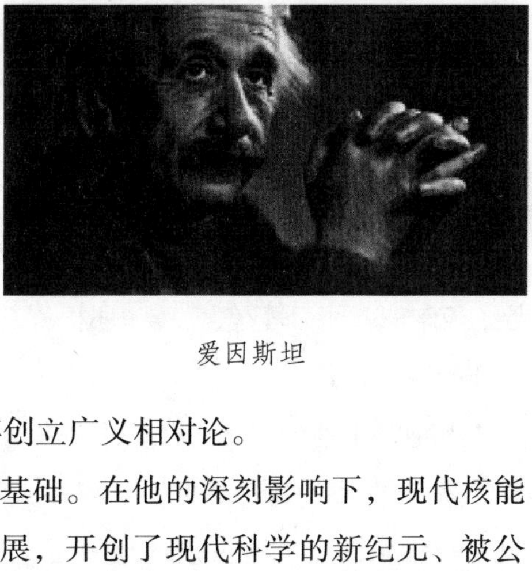

爱因斯坦

爱因斯坦为核能开发奠定了理论基础。在他的深刻影响下，现代核能科技开发与广泛应用取得了全新的进展，开创了现代科学的新纪元、被公认为是继伽利略、牛顿以来最伟大的物理学家。1999年12月26日，爱因斯坦被美国《时代周刊》评选为"世纪伟人"。

1940年，美国普林斯顿。一天早晨，在一条林荫道上，一个小姑娘突然看见一个奇怪的人，他个子不高，一件粗呢大衣像一条毯子似的裹在身上。穿着一双拖鞋，满头白发凌乱地飘落着，一双深凹的眼睛，稍稍低垂着，好像在凝思。他发现了小姑娘，微微一笑，便从小姑娘身边闪过，又思索着向前走去。小姑娘惊奇地望着他，奇怪这个童话中的人物怎么从书中跑了出来。吃晚饭时，小姑娘把自己的见闻告诉了家里人，父亲听后，放下手中的刀叉，沉默了一会儿说：“孩子，你今天看到的是世界上最伟大的人。”

这个人，便是伟大的物理学家阿尔伯特·爱因斯坦。

爱因斯坦发明的相对论，开创了物理学的新纪元。他揭示了四维时空与物质的统一关系，对于今天探索宇宙结构有重大的意义。他在自然领域拓展了人们的视野，开拓了科学革命的新时代，被称为现代物理学之父。

这位伟大的科学家并非一生下来就是天才，相反，他小的时候，智力发育比一般孩子都慢，只是由于无限的勤奋和对物理学的执着热爱，才把他造就成一位科学天才。

爱因斯坦于 1879 年生于一个犹太商人家庭，父母都希望他将来有所作为，但是渐渐地他们发现孩子智力发育很慢，不像一般孩子那么机灵聪敏，到了 3 岁才开口说话，父母着急了，他们请来了医生。医生说，孩子没有病，只是不善于说话而已。到了四五岁，爱因斯坦经常一个人对某一物体发呆，而且总是远离嬉笑玩耍的孩子，像生怕别人打扰一样，因此，他显得很孤僻。

5 岁时，父亲拿一只小罗盘给他玩。爱因斯坦捧着罗盘，见里面的指针转来转去，最后始终指向北方。他奇怪了。他把罗盘捧在胸前，把指针转一圈，又转一圈，不管怎么转，那根针总是指着北方。他呆呆地站在那里，手里捧着罗盘，默默地想：指针四周什么都没有，是什么神奇的力量把针吸住了呢？他呆呆地站在那里想，直到母亲喊他吃饭，他还站在那里思索。

一年秋天，爱因斯坦一家去郊游，当走进一片茂密的树林时，他却不见了。母亲到处找他，焦急地喊他，他却一个人在林间轻轻地穿行，一会儿摘下一片树叶，细心观察树叶的脉纹，一会儿观看阳光从树叶间透出的光斑。到了湖边，他蹲下身来，一动也不动地望着湖面上起伏的微波。当母亲好不容易找到他时，他正坐在地上，凝望着一队队忙忙碌碌来回穿梭的蚂蚁。“阿尔伯特”，妈妈一把拉起小爱因斯坦的手，发现他待的地方离她叫喊的地方很近，“你干吗不答应妈妈，让妈妈来回地跑？”“没有，妈妈，我没听见。”小爱因斯坦说，妈妈微微地叹了一口气。

为了给这个孤僻的孩子的生活带来一点儿乐趣，从6岁开始，妈妈开始教他拉小提琴。他对这个乐器发出的声音如对大自然斑斓的色彩一样，十分敏感，他学得专心致志。从此，小提琴就成了他漫长生命旅程上不可缺少的伙伴。每当工作疲倦时，他便拉起小提琴，使内心保持和谐与平静。

读小学时，由于他性格孤僻，同学们都歧视他，老师也不喜欢他。老师向他提问题时，他好像听不见一样，总是默默地思考自己的问题。于是老师便喊道：“爱因斯坦，站起来，站到大厅里去，等到中午放学回家！”小爱因斯坦便默默地走到大厅，站上两个钟头，老师还说：“这孩子真笨，什么功课都不好！”

实际上，小爱因斯坦不习惯学校那套死记硬背的教学方法，他有自己独特的独立思考的特点，在这种死板的学校环境中感受不到追求知识的快乐。爱因斯坦不喜欢学校的各种约束，总希望早点放学，好躲回家去，在家里，他就可以在理想和希望里遨游。由于对教育规范的不适应，使爱因斯坦曾经连续多次考试不及格。

爱因斯坦有个叔叔，名叫雅各布。雅各布叔叔很善于饶有趣味地讲解方程式，他给爱因斯坦讲解知识生动有趣，爱因斯坦很喜欢。

这天，雅各布叔叔给爱因斯坦讲代数课。雅各布叔叔说：“代数嘛，就像打猎一样，那头藏在树林里的野兽，你把它叫作×，然后一步一步逼近它，直到把它逮住！”通过雅各布叔叔生动形象的讲述，代数的真谛便深深地印在爱因斯坦的脑海中。

几何也是雅各布叔叔给他启蒙的。雅各布叔叔在纸上画了一个直角三角形，标上A、B、C，慢慢地一笔一画地写上公式，然后对爱因斯坦说：“这就是大名鼎鼎的毕达哥拉斯定理，两千多年前的人就会证明了。孩子，你也来证证看。”

12岁的爱因斯坦，根本不懂什么叫几何，但是他被这个定理迷住了。他双手支着脑袋，皱起眉头，一连三个星期，总是坐在自己的小书桌前苦苦思索。最后，居然给证明出来了。爱因斯坦第一次体验到认识真理的快乐，他的创造才能萌发了。

不久，雅各布叔叔送给他一本几何教科书。他捧着这本书，读得心醉神驰，那一个个几何定理的证明，严密得滴水不漏，使人不能有半点怀疑，人的思维是那样明晰、那样可靠，给他留下了难以形容的印象。

14 岁时，爱因斯坦开始学习高等数学，当同学们还在等边三角形的浅水中扑腾时，他已经在微积分的大海中畅游。数学老师也不是他的对手，常常被爱因斯坦问得张口结舌。因此，老师不喜欢他，说他“生性孤僻”“不守纪律”“想入非非”，以至于爱因斯坦的父亲问学校校长，爱因斯坦将来该从事什么职业时，校长毫不掩饰地说：“干什么都一样，他长大后绝对不会有什么成就的。”由于同样的原因，数学老师对爱因斯坦说：“爱因斯坦，你永远不会有作为的。”这些话深深刺痛了爱因斯坦的心。“我一定会有作为的。”他在心里默默地说。

爱因斯坦对许多问题有自己的独特看法。在中学，他经常思索这样一个问题：假设光的接收器眼睛，跟随在光的后面，用光速飞奔，会发生些什么情形呢？对此，他作了种种设想，但找不到答案。实际上，在他这个奇怪的想法里，已经孕育了相对论的萌芽。

有一次，爱因斯坦爬上一架梯子挂一幅画，由于他专心地思考自己的问题，一不小心，竟从梯子上摔了下来。他马上想到一个问题：“人为什么笔直摔下来呢？”经过认真思考后，他得到了答案，他认为物体是沿着阻力最小的路程运动的，这对他后来研究广义相对论给予了很大的启发。

15 岁时，爱因斯坦报考苏黎世的瑞士帮工学院，但没有被录取，他又补习一年，16 岁时，终于考上了大学。在大学学习中，爱因斯坦表现了自己的特点：他集中精力在能够导致深邃知识和发挥自己的创造性的问题上面，而把其他东西撇下不管，以便不因负担过重而离开研究的要点。就这样，他以自己独特的思考问题方法，发明了举世闻名的“相对论”，开创了物理学的新纪元，成为世界上最伟大的科学家。

（来源：百度网）

点评：人并非短暂蜡烛，而是光辉的火炬。人的天赋就像火花，它既可以熄灭，也可以燃烧起来，而使它能够燃烧成熊熊大火的就是人的兴趣和爱好。父母教育的成功，就是发现孩子的兴趣和爱好，并加以科学的引导。科学的引导，就是“诚”，就是按照客观规律办事，就是实事求是。没有科学的引导，就没有科学天才的爱因斯坦。爱因斯坦的成长过程，难道不能给我们做父母的在如何教育培养孩子上一点儿启发吗？

19. 美国“无名小孩”和“总统”陵墓的故事

在纽约的河边公园里矗立着南北战争阵亡战士纪念碑，每年都有许多游人来祭奠亡灵。美国十八届总统、南北战争时期担任北方军统帅的格兰特将军的陵墓，坐落在公园的北部。陵墓高大雄伟、庄严简朴。陵园后方，是一片碧绿的草坪，一直绵延到公园的边界——陡峭的悬崖边上。格兰特将军的陵墓后面更靠近悬崖的地方，还有一座小孩子的陵墓。那是一座极小极普通的墓，在任何其他地方，你都可能会忽视它的存在。它和绝大多数美国人的陵墓一样，只有一块小小的墓碑。在墓碑和旁边的一块木牌上，记载着一个感人至深的故事：

无名小孩

故事发生在200多年前的1797年。这一年，这片土地的小主人才5岁的时候，不慎从这里的悬崖坠落身亡。其父伤心欲绝，将他埋葬于此，并修建了一个小小的陵墓，以作纪念。数年后，家道衰落，老主人不得不将这片土地转让。出于对儿子的爱心，他对今后的土地主人提出了一个奇特的要求，他要求新主人把孩子的陵墓作为土地的一部分，永远不要毁坏它。新主人答应了，并把这个条件写进了契约。这样，孩子的陵墓就被保留了下来。

沧海桑田，一百年过去了。这片土地不知道转卖过多少次，也不知道换过了多少个主人，孩子的名字早已被世人忘却，但孩子的陵墓仍然还在那里。它依据一个又一个的买卖契约，被完整无损地保存下来。到了1897年，这片风水宝地被选中作为格兰特将军的陵园。政府成了这块土地的主人。无名孩子的墓，在政府手中依然被完整地保留下来，成了格兰特将军陵墓的邻居。一个是伟大的历史缔造者之墓，和一个无名孩童之墓毗邻而居，这可能是世界上独一无二的奇观。又一个一百年后，1997年的时候，为了缅怀格兰特将军，当时纽约市长朱利安尼来到这里。那时，刚好是格兰特将军陵墓建立一百周年，也是小孩去世两百周年的时间，朱利安尼市长亲自撰写了这个动人的故事，并把它刻在木牌上，立在无名小孩陵墓的旁边。美国第十八届总统、南北战争时期担任北方军统帅的格兰特将军的陵墓旁，因为诚信，一个无名小孩的陵墓在此受万人敬爱。

（来源：百度网）

点评：一百年过去了。这片土地不知道转卖过多少次，也不知道换过了多少个主人，孩子的名字早已被世人忘却，但孩子的陵墓仍然还在那里。因为大家都讲诚信，都按照契约办事。从中我们可以看到“信用的力量”。今天，我们正在全面建设法制社会，再加上社会主义制度，我相信我们法制社会的前景将更美好。

20. 屠格涅夫“挨打也不改”的故事

伊凡·谢尔盖耶维奇·屠格涅夫即伊万·屠格涅夫（1818—1883），19世纪俄国享有世界声誉的“现实主义艺术大师”和“现实主义作家”。俄国19世纪批判现实主义作家、诗人和剧作家，其代表作是1847—1852年发表的《猎人笔记》。其主要著作有：《帕拉莎》《地主》《罗亭》《贵族之家》，中篇小说《阿霞》《多余人的日记》，长篇小说《前夜》《父与子》《烟》和《处女地》等等。他的作品极大地丰富了俄国的文学宝库，为俄国文学的发展做出了巨大贡献。

屠格涅夫从小就爱读书，尤其爱读诗歌和寓言，并有很好的鉴赏能力，且能直率地谈出自己的观点。

屠格涅夫的妈妈性格暴躁，经常体罚自己的儿女。一次，寓言作家伊凡诺维奇·得米特里耶夫到屠格涅夫家做客。屠格涅夫的妈妈对那位作家说："欢迎您，我的孩子读过您的寓言。"说罢，就叫屠格涅夫当场朗诵得米特里耶夫的寓言。

屠格涅夫

屠格涅夫认真地朗诵了一首。

屠格涅夫看着母亲，然后对得米特里耶夫说："先生，您的寓言很好，但是，伊凡·安德烈耶维奇·克雷洛夫的寓言更好，我更爱朗诵他的。"

得米特里耶夫听了大笑起来。母亲听了却不高兴了。

客人走了以后，母亲将屠格涅夫狠狠地揍了一顿，并问他挨打的原因。屠格涅夫很不服气地说："克雷洛夫的寓言就是更好嘛！我为什么不能说实话呢？"

（来源：百度网）

点评：屠格涅夫说得对，做得也好。小孩子就应该诚实，就应该实话实说，不说昧心眼的话。而他妈妈因此打他是不对的。像屠格涅夫妈妈这种人，中国家长中也比比皆是。殊不知，这是家长把孩子往说谎的道上引。屠格涅夫后来成为19世纪俄国享有世界声誉的"现实主义艺术大师"和"现实主义作家"，与其有无关系另当别论，但他坚持实话实说，"挨打也不改"的精神，是我们中国小朋友应该学习的。

21. 小男孩与鸽子的故事

有一个9岁的小男孩非常喜欢鸽子，每天早晨他都要到广场去喂鸽子。那些鸽子渐渐地和小男孩熟悉了，它们会毫无顾忌地飞落在小男孩脚下，甚至飞到他的肩膀和手掌上，他们已经成为朋友了。

有一天，美术老师对小男孩说：“你能带一只鸽子到课堂上来吗？我们要学画鸽子。”小男孩爽快地答应了。上美术课时，他带来了一只洁白的小鸽子。那堂美术课，同学们画得格外认真。

然而，当小男孩将那只鸽子放飞到广场时，那一群鸽子开始用惊恐的眼神盯着他，他走近任何一只鸽子，所有的鸽子都会飞走。从此，再也没有鸽子愿意飞到他的身边。

只有一次背弃，小男孩便失去了一群亲密的朋友。他伤心极了，非常懊悔。

点评：故事虽然讲的不是人是鸽子，但道理似乎是一样的。信誉建立起来不是一劳永逸的，不小心的一次失误，信誉就会失去。而一旦失去，就无法弥补。所以，一个人信誉建立起来难，保持信誉更难。一次失信，会造成一生无法弥补的损失。

22. “对”与“错”的故事

一个小学语文老师给学生布置了这样一道题：

假如你遇到孔融的情况，你会让梨吗？有个学生回答“我不会让梨”，结果，老师判了这道题错！

怎么看待老师的判卷呢？有人说：“这个学生的回答可能不符合我国的传统道德，但是作为一个小学生如果心里本来就是这么想的，按照自己真实想法就这样回答又有什么错呢？因为他符合我们教育孩子从小就要讲诚信、不说谎话的教育原则。如果小学生为了迎合教师的心理或者为考高分，而违心地回答‘我愿意让梨’，使得老师无法及时发现其说谎的错误倾向，其后果不是更严重吗?”你是怎么看待这个问题的呢?

点评：故事反映了学生“本真”和“修身”之后的差别，不是诚信对错问题。学生小，不懂得中华民族传统文化，即“父慈子孝，兄友弟恭”“孝于亲，所当执”“弟于长，宜先知”等道理，本真回答“我不会让梨”也不能说错。因为诚信教育本来就是教育学生讲真话。“玉不琢，不成器，人不学，不知义”。但通过学习教育，如果再回答“我不会让梨”，就不对了。一个人只有懂得中国礼仪，“兄友弟恭、朋谊友信”的道理，才能受到别人的尊敬、社会的认可。孟子曰：“不修其身，虽君子亦为小人”，讲的就是这个道理。习近平同志指出：“一个人只有明大德、守公德、严私德，其才方能用得其所。”可能也是这个意思。

以信立身，以信立世，以信处事，以信待人。

——潘叙伦

二、诚信做人篇

习近平说：“信则立，不信则废。”孔子曰：“人而无信，不知其可也”。因此，人应该“以信立身，以信立世，以信处事，以信待人。”一个人若不讲信用，就丧失了做人的起码资格，是不能在社会上立足的。

23. 胡志明“终身未婚”的故事

胡志明（1890—1969），原名阮必成，参加革命后曾改名为阮爱国，出生于越南中部义安省南坛县黄稠村外祖父家，在金莲村父亲家长大，是越南传奇式伟大领袖。早年当过教师、海员和杂役，1920 年在法国加入共产党，成为法共最早的党员之一。1923 年到苏联学习，1924 年参加共产国际五大，1945 年当选越南民主共和国主席。上个世纪 60 年代领导越南全国人民进行抗美救国战争。为培植和发展越中两党、两国人民的兄弟友谊和战斗团结进行了不懈努力。

20 岁那年，胡志明从故乡义安省的丛林中走出来，登上了去法国的轮船，远渡重洋，开始到马克思主义的故乡去寻找革命真理。在漫长的两个月旅行中，他结识了一个出身大家闺秀、美丽温柔、亭亭玉立的本国姑娘，高贵的教养和气质，孜孜不倦地寻求国家独立的理想和壮志，使他们很快吸引了。1923 年，胡志明去苏联学习，他与那位生死相恋的女友取道回国，传播革命火种，洒泪相别。胡志明投奔十月革命发源地苏联之后，来到了中国广州，成立了越南青年革命同志会，参加组建东亚被压迫民族联合会。

胡志明

就在胡志明全身心投入越南民族解放运动的时候，噩耗突然传来，他生死相恋的女友被敌人残酷地杀害了。胡志明悲痛万分，痛不欲生，几天时间，他本来消瘦的脸庞又陷下一圈。一天，他把越南青年同志会的几位同志叫到一起，郑重宣布：

“越南不解放，我今生今世不准备成家！”他说这个誓言时，镇静、严肃，在场的人无不为之肃然起敬，对胡志明又添了几分敬意。后来，这件事传遍了整个越南共产党，差不多所有的越南人都知道。这个誓言一直激励着越南人民为祖国独立和统一而斗争。

但人的情感世界是非常复杂的。胡志明的感情平静下来不久，一位年轻美丽的中国共产党的女党员又走进了他的内心世界。

情况是这样的：1930 年，单身的胡志明来到了广州，住进了旅店。当时，白色恐怖非常严重，胡志明多次遭到了盘查、监视，为了安全起见，胡志明只好与当时的广东省地下省委联系，请求帮助。于是，广东省委派去了一位年轻貌美的女共产党员和胡志明扮演假夫妻作掩护。这位女同志生于官宦之家，受过良好的高等教育，曾是五四时代的先锋女性。当她第一次和胡志明见面时，胡志明就惊呆了。这不就是自己初恋的情侣又重返人间了吗？为了掩护胡志明在广东、香港一带开展革命活动，这位年轻貌美的女共产党员，以一个妻子的身份照顾胡志明的生活起居，可他们却保持着纯洁的同志情谊，不肯越雷池一步。

几度别离，几度春秋。时间越长，胡志明和中国那位女共产党员的感情和思念就越加浓烈。1949年新中国成立以后，那位女共产党员已经成为中国南方某省的高级领导人，但她始终独身一人，因为她的内心世界始终期盼着那长长的等待有最终的结局。1958年，中共华南局书记兼广东省第一书记陶铸偕夫人去越南休假养病。胡志明主席在看望他时，非常郑重地向他提出了一个要求："我现在年事已高，备感生活孤独，请你回去以后转告毛主席和周总理，我们那事就秘密办了，少年夫妻老来伴嘛！"回到北京后，陶铸正式向党中央和毛主席转达了胡志明的意思。毛主席沉吟了一下，对周恩来总理说："恩来，这桩事可是小事不小哟，事关中越两党两国的关系，你与越南的同志们商量一下。"

当越共中央从驻华使馆获悉胡志明主席准备成家的消息时大为震惊，越共党的总书记专门召开政治局会议进行讨论，由于种种原因，讨论的结论是不能同意这桩婚姻。其理由是胡志明曾经说过越南不解放统一，他将终身不娶，这件事在越南影响极大。一旦胡主席成家，就意味着放弃解放南方的神圣事业，在人民中造成消极的情绪，这会影响胡主席国父的形象。

胡志明听到后无话可说，心中懊悔万分。他仰天长叹一声：我对得起越南3400万人民，却对不起自己心中的女人。1968年，胡志明相恋的中国女友溘然去世。1969年9月2日，越南国庆日，胡志明主席的心脏也停止了跳动，直到临终前，他嘴里还在默默地念叨着那位中国女性的名字。

（来源：百度网）

点评：恩格斯说："人生最痛的痛苦乃是爱情的痛苦。"越南人民国父、党的第一代领导人胡志明为了"一句誓言"造成"终身未婚"的故事，告诉了人们：人是不能轻易承诺的。一旦承诺就要兑现，尤其是一个国家领导人更是这样。因为如果违背承诺，就要在众人目前失信，一个国家领导人就要在全国人民面前失信。这即是越南人民国父、伟大领袖胡志明因为"一句誓言"不得不吃下了失去爱情苦果的原因。故事让我们体会到什么叫"一言既出，驷马难追"，什么叫"一诺千金"。

24. 钱学森"一片丹心耀中华"的故事

钱学森（1911—2009），世界著名科学家。吴越王钱镠第33世孙，生于上海，祖籍浙江省杭州市临安。他从少年时代起就热爱祖国，热爱科学。后到美国留学，学习研究空气动力学，与老师一起提出了"卡门-钱公式"，并创立了工程控制论。新中国成立后，他积极要求回国参加建设，受到美国政府的无理阻挠和迫害，5年后终于回到祖国。他曾长期担任中国火箭、导弹和航天器的技术领导职务，参加近程、中程、远程导弹和人造卫星的研制领导工作，作出了杰出贡献。曾获"国家杰出贡献科学家"称号和"两弹一星"奖章，被誉为人民科学家。

钱学森

上世纪70年代末，中国实行改革开放政策以后，中美关系得到进一步改善，两国之间的科学技术交流和科学家互访逐渐增多。在这种形势下，一些美国著名科学家和在美国的华裔科学家不断向钱学森发出邀请，请他到美国访问。美国科学院、美国工程院讨论过钱在美国工作，认为他成就卓著，举世公认。如果他应邀来美，将授予他美国科学院院士和美国工程院院士荣誉称号。

1985年，美国总统科学顾问基沃思访华，他在会晤原国家科委主任宋健时表示：钱在美工作过20年，对美国的科学技术进步特别是军事科学的发展，作出过很大贡献。在研究过联邦调查局的历史档案后，十分清楚，麦卡锡黑暗时期的美国是欠钱学森的债的。我们现在感到很难过。美国政府对钱学森横加迫害，是没有道理的。钱的遭遇和美国"原子弹之父"奥本海默的情况很类似（奥在麦卡锡时期被诬为"苏联间谍"而受审。上世纪60年代，美国以授予他"国家勋章"的形式为其"平反"）。美愿邀请钱学森访美，并由政府和有关学术机构表彰他对科学的重要贡献。如钱不去美访问，美方可派美国科学院院长普雷斯来华，授予钱学森“国家勋章”，表彰他的贡献。

后来，当钱学森正式接到国防科工委、国家科委和外交部三家的联合请示件以后，他说：“这是美国佬耍滑头，我不会上当。当年我离开美国，是被驱逐（deport）出境的，按美国法律规定，我是不能再去美国的。美国政府如果不公开给我平反，今生今世绝不再踏上美国国土。”美国人给他再高的荣誉，钱学森也不稀罕。

他说：“如果中国人民说我钱学森为国家、为民族做了点事，那就是最高的奖赏，我不稀罕那些外国荣誉头衔！”

钱学森1955年回国，1957年被增选为中国科学院学部委员（1994年改称中国科学院院士）。钱老十分珍视中国科学界给他的这一荣誉，并积极参加中国科学院学部委员的各种学术活动。晚年，当他行走困难，不便参加学术活动以后，便给当时的中国科学院院长周光召写信，主动申请辞去学部委员的称号。他引证中国科学院学部委员章程的有关规定，真心实意地请求辞去这一荣誉称号。这份请辞报告送到科学院以后，在一次学部大会主席团执行主席会议上（钱学森是执行主席之一），周院长对他说：“钱老，学部委员不是个官位，是大家选的，不是我任命的。我无权批准您的请辞报告。”严（济慈）老（主席团执行主席）也说：“我们主席团讨论过了，大家一致不同意你的请辞报告。”在这种情况下，钱老只好勉为其难了。

1998年，中国科学院和中国工程院对院士制度进行改革，80岁以上高龄的院士改为“资深院士”，不再参加院士的日常活动。钱学森对这一举措十分赞成。当有人再称他为“院士”时，他会认真地加以纠正，说：“我已经不是院士了，而是资深院士。”这就是钱老对“院士”这一荣誉称号的态度。

钱学森在青年时代曾怀着报国之志出国留学，当他真正学有成就，成为世界一流科学家以后，便奋力争取回国。他回国以后，勤奋工作，将他的知识、智慧无私地奉献给了祖国和人民，他甚至将个人一生所得的几笔较大收入，或作为党费上交组织，或全部捐给祖国社会主义建设最需要的地方。2014 年 7 月 7 日，著名的钱学森先生之问：“为什么我们的学校总是培养不出杰出人才?”反映了钱学森对国家未来的关心之情。

（来源：百度网）

点评：“美国政府如果不公开给我平反，今生今世绝不再踏上美国国土。”“美国人给再高的荣誉，我钱学森也不稀罕”！“如果中国人民说我钱学森为国家、为民族做了点事，那就是最高的奖赏，我不稀罕那些外国荣誉头衔!”大义凛然，没有丝毫的奴颜媚骨，何等的爱憎分明！故事字里行间，透露着人民的科学家钱学森对伟大祖国和人民的忠诚。这就是中国魂！是钱学森为中国人民留下的最宝贵的精神财富。当前，一些中国人最缺乏的就是这种赤子心、这种爱国主义的精神。在这些人眼中，西方什么都好，中国什么都不好，一味拜倒在西方人脚下，活脱脱的一副奴才嘴脸。和钱学森相比，是多么巨大的人格反差呀！而钱学森是耸入云霄巍巍的高山，而他们不如一抔粪土。

25. “两弹”元勋邓稼先 28 年保守“国家机密”的故事

邓稼先（1924—1986），中国科学院院士，著名核物理学家，中国核武器研制工作的开拓者和奠基者，为中国核武器、原子武器的研发做出了重要贡献。

邓稼先（右）

可能有很多人不知道许鹿希是谁，她就是“两弹”元勋邓稼先的夫人。整整 28 年，邓稼先不知去向、生死未卜，许鹿希信守离别时相互托付的诺言，无怨无悔、痴情等待。他们的爱是大爱，是超凡脱俗的爱。在这份爱情中，折射出来的是生命之绚烂、信仰之圣洁、品格之纯净，让人不禁热泪奔腾。

1950 年 8 月 29 日，邓稼先获得博士学位，当即回国参加祖国建设。

1953 年许鹿希与邓稼先结婚，从结婚那一天就彼此托付终身。婚后 5 年，他们生子，生活无比快乐。可是 1958 年 8 月盛夏的一天，随着邓稼先工作的突然转变，他们进入了寂寞人生。

那晚邓稼先睡在床上不断地翻身，许鹿希问："你今天是怎么了?"丈夫坐了起来，轻轻地把一只手放在她的手上："我要调动工作。"她忙问："调哪儿?"他说："这不能说。"她还想知道："干啥?"他又说："这也不能说。"她的心被刺痛了："你给我一个信箱的号码，我跟你通信。"他仍然坚定地说："这不行。"

这事弄得她很难过，她那时 30 岁，孩子还小，她又不知道他干什么去，眼泪顿时在眼眶里打转。可是，邓稼先说如果做好这件事，他这一生就活得很有价值，并说："就是为它死了也值得。家里事情我都管不了了，一切都托给你了。"

邓稼先获得博士学位

她了解他，他下了这样的决心，一定是不能改变的，他要去干的事情也一定是不简单的事情。于是她咬住嘴唇，点点头，说道："我支持你!"就是为了这句话，许鹿希作出了一生的奉献。

此后，邓稼先便"人间蒸发"了，再也没有只言片语。之后不久的一天傍晚，许鹿希领着两个孩子出去散步。刚走出楼门，她就注意到，有几个原来经常打招呼的人这时却在一边看着她们娘儿仨窃窃私语。之后，那些人问："许老师，怎么孩子的爸爸好久没有看到了?"许鹿希对眼前的提问先是一愣，但很快就回答："出差了。"

"出差了？怎么会那么久啊，不会是……"

"不会是什么?"许鹿希笑着反问。

"没事的，没事的。"说着，问话人快速地走了。许鹿希看着问话人远去的背影，下意识地把两个孩子的手拉得紧紧的。

这个时候，一直听话、从不打听邓稼先下落的两个孩子却摇晃着她的手问：“妈妈，我爸爸呢？”听着孩子的问话，许鹿希内心涌上一种难言的苦衷。不明真相的人还在猜忌他，以为要么是被打成了“反革命”，要么是抛下她们另寻新欢了。遇到这样的事，她心里很不好受。

一年、两年、五年就这么挺过去了。1964 年，中国的原子弹爆炸成功，震惊了全世界。此时，她隐隐约约地有些知道丈夫是做什么去了。

这个时候，她感觉到自己做出的所有牺牲很值得，更加无怨无悔。接着，1967 年 6 月 17 日我国第一颗氢弹在罗布泊爆炸成功。

10 多年后，他们终于见面了。1971 年夏天，邓稼先的老朋友、享誉世界的美籍华人杨振宁回到中国，开出会见人的名单中第一个要见的就是邓稼先。周恩来总理立即将邓稼先召回北京。

此间邓稼先回了一趟家。那天，当邓稼先推开自己家房门站在许鹿希面前时，许鹿希不禁大吃一惊，她感觉自己的丈夫就像是从天上掉下来的一样。

从 1958 年到 1971 年，这是分别 13 年后的第一次重逢。邓稼先穿着旧灰制服和绿军便鞋，当年那么英俊高大的汉子，如今都有了白头发。

分别那么久，他们突然见面，彼此相望，谁都说不出话来。好一会儿，还是邓稼先说话了：“家里都好吧？”

“好，好……”许鹿希连着说了几个“好”字。

这时，许鹿希才回过神来。这么久了，一点儿音信都没有。许鹿希有些不自然地走近邓稼先，想接过他手里的提包。当她的手拉住提包的时候，邓稼先却把提包抓得紧紧的。分别的时候他们是 30 多岁，10 多年过去了，如今他们都是 40 多岁的人了，是生疏了，还是人到中年？他们就这样面对面地抓住一个提包，相对无言。好一会儿，许鹿希强忍着就要流出的眼泪问：“你回来啦？”邓稼先没有回答，只是松开提包去拉许鹿希的手。提包掉在了地上，他们的手紧紧地握在了一起。这一刻，泪水在无声地流淌。

过了一会儿，邓稼先摇着许鹿希的手说：“给口水喝吧。”许鹿希说着转身去了厨房。邓稼先四周环顾了一下，屋里的一切都没变。端着水过来的许鹿希把水递到邓稼先的手上：“再不回来，都快不认识了。”邓稼先喝了一口水若有所思地说："我们的事情慢慢再说，杨振宁这次回来，我们要准备一下。"

和杨振宁见了面以后，邓稼先又很快回到了基地。

邓稼先离家28年，28年间他们夫妻少有的几次见面也是来去匆匆。邓稼先的工作保密性太强了，即使见面，工作情况也一点儿都不能聊，他们的规矩是片纸只字都不能往家带，更不能带出去。至于邓稼先什么时候回来许鹿希根本不知道；什么时候要走，一个电话，汽车就在楼下等，警卫员一上来马上就走了。此时许鹿希含着眼泪追出门，追到楼下，邓稼先停住脚步，用安慰的口气说："你自己要多保重！"他强忍着酸楚，收回了儿女情长，很快回到了基地，回到了能让他潜心研究的事业中。

1985年，邓稼先被确诊为癌症晚期回京住院治疗。此时两个人的手才得以紧紧地握在一起，这是分别28年之后的团聚。此后邓稼先做了2次大手术、3次小手术。1986年7月29日，邓稼先走了。她不相信地问："20多年的等候，分别得这么快？"

他们的爱是穿越时空的。至今，许鹿希依然以对丈夫绵延无尽的柔情，演绎着一段人间少有的高浓度的至爱。在邓稼先离世的这些年里，他经常在许鹿希的梦中送来他亲切的嘱托。家中的陈设一如既往，邓稼先的用具都标上了年代和使用日期，连他坐过的沙发上的毛巾都没有换……

他们已经把自己的爱情与国家的命运、国家的利益联系了起来。她说："爱情的最高境界是互相理解、互相支持。因为只有这样，才可以在困难的时候，有种力量，什么坎儿都能过去！"随着时间的推移，人们看到的是他们虽然不能长相厮守，却能情谊深重的一段美丽的"爱情永恒启示录"。

（来源：百度网）

点评：故事非常感人。读着故事，眼泪就不由自主地流了下来。"两弹"元勋邓稼先事迹惊天地、泣鬼神，体现了对祖国、对人民的一个"诚"字。只有在中国共产党的领导下，社会主义国家才能出现邓稼先那样的科学家。只有邓稼先那样的科学家才能对党、对人民事业那么忠诚。毛泽东同志说："在世界上要办成几件事，没有老实态度是根本不行的。什么人是老实人？马克思、恩格斯、列宁、斯大林是老实人，科学家是老实人”。（1942年《整顿党的作风》）邓稼先就是中国科学家老实人中最优秀、最光辉的典型代表。

26. 伟大的共产主义战士雷锋的故事

雷锋（1940—1962），湖南望城县人。1949年参加儿童团，担任儿童团长。1954年加入了中国人民解放军。伟大的共产主义战士雷锋“把有限的生命投入到无限的为人民服务之中”的事迹和精神教育影响了几代人，而且将继续影响中国以及世界人民。

雷锋

1963年3月5日，《人民日报》《解放军报》《中国青年报》发表了伟大领袖毛泽东同志“向雷锋同志学习”的题词，至今已经50多年了，但雷锋和雷锋精神却一直活在全国亿万乃至世界人民的心中。

一次雷锋外出，在沈阳车站换车。出检票口的时候，他发现一群人围着一个背着小孩的中年妇女。原来这名妇女从辽宁去吉林看丈夫，车票和钱都丢了。雷锋连忙用自己的津贴费买了一张去吉林的火车票塞到大嫂手里。大嫂眼含热泪地说:“小兄弟，你叫什么名字？是哪个单位的？”“我叫解放军，家就在中国。”

5月的一天，雷锋冒雨去沈阳。他为了赶早车，早晨5点多就起来，带了几个干馒头，披上雨衣就上路了。路上，雷锋看见一位妇女背着一个小男孩，手里还牵着一个小女孩，正艰难地向车站走去。雷锋想都没想，脱下身上的雨衣就披在大嫂身上，又抱起小女孩陪她们一起来到车站。上车后，雷锋见小女孩冷得直发抖，又把自己的贴身衬衣脱下来给她穿上。雷锋估计她们早饭没吃，就把自己带的馒头给她们吃。火车到了沈阳，天还在下雨，雷锋又把她们送到家里。那位妇女感激地说：“同志，我可怎么感谢你呀！”雷锋说：“不要感谢我，应该感谢党和毛主席！”

一次，雷锋从安东（今丹东）回来在沈阳转车。他背起背包过地下通道时，看见一位白发苍苍的老大娘，拄着棍，背了个大包袱，很吃力地一步步地走着。雷锋走上前问道：“大娘，您到哪儿去？”老人上气不接下气地说：“俺从关内来，到抚顺去看儿子！”雷锋一听跟自己同路，立刻把大包袱接过来，用手扶着老人说：“走，大娘，我送您到抚顺。”老人感动极了，一口一个好孩子地夸他。进了车厢，他给大娘找了座位，自己就站在旁边，掏出刚买来的面包塞在大娘手里，老大娘往外推着说：“孩子，俺不饿，你吃吧！”“别客气，大娘，吃吧！先垫垫肚子。”“孩子”这个亲切的称呼，给了雷锋很大的感触，他觉得就像母亲叫着自己小名似的那样亲切。他在老人身边，和老人唠开了家常。老人说，她儿子是工人，出来好几年了。她是第一次来，还不知道住在什么地方哩。说着，掏出一封信，雷锋接过一看，上面的地址他也不知道。老大娘急切地问雷锋：“孩子，你知道这地方吗？”雷锋虽然不知道地址，但他知道老人找儿子的急切心情，就说：“大娘，您放心，我一定帮助你找到他。”雷锋说到做到。到了抚顺，背起老人的包袱，搀扶着老大娘用地图找了两个多小时，才找到老人的儿子。母子一见面，老大娘就对儿子说：“多亏了这位解放军，要不然，还找不到你呢！”母子俩一再感谢雷锋。雷锋却说：“谢什么啊，这是我应该做的。”

过年的时候，战友们愉快地在一起参加各种文娱活动。雷锋和大家在俱乐部打了一阵乒乓球，就想到每逢过年过节，服务和运输部门是最忙的时候，这些地方是多么需要有人帮忙啊。他放下球拍，叫上同班的几个同志，一起请假后直奔附近的瓢儿屯车站，这个帮着打扫候车室，那个给旅客倒水，雷锋把全班都带动起来了。雷锋就是这样永不停息地、全心全意地为人民做好事，难怪人们一见到为人民做好事的人就想起雷锋，因为他是人们心中的好榜样！

雷锋把自己的藏书拿出来供大家学习，被人们称为“小小的雷锋图书馆”。同班战友乔安山文化程度低，雷锋就手把手地教他认字，学算术。

同班战友小周父亲得了重病，雷锋知道后，以小周的名义给家里写了信又寄去10元钱。战友小韩在夜里的出车中棉裤被硫酸水烧了几个洞，雷锋值班回来发现后，把自己的帽子拆下来一针一针地为小韩补好裤子，轻轻地盖在他身上。知道这个情况的乔安山说：“为了给你补裤子，雷锋半宿都没睡！”

1960年初夏的一个星期天，雷锋肚子疼得很厉害，他来到团部卫生连开了些药。取药回来后，见一个建筑工地上正热火朝天地进行施工，原来是给本溪路小学盖大楼。雷锋找工地的管理员爷爷以军装作为借条借了一辆小车，加入运砖的行列中去。广播员得知情况去采访他，问他为什么来，叫什么，哪个部队的。他说：“我是为社会主义建设添砖加瓦，我和大家一样，只要尽了自己的一点儿义务，也算是有一份力尽一份力。”没有留下自己的姓名就接着干活去了。广播员广播了有位解放军战士在休息日来帮忙的这件事，工人们受到鼓舞，一个个都更卖力地干起来，还与雷锋比赛。这天下午提前了两个小时完成了当天的任务。他干完活还了车取了军装不留姓名就走了。管理员爷爷看到雷锋的军装里夹了一封他替王大力捎的一封信，爷爷当雷锋是王大力，引起了一场误会。

1960年8月，驻地抚顺发洪水，运输连接到了抗洪抢险的命令，雷锋忍着刚刚参加救火被烧伤手的疼痛又和战友们在上寺水库大坝连续奋战了七天七夜，把手指甲都弄破了，被记了一次二等功。望花区召开了大生产号召动员大会，声势很大，雷锋上街办事正好看到这个场面，他取出存折上在工厂和部队攒的200元钱，跑到望花区党委办公室要捐献出来，为建设祖国做点贡献，接待他的同志实在无法拒绝他的这份情谊，只好收下一半，另100元在辽阳遭受百年不遇洪水的时候捐献给了辽阳人民，在我国受到严重的自然灾害的情况下，他为国家建设为灾区捐献出自己的全部积蓄，平时在劳动时却舍不得喝一瓶汽水。1960年10月以后，雷锋先后担任了抚顺市建设街小学（即如今的雷锋小学）和本溪路小学校外辅导员。雷锋平时工作和学习都很忙，他只能利用午休时间或风雨天不能出车的日子请假到学校去找老师和同学谈心，或进行其他辅导活动。他善于团结小朋友，启发他们好好学习，天天向上。1961年9月，全团上下一致推举雷锋为抚顺市人大代表。雷锋参加完人代会回到连里就担任了二排四班班长，在他的带领下，四班成了“四好班”，雷锋也成了全连的四好班长。

雷锋入伍以来，多次立功受奖，他被选为市人大代表，出席过沈阳军区首届共青团代表会议，他的照片、日记和模范事迹通过报纸、电台作了广泛的宣传。雷锋陆续收到来自全国各地热情赞扬他的来信，他在日记中写下了这样一段话：“我的一切都是党给的，光荣应该归于党，归于热情帮助我的同志，至于我个人做的工作，那是太少了，我这么一点儿点贡献，比起对我的要求和期望还是非常不够的……”

点评：雷锋牺牲至今已经50多年了，但每当每年3月5日，雷锋就像迎春花一样在神州大地最早向人们报告春天的到来，使中国更加美丽。但近些年来，在对待雷锋问题上总有一股逆流，即有些别有用心的人拼命质疑雷锋，抹黑雷锋，用一些貌似有理的谣言动摇雷锋在人们心中的美好形象，借此质疑我们国家的诚信。看了雷锋故事，凡是有良心的中国人，只要关爱这个国家、关爱我们的社会、关爱身边每一个人的话，就应该拒绝冷漠，学习雷锋，让雷锋精神重新回到我们身边！

27. 现代雷锋郭明义的故事

郭明义是继雷锋之后出现的又一名共产主义战士，现代活雷锋。因为他是在中国改革开放和实行市场经济、社会风气不太好的情况下出现的，是改革开放30多年来信仰缺失时代里最有信仰的人。因此，事迹越发难能可贵，再加上事迹丰富越发显得感人。郭明义现在是全国道德模范、中共中央候补委员、全国总工会兼职副主席、鞍钢矿业公司齐大山铁矿生产技术室采场公路管理员、鞍山军分区预备役通信团预任军官、中共十八大代表。他1977年参军，1980年入党，1982年复员到齐大山铁矿工作。历任矿用大型生产汽车驾驶员、车间团支部书记、矿党委宣传部干事、车间统计员兼人事员、英文翻译等。郭明义曾先后获部队学雷锋标兵、鞍钢劳动模范、鞍山市特等劳动模范、全国无偿献血奉献奖金奖、中央企业优秀共产党员、全国五一劳动奖章等荣誉称号，是鞍山市无偿献血形象代言人。中国共产党第十八届中央委员会候补委员。中华全国总工会第十六届执行委员会2013年10月20日至21日召开第一次全体会议，选举郭明义为全国总工会副主席。

郭明义

“有人说我傻，我是帮助了别人，快乐了自己。”这是郭明义的一句口头禅，如今已经成为志愿者的座右铭。

1977年1月，郭明义应征入伍。在部队，他最爱看的书就是《雷锋的故事》，以雷锋为坐标校正了自己的人生航向，奉献成为他的人生价值和目标。

1982年，郭明义告别军营，成为一名矿工。不管是身边的工友还是素昧平生的人，谁遇到困难，他都会尽全力去帮助。

“钢都”鞍山向东15公里，群山环抱着亚洲最大的露天铁矿——齐大山铁矿。这里林木稀疏，遍地都是红褐色岩石。这岩石历亿年风霜雨雪，电击雷轰，铸就铁的坚硬；一经开采，千凿万击，粉身碎骨；投入熔炉，化为铁水，百炼成钢。郭明义就像这漫山遍野的矿石，朴实、坚毅、无私。十五载坚守，不分寒暑，没有节假，每天提前2小时上班，40公里盘“坑”路，见证“矿山铁汉”。

修路车间工人高森山，至今还记得那一幕：

2006年7月，一个暴雨如注的夜晚，白天刚铺好的一段矿山坡道出现险情。

深夜1点，正在值班的高森山赶到现场，等待从家里赶来的郭明义。一道闪电，高森山看到郭明义正从100多米高、45度的山坡，连滚带爬往现场赶。每走一步，身后都会有成片的乱石哗哗往下滚，哪一块砸中都可能造成人身伤亡。

“不要命了！”事后矿领导批评他抄近路，不注意安全。郭明义笑笑：慌不择路，急呀！

没有在矿山工作和生活过的人，难以体会矿山环境的艰苦。

群山环抱的齐大山铁矿，经过近百年开采，原本突兀的山峰被掘成165米深的大矿坑，面积足有4平方公里。矿坑里，夏天温度比外边高5℃，冬天比外边低10℃；晴天尘土飞扬，迷得人睁不开眼；雨雪天，就成了大泥潭。

逶迤40多公里的盘“坑”公路，是设备的进出和铁矿石转运输出的“生命线”。

上世纪90年代，齐大山铁矿耗资数亿元从美国进口一批电动轮汽车和采矿设备，每台价值1000多万元，大大提高了矿山的生产效率。

然而，这舶来的洋机器，生性“娇贵”，对采场路面要求很高。

齐大山铁矿决定配备一名专业技术干部主管采场公路建设和管护，矿领导不约而同地选择了郭明义。

从1995年起，在这个艰苦的岗位上，郭明义一干就是15年。每天，郭明义都是提前2小时上班，15年风雨无阻。

修路作业每天8点开工。为提早掌握路面变化情况，一上班就能及时调度机械维修道路，郭明义每天凌晨4点多起床，徒步巡查采场公路，细心观测每一处路面的平整度、坡度和宽度，制订出当天上午的修路计划。在采场，他还要随时留神躲开呼啸而过的电动轮汽车。这些两层楼高、载重量超过两三节火车皮的“巨无霸”，有15米的视野盲区。

穿行在一台台巨型机械之间，一米七五的郭明义显得如此矮小。常年风吹日晒，他的面孔早已变成铁矿石一样的褐红色，只有鼻梁上的近视眼镜还透出几分斯文。

2007年夏的一天，酷热的天气让连续鏖战多天指挥采场公路改线施工的郭明义晕倒在作业现场。情急之下，工友们用洒水车水龙头把他浇醒，大家都劝他快回家休息。他说：“这条路不抓紧时间修好，将严重影响生产。不要管我，大家还是抓紧干吧。”

“真是一条硬汉！”在场的职工眼含热泪，又紧张地投入工作。

郭明义平时对工友关怀备至，但交情归交情，工作上的事他从来一丝不苟。

1999年严冬的一天上午，郭明义在巡查各电铲铲位推土机的跟进情况时，对5号铲位平整度不满意。他当即要求5号铲的推土机司机刘师傅重新施工。刘师傅不高兴地说："太冷了，等午后暖和点再推吧。"郭明义说："不行，5号铲是高效铲，中午就要组织生产，不能因为铲位不平整而耽误生产。"情绪失控的刘师傅破口大骂，差点动手打人。在工友们的劝说下，郭明义很快调整好情绪，心平气和地说："刘师傅，首先我向您道歉。刚才我情绪冲动，请您原谅。如果您还不解气，可以骂我、打我，但工作还得按标准继续进行，不要因为咱们的矛盾影响生产。"

刘师傅被说服了，任务很快完成。经过这次冲突，郭明义和刘师傅的感情更深了。刘师傅退休时，郭明义把自己积攒下来的劳动服、雨靴等都送给了他，"你家在农村，今后用得着"。退休多年后，老刘只要碰到矿上的工友，总不忘让给郭明义带个"好"。

多年来，郭明义通过每天对现场进行观测、记录，借鉴国内外大型矿山公路管理的最新理念、技术工艺，大胆创新，先后制定出《公路、支线、铲窝维护技术标准与考核办法》《采场星级公路达标标准与工艺流程》等技术标准和工作制度，填补了采场公路建设上的多项空白，使采场公路维护质量逐年上升。现在，齐大山铁矿星级公路达10多公里，合格率98%以上；电铲效率、生产汽车效率一直名列全国同行业第一名。

在齐大山铁矿，郭明义还是响当当的英语翻译。

1992年，齐大山铁矿为迎接即将到来的"洋设备"安装、使用，选派郭明义等人到英语强化班进修一年。同去的大都是英语科班出身，只有郭明义是自学成才。学习结束时，郭明义以优异的成绩当上了电动轮汽车现场组装的英文翻译。他对汽车零部件等专业术语的翻译，比其他科班出身的英文翻译还译得准确。

进口备件质量检验不归担任翻译的郭明义管，但他极端负责，每次都认真检查，先后发现5台电动轮存在质量问题，使公司争取到外方10万美元的赔偿。

不收“小费”、酬金，拒绝手机、礼品，放弃到外企工作的机会，以行动诠释什么叫“权为民所用”。在矿山工作28年，不管做翻译还是当公路管理员，郭明义手中都掌握着一定的权力，但他始终牢记手中的权力是为国家和企业服务的，不能为个人谋私利。

1996年，郭明义做翻译时，还兼任外方人员的司机。他每天来得最早，走得最晚，用中国人特有的热情和不卑不亢，征服了外方专家。在外国人眼里，他是最可信赖的合作伙伴，“一眼就能看出他是共产党员”。

和外方工程技术人员在一起3年多，他多次婉言谢绝老外给他的“小费”。外国人不理解。他反复解释，“我们中国人不兴这个”。

1996年下半年，鞍钢经营出现困难，几个月发不出工资。外方人员看在眼里，真心想帮帮他，就拿出厚厚的一沓钱，塞给郭明义，但又被他婉言谢绝。

采场公路管理员有调动采场所有大型工程机械的权力。一些在采场承包小工程的私营老板，想让郭明义提供一些“帮助”，免费使用矿上机械。有人送来手机、现金，“郭师傅，您一句话的事，行个方便吧！”“我指挥的机械是不少，但不是给哪个人服务的。”郭明义严词拒绝。

有人劝郭明义说:“别那么固执！与人方便，自己方便，有什么不好?”

“拿他们一分钱，我的腰杆就再也挺不直了！”普通的一句话，却让人看到了一名共产党人身上的浩然正气。

当初和郭明义一起培训的3名英语翻译，如今都已远走高飞，收入远超郭明义。郭明义也曾有这样的机会。组装电动轮汽车期间，美国犹格里德公司技术服务部中国区总管，被郭明义的敬业精神打动，两次劝说他到美国公司工作，并承诺给他的报酬至少比鞍钢高六七倍。

老郭却一连说了三个“NO”！

他说：“我上党校、夜校、进修，都是企业掏的学费，鞍钢培养了我，我要回报鞍钢。”

郭明义常说，接触不同的社会群体，就会有不同的人生思考。如果经常接触富翁大款，你就会觉得自己很穷；如果经常接触困难群众，你就会不由自主地帮助他们。

30 年坚持，140 张汇款单，180 名复学。郭明义的抽屉里，有一张泛黄的汇款单。汇款人：郭明义；收款地址：山东省嘉祥县老僧堂乡西李楼村；收款人：五胞胎；时间：2002 年 6 月 26 日。从报纸上得知嘉祥县一农家喜得五胞胎却无力抚养时，郭明义想都没想，赶到邮局把手头仅有的 300 元钱汇去。从此，给五胞胎汇款成了郭明义的“保留节目”，一直到现在。其间，五胞胎父母两次搬家，汇款也没间断，给“五胞胎”的汇款单，已积累 19 张。给受灾群众捐款 12 万元，16 年从未间断。

1994 年，鞍山市“希望工程”开始实施。电视中，孩子们渴望读书的眼神，深深灼痛了郭明义的心。第二天，他就找到“希望办”给岫岩山区的一名失学儿童捐助了 200 元钱，半个月后他又给这个孩子直接寄去了 200 元。而当时，他们一家的月收入还不到 600 元。

从那时起，他就一发不可收。16 年来，他已捐款 12 万多元，先后资助 180 多名特困家庭学生，仅汇款单就有 140 多张，差不多花去了他全部收入的 1/3。

2005 年夏天，郭明义从“希望办”看到苦孩子杨斯雯的遭遇：出生不到 3 个月，父母离异，相继出走。小斯雯一直和体弱多病的奶奶，靠微薄的低保金相依为命。

郭明义立即承担起她的学费。学费有了着落，但小斯雯生活还是异常艰难。为省下每天两三元的午餐费，每天中午奶奶都要骑自行车走很远，把小斯雯接回家吃饭。冬天寒风呼啸，滴水成冰，路面像镜面一样滑，祖孙俩记不清摔过多少次。郭明义听说后，又解决了小斯雯的全部午餐费。

2007 年春的一天，郭明义的女儿郭瑞雪兴冲冲回家准备看电视剧，却发现电视机没了，知道是爸爸又把电视机送人后，伤心地哭了。原来，郭明义同工友闲聊时，得知有一个贫困家庭的孩子，整天哭着要看电视，但家庭拮据，无法满足孩子的愿望。郭明义立即把自家电视机送过去。之前，因为类似原因，郭明义已先后把两台电视机送了人。郭明义“三送电视机”的事感动了鞍山团市委的同志。鞍山团市委专门买了一台电视机送来，告诉他：“这是团市委的‘固定资产’，你只有使用权，不许送人。”

就这样，郭明义家才有了台不属于自己的电视机。

捐出钱物，助人渡过暂时的难关；捐献热血，却能挽救垂危的生命。至今，郭明义已经55次献血。“55次献血，意味着几十条生命的新生。”鞍山市中心血站工作人员无限感慨。

1990年5月，齐大山铁矿号召职工参加义务献血，郭明义第一个报名。5年来，郭明义几乎每个月捐献一次血小板，每次1至2个单位，至今已捐献40多次。按照每捐献一个单位血小板相当于献全血800毫升计算，仅2008年至2009年，郭明义就献血3万多毫升。

2009年春节前的一天，大雪纷飞，郭明义正从采场下山准备吃午饭，突然接到血站电话：一名临产孕妇急需血小板。老郭顾不上吃饭，拦了一辆出租车奔向血站。

血站工作人员让他只捐一个单位血小板。他不同意，“捐两个吧，还有孩子哩！宁愿浪费一点儿，也要保母子平安！”长达100分钟的血小板采集结束了，疲惫的郭明义在采血床上睡着了……

“德不孤，必有邻。”5800名矿山志愿者，高扬起“郭明义爱心团队”大旗。

2006年12月，不幸先后降临到两个普通矿工的家庭：张国斌13岁的女儿患了白血病；刘孝强15岁的儿子患了重度再生障碍性贫血症。

听说张国斌的女儿病了，郭明义立即赶到医院掏出身上仅有的100元钱。为帮助解决高昂的治疗费用，郭明义在全矿发起了爱心捐款活动。很快凑齐3万多元，郭明义又捐了700元。

为救助刘孝强的孩子，郭明义甚至“托人”违规把自己医疗账户上的3000多元钱取了出来。

为了救孩子，郭明义还走进鞍山广播电台直播间，呼吁社会各界献爱心。12月27日，在郭明义的倡导下，400多名工友和社会爱心人士采集了血液样本，成为捐献造血干细胞志愿者。

张国斌的女儿从死神手上挣扎出来；而刘孝强的儿子因为找不到合适的配型，不幸离开了。

这深深地刺痛了郭明义。经常献血的郭明义深知，要根治白血病，最好的办法就是移植造血干细胞。他写了一封感人肺腑的倡议书，走遍齐大山铁矿机关科室和70多个班组，声情并茂地朗诵，呼吁大家捐献造血干细胞。

浴池是工友们每天都要去的地方。为动员更多人加入捐献造血干细胞行列，郭明义每天下班后都不顾疲劳来到浴池，为一个个工友搓澡，不厌其烦地介绍捐献造血干细胞的常识。

精诚所至，金石为开。有的工友不好意思了："别搓了，我明天就去参加捐献造血干细胞。"郭明义的"计谋"得逞了！

郭明义透着一丝"狡黠"说，我的一个绝招就是"软磨硬泡"，有的人不太愿意参加爱心活动，我就找机会帮助他，时间长了，他就会觉得欠我的人情，成为我爱心活动的积极分子了。高微和郭明义在一层楼办公。每次看到郭明义献血、捐款，她都深受感动。终于有一天，她找到郭明义，"郭叔，我也想捐助一个孩子上学。"郭明义把她介绍给"希望办"。如今她不仅捐助了2个孩子读书，还和丈夫、公公一起成为郭明义爱心团队的骨干成员。如今，丈夫范世威已经献血5次。

艾伦是来自澳大利亚的专家。看到郭明义到市"希望办"，艾伦好奇地问他去干什么。郭明义把捐资助学的道理讲给他听，艾伦被感动了，硬要郭明义带他去"希望办"为孩子捐款。

榜样的力量是无穷的。在郭明义的带动下，公司70%的"80后"都加入到爱心活动中来。包子铺老板、小吃店服务员、复印社打字员、工人、教徒，甚至还有"小偷"……都被郭明义吸收到义务献血、捐献造血干细胞的队伍里来。

2006年以来，郭明义8次发起捐献造血干细胞的倡议，有1700多名矿业职工参与；2007年以来，他7次发起无偿献血的倡议，共有600多名矿业职工参与，累计献血15万毫升；2008年以来，他发起的希望工程捐资助学活动，已有2800多名矿业职工参与，资助特困生1000多名，捐款近40万元。

2008年12月，受郭明义影响，加入造血干细胞捐献志愿者行列的矿山大型生产汽车司机许平鑫与武汉一名白血病患者配型成功，并顺利完成了捐献，成为全国第1066例、鞍山市第5例造血干细胞成功捐献者。2009年7月29日，矿业公司召开“向郭明义同志学习”动员大会，会上打出了以郭明义名字命名的“郭明义爱心团队”旗帜，吸引了5800多名鞍钢干部职工和普通市民加入……

入党30年来，郭明义始终保持着共产党人艰苦朴素的本色。一年四季穿工作服，一件棉衣穿了10年，就是出席各种隆重的公益活动，也一直穿着那身劳保服。

一套上世纪80年代的一居室，面积不到40平方米。水泥地，白灰墙，陈旧的家具，女儿的床支在4平方米的门厅里。这就是郭明义的家。

除了工资交给妻子用于生活以外，郭明义几乎所有的奖金、补贴、加班费等，连同各种奖品、慰问品全都捐了，甚至连妻子每月给他的零花钱，他也省下来都捐了……

“为什么不给自己、孩子多存点钱?”郭明义似乎“答非所问”地说:“有人觉得存款多、房子大是财富。可我觉得物质财富，只供个人享受，不算是真正的幸福；如果用来帮助困难群众，大家分享，就会带给更多人幸福。对我来说，这55本献血证、200多封感谢信，就是对我最大的奖赏。”

有人问：老郭，你这么做，图什么?

“图什么？在党旗下宣誓的那一刻起，我就选定了自己的人生道路，要实践对党的誓言，就像父母抚养子女、儿女孝敬老人一样，是天经地义的事。”这就是郭明义的回答。

2010年9月2日下午，郭明义到沈阳给一个病重的女孩捐献了血小板。返回鞍山的路上，手机响了。

“嗯，献完了，没啥事……晚上给我做啥好吃的？……红烧排骨？好！我一定回家吃饭。”

挂断电话，郭明义疲惫的脸上露出了幸福的微笑。

不用说，这是妻子打来的电话。

有人说郭明义不顾家、“败家子”。

其实，对亲人，郭明义有着深深的眷恋。当兵时，他梦到最多的是母亲做的玉米饼。

郭明义和妻子感情甚笃。

不少人认为，钻石、珠宝象征爱情，但郭明义认为，相互忠贞，始终不渝，比钻石、珠宝更圣洁。结婚24年，郭明义只给妻子孙秀英买过两件礼物：一条红纱巾和一枚价值28元的戒指。

去年，组织上安排郭明义外出疗养。以前多次机会他都放弃了，“我身体好，让身体不好的同志去疗养吧!”这一次，到革命圣地井冈山，他欣然前往。行前，孙秀英给他兜里塞了1000元钱。一路上，郭明义没舍得花一分，盘算着又可以接济几名学生。在一家纪念品商店，一枚样式别致的戒指吸引了他，一打听只要28元，咬牙买下了这唯一的礼品。

出人意料的是，孙秀英却很满足。这枚28元的“戒指”，孙秀英上班、干活都不舍得戴，等郭明义下班回家，才戴上“给他看”。

“他不着家，我们几乎没在一起休过一个完整的周末，家务活也指不上他。”说起郭明义，妻子好像很矛盾，“实际上，老郭很顾家，心里总惦记着我和女儿。”

孙秀英在鞍山第四医院工作。从家到医院，要坐半个多小时公交车。郭明义没有送过妻子上班，但每天孙秀英坐进办公室，总能接到郭明义打来的电话，“到了吗?”“到了!”没有卿卿我我的缠绵，简单的问话，饱含着一个负责任的丈夫对妻子的款款深情。

已经年过半百，孙秀英还时常翻看恋爱时郭明义写的情书。每当此时，郭明义就故意逗她：“过去的事，不要老去想啦！烧了吧!”“不，坚决不！爱，是不会被忘记的!”妻子眼里放射出幸福的光芒。

打开一个精致小盒，孙秀英取出珍藏许久的一张特殊“欠条”：“郭明义欠孙秀英同志1200元，2008年7月之前还清。”郭明义的工资卡一直由妻子保管。每个月妻子都会给他一定的零花钱。这些零花钱，老郭几乎没有为自己花过一分，全都用到希望工程捐款、救助困难家庭上了；需要大的款项，就得临时向老婆“申请”借款。

孙秀英记不清郭明义“借”过多少回，但记得他一次也没有还过。

郭明义把家里的钱都“折腾”出去救助失学儿童，妻子一开始也不理解。郭明义就把一些失学孩子的资料带回家，孙秀英看着看着，眼泪在眼眶里打转转。从那以后，不管花多少钱捐助孩子，孙秀英再也没反对过。她坚信，丈夫做的都是好事，丈夫是天下最好的人。

郭明义的女儿瑞雪，聪明、漂亮、懂事。

从孩子上学起，每天晚上家里那张小书桌，父女俩一边坐一个。女儿做作业，爸爸看书，还不时交流体会，就像一对亲密的“学友”。对女儿的教育、鼓励，都在无声的示范中。

2006年，女儿到南京上大学。在给父亲的信中写道：“现在不开家长会了，我还是希望你来开我的家长会；我喜欢你给我写的纸条，虽然每次都是一样的内容：世上无难事，只怕有心人。”现在女儿已读大四，各方面都很出色，还是院学生会干部。像父亲那样做人、做事，已经成为女儿的追求。

（来源：百度网）

点评：雷锋和郭明义两个人，一个是生活在“我为人人，人人为我”社会风气“最好”的年代，一个是生活在“人不为己、天诛地灭”社会风气“最差”的年代，但两个人价值观相同：一个是“把有限的生命投入到无限的为人民服务中去”；一个是“帮助了别人，快乐了自己”。郭明义是全国公认的老实人！是全国好事做得最多的人！是30年来最没有信仰的时代而最有信仰的人。郭明义的故事惊天地、泣鬼神。但两人做好事的出发点相同，即都源于毛泽东同志“全心全意为人民服务”的思想基因，都是不同时代的全国人民学习的光辉榜样。这也说明了毛泽东思想永远是中国人民的灵魂，战无不胜的伟大旗帜。

28. 为了“完成当初的承诺”的故事

5月12日，北京某集团战略规划部总经理曾鹏宇，在微博上发布一篇名为《被遗忘的承诺者》的文章，讲述了一位大学生和他之间三年践一诺的美好故事，感动了无数网友。仅一天时间，文章阅读量突破800万人次，转发数达到16万，有9万多名网友对这条微博点赞。

曾鹏宇

故事要从5月9日说起。那天，曾鹏宇突然接到一个陌生的电话："您好，我是许涛，你还记得我吗？"曾鹏宇的第一反应就是：这么老套的诈骗电话还有人用啊？

"我给您打电话，是想还您的钱。"对方开门见山的介绍，让曾鹏宇不禁一愣，"钱？还什么钱？"

"不知道您是否还记得，我在几年前曾经在微博上求助，因为我爸爸得了白血病，那时我还在读大学，后来您捐了我一笔钱。我现在想和您确认下账号，把钱还给您。"许涛的话，让曾鹏宇十分诧异，因为他已经完全记不得有这件事，更没有想到过了这么多年，居然还会有人真的要还别人的捐款。

在许涛详细的描述下，曾鹏宇渐渐想起了三年前自己所进行的一笔捐赠，以及许涛一家当时面临的窘境。

许涛来自天津，家庭条件并不富裕。为了让许涛能够有个更好的前途，父母含辛茹苦供养他读书，坚持把他送到了当地最好的高中。经过三年的努力学习，许涛如愿以偿考进了北京化工大学，父母的辛勤操劳终于得到了回报。

然而，正在家庭舒了口气的时候，父亲却不幸被查出罹患白血病。面对高额的治疗费用，一家人东拼西凑仍难以完全支付。此时，许涛在微博上发布了一封求助信。正是这封求助信，让许涛一家得到了曾鹏宇等众多好心人的帮助，也让许涛的父亲渡过了当时的难关。然而由于病情过重，父亲还是在去年去世了。

如今，许涛已经参加工作，有了一定的经济基础，便想把当时的捐款如数归还给好心人。尽管曾鹏宇百般推脱，不希望许涛刚刚毕业就背上如此大的压力，但许涛的一番话，却让曾鹏宇不得不接受："我知道您不图什么，我很感谢您，如果没有大家的帮助，我父亲不可能多活两年。您一定要收下，您可以用它再去帮助其他需要的人，这样也算是您的爱心一直在传递。”

许涛告诉曾鹏宇，当时一共得到了数十万元的捐款，现在自己在北京也找到了一份不错的工作，打算靠自己的努力还清每一笔钱。但这么多年过去了，当时捐款的许多好心人都已更换了联系方式，或者没有留下任何信息，“我还在想办法找他们”。

通完电话 5 分钟后，曾鹏宇的手机短信响起，银行账户提示，他收到了许涛的汇款，除了那笔捐款之外，还多出来 10%。许涛的汇款留言则是：“两年每年 5% 的利息，谢谢您。”看到这里，曾鹏宇不禁有些呆住了。

当晚闲下来后，曾鹏宇开始翻看以前的微博，终于找到了许涛。在三年前所发的那封求助信。时过境迁，曾鹏宇再次读这封信时，发现当时自己并未在意的一段话，如今却让自己不胜唏嘘：

“我以人格作保向您筹借善款。因为哪怕仅仅是一块钱、一毛钱对我来说都非常重要，也是极大的帮助。我希望您给我一个详细的账号，我会在 3—5 年内把钱打给您。因为是借，我承诺每年支付 5% 的利息给您。无论我以后从事什么样的工作，或是工作的变动或升迁，我都会及时将我的联系方式和所有情况公开，不会让您找不到我。毕竟您的任何一分钱都凝聚了您的辛勤汗水，任何人都没有权利不劳而获。真心谢谢您了！”

在博文《被遗忘的承诺者》的末尾，曾鹏宇激动地写道：“原来这个孩子当初就是说的借！原来这个年轻人只是在完成他当初的承诺！这个忙乱而又现实的时代，我已经想不出来，还有什么比完成自己的承诺更宝贵的事，哪怕它已经被人遗忘！”

这篇文章、这个故事也感动了无数网友。有网友说：“善良与诚信，在这个浮躁的世界还存在温暖。这是这段时间里，我见过的最棒的微博。”也有网友讲出了发生在自己身上的事情：“大学时期资助过贵州省几个家庭困难的高中生，鼓励他们要好好读书，6 年后有个男生联系我，说他终于大学毕业可以赚钱了。”甚至还有女网友半是认真地说道：“他（许涛）

还缺女朋友吗？忍不住想托付终身了”……

在一个乍暖还寒的日子，发生在曾鹏宇和许涛之间的故事，温暖了我们很多人。

（来源：《人民日报》2015 年 5 月 12 日）

点评：为了“完成他当初的承诺”，使我们看到了一颗冰清玉洁的心，不为社会不诚信污染的心。谁说现在你不要相信任何一个人？刚工作时间不久的大学生许涛不就是值得人们信任的人吗?!故事让我们知道，许涛不仅是一个诚信之人，而且是一个非常知道感恩的人；他不但“好了伤疤不忘痛”，而且还款不忘爱心传递的人。他是我们中国的希望。从许涛身上，使我们看到了社会“诚信”还在，和在这个浮躁的世界还存在的诚信的温暖。

29. 保安蔡志军捡到 10 万元后的故事

2004 年 11 月 8 日《北京晚报》报道：40 岁的蔡志军是西三旗新龙大厦的一名保安，每个月只有 2000 元的收入。但是，他在捡到的 10 万元巨款面前，没有动心，而是毫不犹豫地选择了报警，最终找到了失主。

蔡志军

2004 年 11 月 2 日 12 点，蔡志军在管辖区巡逻的时候，突然发现地上扔着一个手提包。担心里面有危险物品，蔡志军小心翼翼地上前进行检查，结果发现里面竟然是捆好的一沓沓百元大钞，竟有 10 万元左右。见到这种情况，蔡志军没有耽搁，急忙拎着 10 万元钞票找到了队长，把钱上交到公司。

手提包里除了钱，没有任何其他有关失主的线索。中午时分，进出管辖区的人很多，怎么才能找到失主呢？蔡志军和他的两个同事站在路口，仔细地打量着来来往往的路人，看到神色匆匆的都会上前询问人家是否丢了什么东西。过了很多时间，问了不少人，但失主还是没有找到。在这种情况下，他们只好报了警。

直到过了五个半小时，即下午5点30分，一名男子才神色慌张地向蔡志军和他的两个同事的方向走来，一边走一边说："我丢了东西，不知道你们看到没有？"这时，他们猜测可能就是失主，但为了保险起见，蔡志军和两个同事赶忙找来警察同志，核对了对方的相关信息，确认后才把钱交给了失主。看了失而复得的10余万现金，失主感谢极了，当即就掏出1万元送给蔡志军，但蔡志军说："这些钱不是我的，我不能要。"

事情原来是当天中午，失主酒喝多了一点儿，下车时手提包掉在地上也不知道。休息一会儿，等醒过酒来，才发现自己手提包不见了。都这么长时间了，手提包可能早就让人捡走了。抱着一丝希望，他赶紧沿着原路往回找。让他没有想到的是，蔡志军和他的两个同事一直在原地等着失主。

像这样拾金不昧的事情，上半年也发生过，蔡志军在巡逻中也捡过一个装有4800元的钱包。捡到钱后，他只想到失主，"丢了钱该有多急呀！"因此，一心想到的就是尽快找到失主。

其实，蔡志军家里的经济情况非常拮据，妻子长年生病，年迈的母亲需要照顾，孩子上学也需要不少钱，但他捡到钱后从来没有动过心，始终坚持"钱不是我的，我不能要"。

点评："这些钱不是我的，我不能要。"话说得多么朴实，多么实在呀！"苟非我之所有，虽一毫而莫取，"是中华民族做人的准则。保安蔡志军用自己的行动践行了中华民族这一准则。谁是老实人？保安蔡志军就是老实人！他在月工资只有2000元、家里的经济情况非常拮据、妻子长年生病、年迈的母亲需要照顾、孩子上学也需要不少钱的情况下，在捡到的10万元巨款面前，心丝毫不为之所动。这是什么精神？这就是中华民族的诚信的精神！

即古人所说的“士不饮‘盗泉’之水”。故事再一次告诉人们：人伟大还是渺小，不在于职务、地位，而在于心灵的美不美，在于有没有像保安蔡志军那样一颗拾金不昧的诚信精神。

30. 女孩黄冬梅替父还债的故事

据《成都商报》报道：2011 年 11 月 4 日上午，一位身材瘦小、身穿雪白羽绒服的年轻姑娘，走进了四川泸州现代运业时代有限公司（下称时代运业）财务部，说：“叔叔、阿姨，我来替父亲还钱来了。”随后，女孩拿出厚厚的一摞钱，交到了公司财务人员手中。

黄冬梅

女孩名叫黄冬梅，是原时代运业职工黄某的女儿。6 年前，黄某卷走公司 4 万多元现金，从此杳无音讯。当时，年仅 15 岁的黄冬梅来到公司承诺：“爸爸欠的钱，我长大后一定偿还。”当时，时代运业认为，这只是小姑娘随口说说，大家并没有放在心上。

从那以后，黄冬梅家中发生了一系列变故。因为痛恨丈夫的行为，冬梅的母亲与父亲离婚，随后离开了泸州。好心的姨妈将冬梅接到纳溪，继续念初中。不过，由于姨妈家经济条件也不是太好，最终，冬梅只得回到位于纳溪区渠坝镇立石村 3 社的老家，同年迈的爷爷、奶奶一同生活。

2007 年，17 岁的黄冬梅初中毕业，她放弃了升高中的机会，决定南下广东打工。经历了无数艰辛后，黄冬梅终于在一家风扇厂找到了工作，月工资 2000 元左右。她省吃俭用，除维持基本生活和逢年过节给爷爷、奶奶寄点钱外，剩下的工资都存入了银行。

就这样，4 年多来，黄冬梅一共存下 3 万余元。随后，黄冬梅又向亲友们借了点钱，凑足 41227 元。11 月初，黄冬梅专程向公司请假，从广东千里迢迢赶回泸州，还清了她父亲当初卷走的款项。

“我们本来已忘了此事，没想到这位小姑娘这样诚信。”对此，时代运业董事长陈善新感叹。时代运业方面表示，公司将尽快按照法律程序，对黄冬梅父亲的案件进行撤案处理。公司领导获悉黄冬梅还款一事后，和员工一起带上礼品，专程赶赴渠坝镇立石村3社，探望黄冬梅的爷爷奶奶。

还债之后，黄冬梅又再次外出打工。目前，老家就只有黄冬梅的爷爷和奶奶在。他们居住的房屋很破旧，应该说，这个家庭经济条件并不宽裕。公司负责人表示，“鉴于这名小姑娘这样的诚信品质，时代运业愿意为她提供一个工作机会，公司随时欢迎黄冬梅前来上班。”用现代运业董事长陈善新的话来说：“公司就需要像黄冬梅这样讲诚信的人。”现在，黄冬梅已在时代运业时代有限公司上班，而且，爸爸也已经回到家中，一家人又过上了平静的生活。

点评：有志不在年高。年仅15岁的女孩黄冬梅巾帼不让须眉，不忘承诺，坚持“父债子还”，通过艰辛打工，一点儿一滴攒钱最后还清了“爸爸欠公司的钱”。故事让人肃然起敬，更为那些富翁“老赖”汗颜。从法律上讲，黄冬梅因为当时还是个孩子，并没有还钱的能力和义务，但她一诺千金，收获的不仅是公司按法律程序将她父亲的案件撤案，同时收获的是用多少钱也买不来的人格和信誉。事实再一次证明：命运总是青睐那些诚实守信的人。

31. 妇女主任南凤枚“公债私还”的故事

《中国青年报》刊载了这样一个“傻”人故事：

湖南省宁乡县保安村（原金湾村），有个老人叫南凤枚。她和老伴儿住在一个没有桌椅、柜子，不到10平方米的租住房里。对老人来讲，最珍贵的、藏得最严实的，不是金银首饰，而是一个黑色的小账本。账本看起来很普通，和课本一样大小，边角有些磨损，用胶带粘了一圈。账本上记载着215笔账，才是这个家里最大的秘密。

南凤枚

小账本记载的不是她家店里的收入，而是一笔笔还款。本子的封面上写着几个字：储户取款数。南凤枚交给自己的“任务”，就是要偿还自己经手的“公家债”。这笔债一共 5 万多元，每一个储户取款，多则数百，少则几十，她都一笔一笔地记在小账本里。

人们会纳闷，自然会问：作为妇女主任的南凤枚，退休了为什么还为“公家”还债呢？事情原来是这样的：

上个世纪 90 年代，农村创新了风靡一时的储金会。这是个小型金融组织。农民为了图方便，很多人就将钱投进去了。当时妇女主任的南凤枚是金湾村储金会的第一任会计，也是最后一任会计。一干就是 7 年。她是资金的经手人，存放款的审批则由村支部书记负责。凭着南凤枚是村里一个“有信用的人”，同村的徐叔连把养鸡、喂猪、种地辛辛苦苦攒下的 3500 元养老钱，也交到了南凤枚手里。

天有不测风云。到了 2002 年，农村的储金会普遍遇到了困境。村民要求把钱取回来，但是贷出的款却回不来，村民的钱眼看就要打水漂了。

因为当初她是储金会会计，自己是这笔债的经手人，还“公家债”，南凤枚就认为是“天经地义”的事，成为南凤枚磨难十年替“公家”偿还 215 笔债的理由。南凤枚说：“到老了处理不好这事，死了都不安心!”因此，瞒着家人，她暗下决心：“储金会的钱，我来还!”

储金会倒闭时，南凤枚也到了退休的年龄。她花了一个月的时间，到 58 个储户家里逐个重新计算本息，将最后清理出来的 5 万多元欠款的偿还都一手揽到自己的肩上。对于南凤枚到底多少债，她的老伴儿和孩子都不清楚。

南凤枚从湖南省宁乡县保安村（原金湾村）妇女主任的职位上退休下来以后，每个月领 25 元退休金，又从信用社贷了些钱，卖瓶红茶赚 5 毛钱，便和老伴儿廖立成来县城里开了一个小商店，目的就是一个——挣钱还债。

卖一瓶红茶赚5毛钱，卖一瓶果粒橙赚3毛钱，卖一盒烟赚七八毛钱，卖小孩喜欢吃的牛奶糖只赚1毛5分钱……开店一个月，南凤枚偿还了第一笔欠款。回到屋里，南凤枚立即翻出小账本拿起笔来工工整整地记录下来。2002年8月，付给徐叔连欠款200元，袁正华经手。

为了尽早还债，南凤枚老两口吃得非常简单。吃米就从小儿子家背，肉吃得也很少。菜，有时老伴儿经常到山上挖一些野菜回来，一吃就是三四天。只要手里一有结余的钱，南凤枚就拿去还债。第一年，南凤枚共还了18笔，合计1436元，最少的一笔只有30块钱。

一开始，小商店的生意并不好。平时店里进货，为了省点钱，基本上都是南凤枚或者老伴手提肩扛，背着几十斤吭哧吭哧地往店里搬。后来，添置了一辆旧三轮车，进货才轻松一点儿了。

老廖凭着自己还有点力气，去谋了份园林工的差事。但是，刚工作没多久，就出了车祸。在随后的40多天里，南凤枚一边照顾这小店，一边还要到医院去照顾老伴儿。从住处到医院有10里路，为了省几块钱车费，她每天来回来去都是走路。那段时间，她累得体重一下子降了近30斤。

老伴儿出院后留下了后遗症，干不了重活，讲话也不清楚，南凤枚就派他去还钱。每还一笔，她就偷偷拿出小本子记上一笔，后面特别标注：立成经手。

但厄运并没有到此结束。2005年，在广东打工的女儿查出了患胆总管癌，确诊后93天便离开了人世。这一年，也是她还款最艰难的一年。特别是女儿生病的时候，遇到了储户来要债，南凤枚忍着痛苦不提一个字，回到店里取一二百，再从店附近熟识的老板那里借一点儿，能还的都还上。老伴不会分辨真钱假钱，好几次晚上收到百元假币。100元对老两口来说不是小数目，那是老两口半个月的药钱，也意味着得卖将近200瓶矿泉水才能够挣回来。南凤枚知道后，把钱收起来或者丢掉，再从自己为数不多的退休金中取出100元钱交给老伴儿："这是今天的收入！"

为了早点还钱，老两口还做点别的营生。每天一大早5点多起床，给附近的装卸工和路人准备肉丝面，一碗收5元钱，直到晚上九十点钟才关门。南凤枚还学着熬猪油到市场上去卖。

正是由于这份执着，在2012年除夕夜，南凤枚终于将“公家债”的最后一笔还完了。她在小账本的空白页上用黑笔重重地写下一段文字：“基金会取款总结”：自2002年8月份—2012年1月，共取款金额本金加利息51601元，取款次数215笔，户名数58户。

南凤枚现在也找不到合适的词来形容自己当时的心情，就是感到“很轻松和舒畅，过年多买了几斤肉。”当她将这事告诉老伴儿，老伴儿张了张已经掉光牙齿却舍不得配副假牙的嘴巴说：“那就好！”

点评：“公债私还”，事情有点匪夷所思，让人一看故事主人公就有点“傻”。但这“傻”中，透露出毛泽东时代老一代人不可思议的诚信精神，透露出习近平总书记对领导干部要有高尚的责任意识和担当精神的要求。妇女主任南凤枚“公债私还”的行动，足以让那些“村干部”汗颜！因为人们不禁要问：贷款收不回来，责任在会计吗？负责审批贷款的村领导又跑哪儿去了呢？难道你们就没有责任？就那么忍心吗？

这就是“领导”与群众的差别！这就是诚信上的差别！可见，习近平总书记在全党进行党的群众路线教育是多么的英明呀！

32. 七旬老人花书增打工17年还被骗债的故事

“诚信中国”登载了这样一个故事：

河南新郑市薛店镇有个花庄村，年过古稀的花书增每月初回村还债，村民们已经习以为常。

“这是第157户，还剩40多户。”8月1日，老花又回到花庄，从兜里摸出几个暖热的纸包，纸包上分别写着村民的名字和钱数。

17年来，这位老者，把退休金、打工挣的钱和儿女们给的生活费攒在一起，蚂蚁啃骨头，一点儿一点儿地偿还50多万元的欠款。

轻信熟人忽悠，背上巨债

上世纪90年代，身为薛店镇广播站退休职工的花书增，在花庄村办了

花书增

一家面粉厂。凭借多年的口碑，十里八乡的乡亲都将余粮存到他的面粉厂。

“大伙儿信任咱才存到咱这儿，最多的时候有200多户哩。”老花至今语带自豪。但“信任”二字也让他从厂长一下子变成200多名乡亲的欠款人。

原来，1996年，老花轻信了熟人的“忽悠”，在没拿到钱的情况下，将厂里的所有面粉交由熟人代销。结果面粉拉走了，几十万元的货款却没能像承诺的那样“货到付款”。小本经营的面粉厂不但血本无归，还欠了一屁股债。

“老花的面粉厂被骗了，赶紧去兑钱吧。”在厂里存粮食的乡亲听闻，纷纷前来催要粮款。

找到了骗他的人，心软了

乡亲追债，家人埋怨，“天价”债务，老花一时“觉得天都要塌了”。

“缓过来一想，我被骗了是我没本事，但不能辜负乡亲们的信任。”曾在部队服役6年的花书增，骨子里的倔劲儿上来了，“只要坚持，总能还完。”

说话间老花的胳膊轻颤了一下，上面的疤痕清晰可见。

“为了还债，我爸到处爬电线杆、帮小区穿线，一天干七八个小时。这只断臂就是前年春节从电线杆上摔下来弄的。”小女儿花新莉的眼泪在眼眶里开始打转。

后来老花找到了骗他的人，却心软了：对方已经躺在医院，全身插满管子。不久，骗他的人不治身亡。有人建议老花，找对方的老婆继续讨要欠款，可老花说：“一个女人带着俩孩子够不容易的了，我不能把她们娘儿几个往绝路上逼。”

随着脸上沟壑的加深，老花只能拣些轻活干。当有人说为什么不拖着，或者晚些再还，老花的回答是：“啥都可以晚，诚信晚不得。”

“把欠账还清，才能抬起头来走路”

去年，花书增家窘迫的经济状况突然有了转机：他家的房子因征迁改造，分到10多万元补偿款。“这笔钱够装修房子了。”花书增的老伴激动之余，想为自己的生活做点打算。

“所有的补偿款，全部用来还账！”老花的话斩钉截铁，全家人半天没吭声。这期间，不管是家人闹情绪，还是给脸色，老花始终坚持：“把欠账还清，我才能抬起头来走路。”

最终，花书增家获得的补偿款全部用来还账。“欠着乡亲们的钱，我总觉得没脸见他们。”老花说，为省钱尽早还给乡亲们，一大家子节衣缩食，没添置过任何像样的东西。

“啥时候把200多位乡亲的欠款还完了，睡觉才踏实，剩下的七八万力争两年还清！”话语间，他的外孙从身旁一溜烟跑过，老花微眯的眼里充满笑意。

点评：花书增说：“把欠账还清，我才能抬起头来走路。”这体现了“信立人立”——这一中国民族古往今来的做人准则。花书增老人这样做了，做得好！特别是在诚信缺失的今天，更是如此。这也是这个故事广为流传的一个重要原因。“以诚感人者，人亦诚而应。”而失信骗他的那个人不治身亡，就反映了“言不信者，行不果”“失信失败”，不得好下场的规律。

33. 什邡市刘德云生死间不忘还债的故事

据《重庆晚报》报道：2013年16日下午，离地震发生近100小时，在四川什邡市汉旺镇，虚弱得已近昏迷的刘德云被救援官兵抬出来，他的左手腕上，歪歪扭扭写着一句话：“我欠王老大3000元。”他告诉女儿：“如果出不来，手腕上那句话就是留给她的遗嘱。”

点评：四川什邡市汉旺镇地震灾民刘德云生死之间不忘还债

的故事，故事很小，内容也很短，只有100个字左右，但很感人。一个人在生命即将走向终点的时候，还能在自己的手腕上写下对别人的欠款，如果不是诚信观念深入骨髓，怎么可能有如此举动？在一场灾难降临的时刻，这一刻的诚信，是最纯粹、最动人的，也是最暖心的。一个诚信的人，是天下可敬的人；一个诚信的民族，是充满希望的民族。正是诚信的价值观，支撑起中华民族的一片蓝天，使中华民族繁衍至今。我相信，以诚信等为内容的中国特色社会主义核心价值观一定会使中华民族实现中国梦。

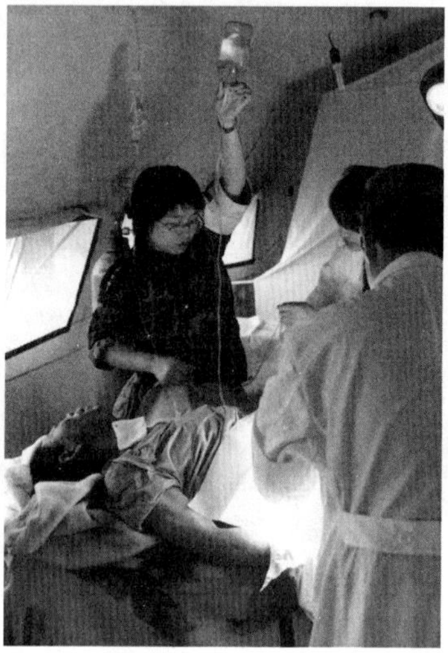

刘德云

34. 撞车撞出了诚信的故事

2013年12月31日《北京晚报》刊登了这样一个故事：

浙江省宁波市，2013年12月26日，余先生一早起动车子时，不小心剐蹭了停在他后面的一辆桑塔纳汽车。余先生见车子的主人不在，就在原地等着。桑塔纳车主来了以后，经过协商，余先生付了对方200元钱，并留下了联系方式。

一小时以后，余先生忽然接到了桑塔纳车主打来的电话："我刚才把车开去修理厂问了，修车师傅说100元就够了，多出来的100元我就给你充话费了。"充话费的正是桑塔纳车主秦明。河南驻马店人，今年27岁，来宁波打工有六七年了。他说："多出来的钱不属于我，拿着不踏实。"余先生说："没想到撞车撞出了诚信，赔了钱，却很开心。"秦明的诚信也感动了大批的网友，纷纷赞其为"中国好车主！"他们说，在2013年即将结束的时候，能看到这样讲诚信、正能量的事情，是对这一年完美的收官。

点评：诚信换诚信，五两换半斤。本来是一场纠纷因为诚信换来了一种正能量，给人一种春风扑面的感觉。故事告诉人们，如果诚信成为每一个人的行为习惯该有多好啊！故事也告诉人们，和谐的社会多么需要诚信道德来支撑。随着以习近平同志为核心的党中央对意识形态的重视，以及社会执政理念和措施的出台，一个“诚信光荣，失信可耻”的社会风气一定会逐步形成，诚实守信的人必将会越来越多。

35. 业精技熟的住总人——王栓国故事

王栓国，是东岳物业公司的一名普通维修工。此人瘦高个，略有一点儿溜肩，其貌不扬。但在工作上可是个多面手，水、暖、电、瓦、木、油没有他干不了的，多难的活儿，没有能难住他的。在恒泰大厦当维修工时，厕所水箱里的胶皮垫老化，漏水不止。单买皮垫没有，他就用废胶皮手套铰成皮垫。嘿，比原配的还好使。水房的地砖空鼓往楼下渗水，他用堵漏灵掺水泥把砖贴上，就解决了渗漏的问题。可就这么个能人也应了那句老话——有能耐的人就有脾气。他这狗熊脾气也是出了名的。遇上不顺心看不惯的事，甭管什么场合当着什么人，那张破嘴逮什么往外抡什么，一句话能把人撅出二里地去。而且还习惯性地拧着脖子梗着脑袋，嘴角连同眼睛都被脸上的肌肉扭歪了，再加上不停地用手指指戳戳，吐沫星子飞溅……因此，他往往受累还不招人待见。

王栓国

您还别说，王栓国虽然脾气狗熊，但他对客户却是温顺有加。大厦里的商户有事找他随叫随到。不管是修门、修锁还是换个灯泡，从不耽误。

有一天中午要吃饭了，一位商户拎着墩布来了："王师傅，您受累给绑绑。""行，搁那儿吧，绑完给你送过去。"我说："这事你也管？"他眨巴着眼睛郑重其事地说："咱大厦这么大，买卖商户必须得维住了。有他们在咱们才有钱有吃喝，别瞧我是个干活的，这道理我懂。"

去年冬天，他调到房管二站当维修工。有一天晚上10点多了突然给我打电话，劈头就问："头儿，你喝酒了么？""没有。""那给我出趟车，团结湖宿舍楼下水堵了！""这么晚了就你一人？""一人也得去，你要是不能帮忙我打车也得去！"

我知道那幢楼的情况，由于当初设计的原因，一层住户家的下水堵塞是常有的事。记得2007年，有一户人家为儿子结婚，新装修的三居室，一水儿新置的家具，结果被返上来的污水粪便泡了个透，住户苦不堪言。所以一发现下水堵，居民马上给站里打电话，维修人员接到电话立马就得火急赶去。找不到司机时我也帮忙出过车。

"行，马上过去。"

撂下电话，我开车去站里接上他拉着疏通机就奔团结湖。路上，他不无歉疚地说："我刚来站里人头儿不熟，这钟点司机不是睡觉了就是喝酒了，没辙，只好向老领导求助，就别怪我人熟不讲理了。"到地方他把皮外套一脱，"你别动，我自己来。"说着抱起疏通机腾腾腾地奔住户家去了。以前干这活都是俩人，一台疏通机加上铰刀足有200多斤啊。因为这活儿又脏又臭，所以他坚决不让我沾手。

过了大约20分钟他拖着工具回来了，满头满脸的热汗，呼哧呼哧地喘着粗气，疏通机散发着难闻的臭味儿。"行了，通了，回去。"我望着他那干瘦的身子，由于用力过猛而轻轻地颤抖着，心中很不落忍，毕竟他也是50出头的人了。"唉，你可真行，其实大晚上的谁家还做饭，等明天早上不行？""那哪儿行！你不知道，为这事老百姓敢打市长热线，上边一级一级追下来还得你弄，我让他这电话打到我这儿就到头了，不能让老百姓满处投诉给咱企业抹黑！"

您听，这就是我们东岳一个普通工人掏心窝子的话。甭管他个性有多倔，但他那种爱岗敬业尽职尽责的工作态度，一切为客户着想，关爱企业声誉的良知，是我们东岳全体员工的缩影，也是我们住总良好企业文化的体现。在我们的服务一线，正是靠这些有责任心且业精技熟的住总人，打造出我们住总的服务品牌！

（金玉龙）

点评：什么是诚信做人？忠诚企业，能够像东岳物业公司维修工王栓国师傅那样自觉地把做好本职工作与维护企业形象联系起来，就是诚信做人，爱岗敬业尽职尽责地工作就是诚信做人。所以，诚信做人不是玄而又玄的东西，是日常每个人只要努力都能够做到的东西。

36. 沈从文坦言失败的故事

沈从文（1902—1988），中国著名作家，原名沈岳焕，笔名休芸芸、甲辰、上官碧、璇若等，乳名茂林，字崇文。湖南凤凰县人，祖母刘氏是苗族，其母黄素英是土家族。14 岁时，他投身行伍。1924 年开始文学创作，撰写出版了《长河》《边城》等小说，1931—1933 年在青岛大学任教。抗战爆发后到西南联大任教，1946 年回到北京大学任教，建国后在中国历史博物馆和中国社会科学院历史研究所工作，主要从事中国古代历史的研究，1988 年病逝于北京。

沈从文

下面，是关于沈从文诚实的一个小故事。

1928 年，沈从文时年 28 岁，学历只有小学文化，闯入十里洋场时间不长，即以一首灵气飘逸的散文震惊文坛，被当时中国公学的校长胡适聘为该校讲师。

当他第一次走上讲台时，除原班学生外，慕名而来听课的人也很多。面对台下满堂的学生这位大作家竟整整呆了 10 分钟，一句话也说不出来。后来，终于讲课了，而原先准备好的要讲授的一课时的内容，10 分钟就讲完了。离下课时间还早呢！他没有天南地北的瞎侃，而是老老实实地拿起粉笔在黑板上写道：

“今天是我第一次上课。人很多，我害怕了。”

这一举动引得全场爆发出一阵善意的笑声……胡适在评价这次讲课时，对沈从文的坦率表示欣赏。能够坦然地面对失败，体现出一种做人诚实的态度和大家的风范。著名作家巴金说：“从文就是这样一个人，他不喜欢表现自己，可是我和他接触很多，就看到他身上有不少发光的东西，不仅有很高的才华，他还有一颗金子般的心。”

点评：诚信是一颗金子般的心。故事虽然很短，但就像石头激出火花那样的耀眼。沈从文老师讲的第一课虽然失败了，但给人们留下了诚信的品质却是胜利了。故事给人这样一个道理，即一个人不管干什么工作，也不管知识多和少，但做人要诚实是一定要坚持的。坚持的越好，口碑越好，形象越高大。反之，如果遮遮掩掩，不但输了知识权威，也输了人品。这才是最要命的呀！

37. 国学大师启功“诚实”的故事

启功（1912—2005），自称“姓启名功”，字元白，也作元伯，号苑北居士，北京市满族旗人。雍正皇帝的第九代孙。著名书画家、教育家、古典文献学家、鉴定家、红学家、诗人，国学大师。曾任北京师范大学副教授、教授，中国人民政治协商会议全国委员会常务委员、国家文物鉴定委员会主任委员、中央文史研究馆馆长、博士研究生导师、九三学社顾问、中国书法家协会名誉主席，世界华人书画家联合会创会主席，中国佛教协会、故宫博物院、国家博物馆顾问。

下面，是网上关于启功诚实的二三事：

启功

他是清朝雍正皇帝的第九代孙，他却不愿被称作爱新觉罗·启功。有人给他写信，上书：“爱新觉罗·启功收。”他索性标明“查无此人，请退回”。

1995年11月的一天，数十位学者会聚在北京师范大学英东楼，讨论启功先生的新著《汉语现象论丛》。

讨论结束前，一直正襟危坐、凝神倾听的启功站起来讲话。他微躬身子，表情认真地说：“我内侄的孩子小时候，他的一个同学常跟他一块上家来玩。有时我嫌他们闹，就跟他们说，你们出去玩吧，乖啊。如此几次，终于有一天，我听见他俩出去，那个孩子边下楼边很有些不解地问：那个老头老说我们乖，我们哪儿乖啊？今天上午听了各位的发言，给我的感觉就像那小孩，我不禁要自问一声：我哪儿乖啊？”

听完这最后一句，会场里笑声一片。晚年启功先生自撰了一个墓志铭，墓志铭是这样写的：

中学生，副教授。博不博，专不透。名虽扬，实不够。高不成，低不就。瘫趋左，派曾右。面微圆，皮欠厚。妻已亡，并无后。丧犹新，病照旧。六十六，非不寿。八宝山，渐相凑。计平生，谥曰陋。身无名，一齐臭。

（来源：百度网）

点评：三个小故事反映了启功大师诚实的本真。启功大师很可爱，可爱就可爱在一个“诚”字上。启功蜚声中外，常把自己说得“一无是处”。因为他知道人自大一点儿就臭了，还是诚实做人为好。事情就是这样，自己越贬低自己，反而在人们心中的形象越高大。这可能就是做人的辩证法吧！当然，这种贬低也要掌握好度，否则就变成虚伪了。

38. 史官董狐秉笔直书的故事

春秋时期的晋国有位在历史上有名的昏君，叫晋灵公。他在位时，不但搜刮民财，乱收赋税，还时常站在城楼上用弹弓射街上来往的行人取乐。有一次，厨师为他炖熊掌没炖熟，他竟然一怒之下把厨师杀了。

董狐

晋国一位大臣赵盾，眼看重晋国要毁在他的手里，就几次劝说他。晋灵公不但不思悔改，反而在心里算计除掉他。

一次，晋灵公请赵盾喝酒。吃饭的时候，早已经埋伏好的十几个士兵把赵盾包围起来，要杀害他。幸亏他武艺高强，才逃了出来。

后来赵盾的一个亲戚找机会杀死了晋灵公，为赵盾报了仇，并且立了新君，把在国外避难的赵盾找回来，让他恢复了原职。

在那个时代，君主再昏庸也是不能杀的。臣下如果杀了君主，就是不忠不义。现在有人杀了君主，却没有人承担罪名。于是，赵盾就想看一看史官是如何记录这件事的。

一天下午，赵盾来到当时负责编写晋国国史的太史官董狐的房间。他拿起记录历史的竹简一看，很生气地对董狐说："晋灵公死的时候我不在朝中，怎么能够说是我杀的呢？你这样乱写，诬蔑朝廷命官，是要杀头的。"

董狐不慌不忙地说："那时你不在国都不能怪你，可是，你现在身为国家大臣，却从来未追究过杀死国君的人。"

赵盾一听，觉得也是这么回事，但他坚持说："还是修改一下吧，改了对大家都有好处。"

董狐严肃地说："作为一个史官，最重要的就是诚实。黑就是黑，白就是白，来不得一点儿虚假，否则就是对后人的欺骗。我的职责就是记录真实的历史，让我为了私利改写历史，那无论如何也是做不到的。丢脑袋对于我来说是小事，丢掉了史官的节操是件大事。”

赵盾听了董狐的一席话，被他的诚实品德所打动，没说什么就走了。从那以后，再也没有为难过董狐。董狐这种不畏强权禀笔直书真实历史的职业精神，一直被后代史官作为楷模，就连孔子都赞扬他诚实。

（来源：百度网）

点评：董狐秉笔直书的事迹，开我国史学直笔传统之先河。董狐不畏强权敢冒被杀头的危险，禀笔直书历史的职业精神，很让人感动。我们讲诚信做人，各行各业都要有这种树立诚信的精神。

39. 明朝宋濂不见风使舵、实话实说的故事

宋濂（1310—1381），字景濂，号潜溪，别号玄真子、玄真道士、玄真遁叟。汉族，浦江（今浙江义乌）人，元末明初文学家，曾被明太祖朱元璋誉为“开国文臣之首”。

宋濂以散文创作闻名，被称为“一代之宗”。其散文质朴简洁，或雍容典雅，各有特色。他推崇台阁文学，文风淳厚飘逸，为其后“台阁体”作家的文学创作提供范本。其作品大部分被合刻为《宋学士全集》（亦称《宋文宪公全集》或《宋学士文集》）。

和尚出身的皇帝朱元璋很迷信。他当年参加起义，主要是靠拜泥菩萨得到的“兆头”决定的。当他的队伍具有相当规模的时候，他便拿了一本《黄石公三略》给部下大吹大擂。黄石公即汉朝张良在桥上遇见的那个圯上老人。传说他曾授给张良一部天书。张良就是靠这一部天书帮助刘邦打天下的。

朱元璋是很信这一套的。宋濂就一本正经地对他说：“《尚书》里的二典——尧典、舜典；三谟——大禹谟和帝王的大经、大法都在里面，请留意说明。”说完，拂袖而去。

后来，朱元璋做了皇帝，很希望天上神仙给他捧场。

有一天，他问宋濂：“为什么近来甘露这么多呢？”他的意思是请宋濂

——这位翰林大学士替他说点好话，用一些天助神佑之灵说明他当皇帝是天助也。可是，宋濂偏偏不买账。他回答说：“当皇帝不在于天，而在于人；国家兴旺不在于好兆头，而在于施仁政。甘露不过是天上掉下来的水，时多时少，并没有什么特别的意义。”宋濂的回答，朱元璋很不满意。

宋濂曾经与客人饮酒，皇帝暗中秘密派人去侦探察看。第二天，皇帝问宋濂昨天饮酒没有？座中的来客是谁？饭菜是什么？宋濂都以实话回答。皇帝笑着说：“确实如此，你不欺骗我。”皇帝间或问起大臣们的好坏，宋濂只举出那些好的大臣说说。皇帝问他原因，宋濂回答道：“好的大臣和我交朋友，所以我了解他们；那些不好的，我和他们不交往，所以不能了解他们。”

主事茹太素上奏章1万多字。朱元璋大怒，询问朝中的大臣。有人指着茹太素的奏章说：“这里不敬，这里的批评不合法制等等。”朱元璋问宋濂，宋濂回答说：“他只是对陛下尽忠罢了，陛下正广开言路，怎么能够重责他呢？”不久，皇帝看茹太素的奏章，有值得采纳的内容，把朝臣都招来斥责，于是，口呼宋濂的字说：“如果没有景濂，我几乎错误地怪罪进谏的人。”在宋濂年过古稀告老还乡时，朱元璋就无端地把他抓了起来，想杀他。朱元璋的老婆和儿子坚决反对，骂他不讲情义，连乡下老百姓都不如，朱元璋这才罢休。宋濂享年72岁。明武宗时追谥文宪，故称“宋文宪”。

点评：守君如守虎。特别是在生性多疑的明太祖朱元璋面前更是如此。在这种情况下，宋濂不见风使舵、实话实说非常难能可贵。我们经常讲，要继承中华民族优秀的传统文化，什么叫优秀的传统文化？宋濂冒着被杀头的危险，敢于尊重事实、尊重科学，实话实说的精神，就是中华民族优秀的传统文化，就是我们今天要学习和继承的。

40. 汉末刘平诚信的故事

刘平字公子，是楚郡彭城人。王莽时担任郡吏，政绩显著。那以后，每当下属的县里有强盗进犯，就让刘平去守卫，他所到的地方都能平定，因此全郡的人都称赞他的能力。

更始年间，天下大乱，刘平的弟弟刘仲被贼人杀害。后来贼人又突然到来，刘平搀扶侍候着母亲，奔走逃难。刘仲的遗腹女儿才 1 岁，刘平抱着刘仲的女儿而放弃了自己的儿子。刘平的母亲想回去抱刘平的孩子，刘平不同意，说："凭我们现有的力量不能同时使两个孩子活下来，刘仲不能因为这样而没有后代。"于是，离开而不再顾惜自己的孩子，和母亲一块躲藏在野地中。刘平早晨出去寻找食物，遇到了饥饿的贼人，贼人将要烹杀他。刘平叩头说："今天早晨为老母亲找点野菜充饥，老母亲还在野地里等我的食物活命，希望能先放我回去，等到让母亲吃完饭，回来再受死。"于是，流泪哭泣。贼人见他极为真诚，同情他并放了他。刘平回去，等到让母亲吃完饭后，就告诉母亲说："我刚才已经跟贼人约定好了，根据道义不能欺骗他们。"于是，就回去找到贼人。贼人大惊，对他说："经常听说忠勇正直之人，今天才见到，你走吧，我们不忍心吃掉你。"于是，刘平得以保全性命。

建武初年，平狄将军庞萌在彭城造反，打败了郡守孙萌。刘平当时又在担任郡吏，顶着刀剑趴在孙萌身上（为他遮挡），身上遭受七处刀伤，身陷困境不知道如何是好，就大声哭泣着请求说："我愿意用自身代督郡守。"贼兵于是收起兵器停止作恶，说："这个人是义士，不要杀害他。"就散去了。孙萌伤势太重一时昏了过去，过了一会儿苏醒过来，渴了找水喝。刘平就倾尽自己的伤口的血让他喝。过了几天，孙萌还是死了，刘平才包扎好自己的伤口，为孙萌发丧，并护送孙萌的遗体回到他的家乡。

（《后汉书·刘平传》）

点评：刘平言而有信。至诚之心，天地万物都能被感动。在他身上，集中体现了中华民族的传统美德，即，推至诚，明信义，奉孝养，行德政。

41. 布鲁诺为坚持“日心说”而献身的故事

乔尔丹诺·布鲁诺（1548—1600），文艺复兴时期意大利思想家、自然科学家、哲学家和文学家。他勇敢地捍卫和发展了哥白尼的太阳中心说，并把它传遍欧洲，被世人誉为反教会、反经院哲学的无畏战士，是捍卫真理的殉道者。由于批判经院哲学和神学，反对地心说，宣传日心说和宇宙观、宗教哲学，1592 年被捕入狱，最后被宗教裁判所判为“异端”烧死在罗马鲜花广场。1992 年，罗马教皇宣布为布鲁诺平反。

布鲁诺

1548 年，布鲁诺诞生于意大利那不勒斯附近的诺拉城的一个农民家庭。在他 10 岁父母将他送到那不勒斯的一所私立人文主义学校就读。后来，布鲁诺进了修道院，15 岁成为修道士。10 年后，他获得了神学博士学位。

布鲁诺读了不少“禁书”。其中，哥白尼的日心说对他影响较大。于是，他便对自然科学产生了浓厚的兴趣，逐渐对宗教神学产生了怀疑。此后，他不仅写了一些批判《圣经》的论文，而且还对基督教圣徒表现出极度的厌恶。布鲁诺的言行触怒了教廷，教廷决定对他进行审判。

因为遭到教廷通缉，他不得不在 1578 年离开意大利，先后流亡瑞士、法国、英国、捷克斯洛伐克、奥地利、匈牙利等国，长达 13 年之久。布鲁诺每到一个地方，都积极批判宗教神学，热情宣传哥白尼的学说，反对托勒密的地心说。1583 年，布鲁诺来到伦敦，在这里度过了两年多比较安静的时期。布鲁诺以天才的直觉，发展了哥白尼的宇宙学说，提出了宇宙无限的思想。布鲁诺认为，宇宙是统一的、物质的、无限的，太阳系之外还有无限多个世界，太阳并不静止，也处在运动之中，太阳并不是宇宙的中心，无限的宇宙根本没有中心。

《论原因、本原和统一》和《论无限的宇宙和多世界》两本哲学著作就是在伦敦写作于1584年出版的。

由于布鲁诺在欧洲广泛宣传哥白尼的新的宇宙观，进一步引起了罗马宗教裁判所的恐惧。1592年5月23日，布鲁诺在意大利的威尼斯因被人出卖而被捕，次年2月被押解到罗马，囚禁在宗教裁判所的监狱里。教会许诺："只要他公开宣布放弃日心说，就免他一死，并且给他足够的生活费安度晚年。"

布鲁诺说："你们不要白费力气了，我是不会为了讨好罗马教皇而说谎的。"在长达七年的审讯之中，布鲁诺始终没有屈服。

经过八年的监禁，布鲁诺在罗马的鲜花广场被处以火刑。1600年2月17日的凌晨，通往罗马的鲜花广场的街道上站满了群众。布鲁诺被绑在广场中央的火刑柱上，他向围观的人们庄严地宣布："黑暗即将过去，黎明即将来临，真理终将战胜邪恶!"最后，他高呼："火不能征服我，未来的世界会了解我，会知道我的价值!"

刽子手用木塞堵上了他的嘴，然后点燃了烈火。布鲁诺在熊熊烈火中，为真理献出了自己的生命。

随着科学的发展，布鲁诺所宣传的日心说被证明是正确的。1989年6月9日，为纪念这位诚实伟大的思想家，人们在布鲁诺殉难的鲜花广场上，为他树立了一尊铜像，以永远纪念他的功绩。

布鲁诺哲学思辨得出的宇宙无限性理念，在思想史上具有无比的重要性。整个近代的宇宙论革命，就是从封闭的世界走向无限的宇宙。哥白尼的宇宙体系是一个有限的体系，它依然保留了天球的概念。相比之下，布鲁诺超前于时代太多了，他所描述的与无数太阳系并存的无限宇宙图景，差不多三百年后才得到科学界的公认。

（来源：百度网）

点评："黑暗即将过去，黎明即将来临，真理终将战胜邪恶!"宇宙和社会的发展证明了布鲁诺的预言。真理终将战胜邪恶。布鲁诺在烈火中永生。布鲁诺——真理的化身。

42. 一个美国商人不吃“有籽虹鳟鱼”的故事

记不清哪一本杂志讲了这样一个故事：

有一个美国商人经常到中国做生意。一次，一笔生意成交之后，中方宴请他。中方听说这个美国商人十分喜欢吃虹鳟鱼，席上，主人特意请著名厨师做了一道名菜：清炖虹鳟鱼。

这道菜上来以后，美国商人眼睛一亮，可以看得出这个美国商人还真的是喜欢这道菜。奇怪的是，当这个美国商人夹了一块鱼肉以后，还没有送到嘴里就又送了回来，放下筷子不吃了。

主人忙问其故，美国商人说：“这是一条有籽的鳟鱼，美国法律规定，要保护生态环境，不能吃有籽的母鱼。”主人连忙说：“这是在中国，不是在美国。中国并没有这样的法律。”美国商人说：“我是美国人，走到哪儿，都要遵守美国的法律。”

点评：中国主人为美国商人做了一道名菜：清炖虹鳟鱼。美国商人也十分喜欢吃虹鳟鱼，但就是因为美国的法律规定：“要保护生态环境，不能吃有籽的母鱼”。所以，无论中国主人怎么劝说都不吃。“我是美国人，走到哪儿，都要遵守美国的法律。”故事使我们看到了这个美国商人法律意识之强和诚实守信的精神。这种法律意识之强和诚实守信的精神，不是我们中国人应该学习的吗？

43. 一个美国女大学生不到法律年龄“不饮酒”的故事

苏珊娜，南京大学的一个美国留学生。寒假里，这个美国留学生随她的女同学张某到她的老家河南农村过年。大年初一，张家准备了一桌丰盛的酒席招待苏珊娜。席上，张父特意以当地名酒款待她。张父给苏珊娜斟了满满一杯酒，可是苏珊娜只是礼貌地举杯，却滴酒不沾。

张家问其故，苏珊娜说：“我的家乡在美国西雅图州。当地的法律规定，公民年满21岁才能饮酒。我今年才19岁，还未到饮酒的年龄。”

张家人劝她说：“这里是中国不是美国，入乡随俗嘛！再说，没有一个美国人会知道你在中国饮过酒。”苏珊娜却说：“虽然自己身在国外，但也应该遵守美国法律。名酒的味道虽然很香，但自己会克制自己，不到法定年龄，决不饮酒。”

张家人对这个19岁的美国姑娘立刻另眼相看，十分敬佩。

寒假结束，苏珊娜要回南京的时候，当地政府有关部门特意设宴款待苏珊娜，也被苏珊娜谢绝了。她说：“按照美国的法律规定，凡属官方的宴请，只能由政府官员出席。我是一个普通的美国人，不是政府官员，因此不能接受官方的宴请。”

（来源：百度网）

点评：上面故事讲的是一个美国商人按照美国法律规定，“不吃有籽虹鳟鱼”；而这个故事讲的是一个19岁的美国大学生，按照美国法律规定，“不到法定年龄，决不饮酒”。两个故事反映了两个人的一个共同东西，即在国内国外都一样的诚实守信，遵守美国的法律。我们现在正在全面建设法治社会，以此为对照，作为一个中国公民出国时怎么要求自己，不是很好的参照物吗?

44. 美国第十六任总统林肯诚信的故事

林肯（1809—1865），美国第十六任总统，资产阶级民主主义革命家、政治家。他领导了美国南北战争，战胜了反动、腐朽的奴隶制度，颁布了《解放黑人奴隶宣言》，维护了美联邦统一，为美国资本主义发展扫清了障碍。为此，马克思认为：“在美国历史和人类历史上，林肯必将与华盛顿齐名!”①

林肯年轻时曾在一家百货店当售货员。一天，一位妇女在店里买了一些小物件，付款时林肯计算应付她2美元6.25美分，那位妇女付完款高高兴兴

① 《马克思恩格斯全集》第15卷，第586页。

地走了。之后，林肯又计算了一遍，结果让他大吃一惊，因为那些小物件的款项应该只有 2 美元。其他店员认为钱不多，不必当回事，但林肯非常自责。“必须把多收的钱还回去。”他决定。虽然，他知道那位妇女住在 3 英里之外，但并没有动摇他的决心。当他步行来到女顾客的住处，天已经黑了。他把事情讲述了一遍，将多收的钱如数奉还，然后才心满意足地回家了。

林肯

还有一次，在一位来店里买茶叶的顾客走后，林肯发现秤盘上有一个四盎司重的砝码，他意识到那位顾客的茶叶分量多算了。于是他又称了不少于四盎司的茶叶，给那位顾客送去了。

1836 年，他通过考试当上了律师。当律师以后，由于他精通法律，口才很好，在当地很有声望，很多人都来找他帮着打官司。但是，他为当事人辩护有一个条件，就是当事人必须是正义的一方。许多穷人没有钱付给他劳务费，但是只要告诉林肯：“我是正义的，请你帮我讨回公道。”林肯就会免费为他辩护。

一次，一个很有钱的人请林肯为他辩护。林肯听了那个客户的陈述，发现那个人是在诬陷好人，于是就说：“很抱歉，我不能替您辩护，因为您的行为是非正义的。”那个人说：“林肯先生，我就是想请您帮我打这场不正义的官司，只要我胜诉，您要多少酬劳都可以。”林肯严肃地说：“只要使用一点儿点法庭辩护的技巧，您的案子很容易胜诉，但是案子本身是不公平的。假如我接了您的案子，当我站在法官面前讲话的时候，我会对自己说：‘林肯，你在撒谎。’谎话只有在丢掉良心的时候，才能大声地说出口。我不能丢掉良心，也不可能讲出谎话。所以，请您另请高明，我没有能力为您效劳。”那个人听了，什么也没说，默默地离开了林肯的办公室。

因此，人们习惯地称林肯总统为“诚实的老亚伯”。

（来源：百度网）

点评：“诚实的老亚伯”这个口碑好！“谎话只有在丢掉良心的时候，才能大声地说出口。我不能丢掉良心，也不可能讲出谎话。”林肯如是说，也是如是做的。诚实的品质是人类优秀的共同品质。可能就是因为“诚实的老亚伯”的口碑，使他能够当选成为美国——这个种族歧视很严重的国家的一个总统，从中我们可以看到诚信的魅力和力量。一个具有诚信品质的人，无论是在中国还是在西方，都是会赢得人们的信赖和欢迎的。

45. 美国第三十二任总统富兰克林诚信做人的故事

富兰克林（1706—1790），美国第三十二任总统，美国历史上最伟大的总统之一，美国著名政治家、科学家，同时亦是出版商、印刷商、记者、作家、慈善家，更是杰出的外交家及发明家。曾经参与起草美国的《独立宣言》，被视为20世纪美国最负众望和受爱戴的总统。

富兰克林

富兰克林出生在一个世代打铁的工匠家庭，由于家里孩子多，父母很难靠打铁来维持家里的生活。12岁的小富兰克林看到父母整天为了生计发愁，就想为家里做些什么。父亲这时除了打铁之外还做蜡烛。

后来，他的哥哥在城里办了一家报纸，富兰克林到他哥哥那里当学徒，在印刷所里学习排版。他哥哥对他非常刻薄，经常因为一点儿小事就责骂他，有时候还毒打他，这使富兰克林不堪忍受，不久就离开了那里，到别的印刷所找工作。但是他哥哥非常坏，告诉城里所有印刷厂的老板都不要聘请富兰克林。

富兰克林不得不到别的城市寻找工作。他流落到费城，有个叫凯谋的人让富兰克林帮他管理他开的印刷铺子，许诺可以给他很高的薪金。富兰克林因为暂时找不到别的工作就答应了。当时富兰克林已经是一个熟练工人，而凯谋雇用的其他工人都是对印刷、排版、装订不怎么了解的人。凯谋付给这些人的工资非常低。聪明的富兰克林看到这种情况，就猜到凯谋是想让他把这些廉价雇用来的工人训练成熟练工人，然后再把自己赶走。凯谋在当地的名声很坏，所有人都知道他是个阴险狡猾的小人。

尽管富兰克林已经猜到凯谋的心思，可是他想，既然答应接受这份工作，就应该尽力做好，要对自己的工作认真负责，不能因为老板不好，就影响自己对工作的认真态度。于是，他就每天教这些工人一些技术，甚至把自己发明出来的制作字模的方法也传授给了这些工人。

凯谋最初对富兰克林还很客气，几个月后，他发现自己廉价雇用来的工人已经基本掌握了排版印刷技术，于是就开始无缘无故地找富兰克林的麻烦，无端地克扣他的工资。有一次，凯谋竟然指着富兰克林的鼻子骂他是蠢猪。富兰克林非常生气，并且说：“只有蠢猪一样的老板，没有蠢猪一样的工人，像你这样的人根本不配做老板。”

凯谋正想把富兰克林赶走，就挖苦他说：“上帝又没有挽留你这个天才在这里工作，你可以像乌贼一样溜走。”

富兰克林早就不想干了，当着工人们的面说：“凯谋，别绕弯子了，你请我来就是为了给你训练工人。现在他们都是熟练的工人了，你就可以赶我走了，我早就猜出你的心思了。不过，你放心，我富兰克林做人向来讲求诚信，不会因为你的卑鄙我就传播给他们错误的技术，将来你解雇他们的时候，他们凭借自己的手艺也可以很容易地找到工作。”说完，富兰克林收拾行李就离开了铺子。

（来源：百度网）

点评：诚实赢得信赖。富兰克林后来之所以能够成为美国历史上最负众望和受人爱戴的伟大总统，与其诚实的品质不无关系。从贫民到总统，诚信做人都是一样的。

46. 美国希亚达“诚信改变命运”的故事

这是发生在美国的一个真实的故事。

30年前一个冬天的晚上，美国华盛顿一个商人的妻子不慎把一个皮包丢在一家医院里。商人着急万分，连夜去找。因为皮包内有现金10万美元，还有一份十分机密的市场信息。当商人到了那家医院时，他一眼就看到清冷的走廊里靠墙蹲着一个冻得瑟瑟发抖的瘦弱的女孩，在她怀中紧紧抱着的正是妻子丢的那个皮包。

希亚达

这个叫希亚达的女孩，是来这家医院陪病重的妈妈治病的。相依为命的娘儿俩家里很穷，卖了所有能卖的东西，凑来的钱还是仅够一个晚上的医疗费，没有钱就得被赶出医院。

晚上，无能为力的希亚达在医院走廊里徘徊，她天真地想求上帝的保佑，能够碰上个好心人救救她的妈妈。

突然，一个从楼上下来的富人经过走廊时，腋下的皮包掉在了地上，可能是她腋下还有别的东西，皮包掉了却毫无知觉。当时，走廊里只有希亚达一个人。她走过去捡起皮包，急忙追出门外，但那个女士却上了辆轿车扬长而去。

希亚达回到病房，当她打开皮包时，娘儿俩都被里面成沓的钞票惊呆了。那一刻，她们心里明白，用这些钞票可能治好妈妈的病。妈妈却让希亚达把皮包送回走廊里去，等丢皮包的人回来领取。就这样，她们母女俩不仅帮商人挽回了10万美元的损失，更重要的是那份失而复得的市场信息，使商人的生意如日中天，不久就成了大富翁。

商人被母女的行为所打动，尽了最大的努力为希亚达的母亲治病，但她的妈妈还是撒手人寰，抛下她走了。

于是，商人就领养了这个孤苦伶仃无家可归的女孩。

被商人领养的希亚达读完大学，就协助富翁料理商务。虽然商人一直没有委任她任何实际职位，但在长期的历练中，富翁的智慧和经验潜移默化地影响了她，使她变成了一个成熟的商业人才。到商人晚年时，很多想法都是征求希亚达的意见。

富翁临危之际，留下这样一份遗嘱：

“在我认识希亚达母女之前，我就已经很有钱了。可是，当我站在贫病交加却拾金不昧的母女面前时，我发现她们是最富有的。因为她们恪守着诚信至上的人生准则，这正是作为商人最缺少的。我的钱几乎都是尔虞我诈、明争暗斗得来的，是她们使我领悟到人生最大的资本是品性。我收养希亚达既不是为感恩图报，也不是出于同情，而是请了一个做人的楷模。有她在我身边，生意场上我会时刻铭记哪些该做，哪些不该做，什么钱该赚，什么钱不该赚。这是我后来业绩兴旺发达的根本，使我成为亿万富翁。我死后，我的亿万资金全部留给希亚达继承。这不是馈赠，而是为了我的事业更加辉煌旺盛。我深信，我聪明的儿子能够理解爸爸的良苦用心。”

富翁在国外的儿子回来，仔细看完父亲的遗嘱后，立刻毫不犹豫地在财产协议书上签了字：“我同意希亚达继承父亲的全部资产，只请求希亚达能做我的夫人。”希亚达看完富翁儿子的签字，略一沉思，也提笔签了字：“我愿意接受先辈留下的全部财产，包括他的儿子。”

（来源：百度网）

点评：诚信改变命运。美国希亚达母女拾金不昧的故事，就很好地说明了这个道理。一个人富不富有，不只是指金钱的多少，而是与具有不具有诚信的品德有关。诚信不但能够让人拾金不昧，改变命运，由穷便富；以诚信为天平，也能够使人知道“哪些事情该做，哪些事情不该做，什么钱该赚，什么钱不该赚”。这就是故事告诉我们的一个深刻道理。

47. 德国“只砍有记号的树”的故事

1944 年冬，苏联红军和盟军完成对德国法西斯的铁壁合围，整个德国笼罩在一片末日的气氛里，经济崩溃，物资奇缺，老百姓的生活陷入困境。对普通平民来说，食品短缺是人命关天的大事。更糟糕的是，由于德国地处欧洲中部，冬季冷得出奇，人们根本无法熬过漫长的冬天。按照原来国家的法律规定，各地政府只能允许让老百姓上山“只砍有记号的树”。

苏联红军攻克柏林

这样的规定简直就是个笑话，国家就要灭亡，国家已经没有警察。当时的德国由于希特勒垂死挣扎，几乎将所有的政府公务人员抽调到前线去了，到处看不到警察，更看不到法官，整个国家处于无政府状态。但是，令人不可思议的是，在国家崩溃前夕的德国人，在自己生命受到威胁时，他们并没有发生哄抢。直到第二次世界大战结束，德国也没有发生一起砍伐树木的事，这是多么不可思议的事情啊？

点评：故事告诉人们，德国人民法律意识是多么强，是多么的诚实（尽管这种法律是法西斯政府留下来）。二战后的德国之所以能够获得世界人民的谅解，就是因为德国人民诚实，能够公开地向世界人民进行道歉，认罪。不像日本政府那样，缺乏诚信，对二战犯下的侵略罪行死不认罪，死不道歉。即使认罪，也是羞羞答答，朝令夕改，表现得没有丝毫诚意。故事再一次告诉人们，一个国家和一个人一样，诚信才能赢得信任，赢得信赖，赢得信誉。失去诚信，就会失道寡助，就不能在世界人民面前立足。

48. 司各特“为信而活”的故事

英国著名的小说家瓦尔特·司各特是一个诚实守信的人，虽然他很贫穷，但是人们都很尊敬他。司各特为人正直，他的一个朋友看见他的生活很困难，就帮他办了一家出版印刷公司，可是他不善于经营，不久就倒闭破产了。这使原本就很贫穷的他，又背上了6万美元的债务包袱。司各特

司各特

的朋友们商量，要凑足够的钱帮助他还债。司各特拒绝了，说："不，凭自己这双手我能还清债务。我可以失去任何东西，但唯一不能失去的就是信用。"

为了还清债务，他像拉板车的老黄牛一样努力工作，他的朋友们都非常佩服他的勇气，都说他是一个真正的男子汉，是一个正直高尚的人。当时的很多家报纸都报道了他的企业倒闭的消息，有的文章中充满了同情和遗憾。他把这些文章统统扔到火炉里，在心里对自己说："瓦尔特·司各特不需要怜悯和同情，他有宝贵的信用和战胜生活的勇气。"在那以后，他更加努力地工作，学会了许多以前不会干的活儿，经常一天跑几个单位，变换不同的工作，人累得又黑又瘦。

有一次，他的一个债主看了司各特写的小说后，专程跑来对他说："司各特先生，我知道您很讲信用，但是您更是一个很有才华的作家，您应该把时间更多地花在写作上，因此，我决定免除您的债务，您欠我的那一部分钱就不用还了。"司各特说："非常感谢您，但是我不能接受您的帮助，我不能做没有信用的人。"

这件事之后，他在日记本里这样写道："我从来没有像现在睡得这样踏实和安稳。我的债主对我说，他觉得我是一个诚实可靠的人，他说可以免掉我的债务，但我不能接受。尽管我的前方是一条艰难而黑暗的路，但却使我感到光荣，为了保全我的信誉，我可能困苦而死，但我却死得光荣。"由于繁重的劳动，司各特曾经病倒过。在病中，他经常对自己说："我欠别人的债还没还清呢，我一定要好起来，等我赚了钱，还了债，然后再光荣而安详地死。"这种信念使司各特很快从病中康复了过来。

两年后他靠自己的劳动还清了债务。

（来源：百度网）

点评："我可以失去任何东西，但唯一不能失去的就是信用。”司各特如是说。看了故事，人们都会为英国作家司各特的诚信精神所感动。故事再一次告诉人们，诚信的品质是人类最美的品质。一个人崇高，还是渺小，不是以钱的多少为标准，而是以有无诚信品质为标准。人因为诚信而高尚，人也因为失信而渺小。这是人生重要的哲理。

49. 站在悬崖边缘的故事

美国纽约法官克雷恩出生在一个贫穷的工人家庭，为了生活，他很小就到一个私人公司工作。雇主待他像对待一条狗一样，让他干繁重的工作，每周只付给他 2 美元的工钱，实际上他的工作价值至少是一周 50 美元。

克雷恩

有一天，他一整天没吃东西，却拿着 2500 美元的现金为公司办事。他当时也曾经想到偷窃，可又想：我的妈妈一直认为我是绝对诚实的，我不能为了这个卑鄙的雇主，让我的母亲伤心。

后来他回忆这件事时说：“我和许多年轻人一样，曾经站到了悬崖的边缘。”

点评： 许多人可能都像故事主人公一样，经历过饥肠辘辘，“站到过悬崖的边缘”，而此时正是人生之界碑。经得住“苟非之吾所有虽一毫而莫取”的人生考验，就走的是人生正道；而经不住诱惑，一念之差，就会走向人生的万丈深渊。从草根基础上成长起来的人大多经历过选择。在“站到悬崖的边缘”时，选择了做一个诚实的人，就选择了光明；一念之差，走上了邪路，就选择了黑暗。年轻人啊，当你“站在悬崖的边缘”时，一定要慎重选择！千万不要“一失足成千古恨”。

友谊需要用忠诚去播种，用热情去灌溉，用原则去培养，用谅解去护理。

——马克思

三、诚信交友篇

交朋友要有选择地交。就如孔子云：“与朋友交，言而有信。”朋友不信，则交易绝。马克思说：“友谊需要用忠诚去播种，用热情去灌溉，用原则去培养，用谅解去护理。”

50. 马克思、恩格斯两位导师友谊的故事

卡尔·马克思（1818—1883），马克思主义的创始人，科学社会主义创始人，全世界无产阶级伟大导师。主要著作有《共产党宣言》（1848年）、《资本论》第一卷（1867年）等；他和恩格斯共同创立的科学社会主义，是指引全世界劳动人民为实现社会主义和共产主义伟大理想而进行斗争的理论武器和行动指针。

马克思、恩格斯

弗里德里希·冯·恩格斯（1820—1895），德国思想家、哲学

家、革命家、教育家，全世界无产阶级和劳动人民的伟大导师，马克思主义创始人。他和马克思共同撰写了《共产党宣言》，共同创立了科学共产主义理论；参加了第一国际的领导工作。马克思逝世后，他承担整理和出版《资本论》遗稿的工作，还肩负领导国际工人运动的重担。除同马克思合撰著作外，他还著有《路德维希·费尔巴哈和德国古典哲学的终结》《自然辩证法》《家庭、私有制、国家的起源》等等。

马克思的一生中有三个人对他是至关重要的：一个是他的父亲，也是他的启蒙老师；另一个是他的妻子，也是他的生活情侣燕妮；还有一个就是他的革命战友恩格斯。马克思如果离开了这三个人，尤其是恩格斯，也许马克思就不成其为马克思了。在他们的共同事业中，马克思是第一提琴手，而恩格斯是第二提琴手。

要讲两个人的友谊，还要从恩格斯的身世说起。

恩格斯于1820年11月28日出生在德国莱茵省巴门市，少年时就学于巴门市立学校，1834年转入爱北斐特理科中学。他的父亲老弗里德里希是一个工厂主，虔诚的基督徒，带有普鲁士贵族血统。1837年9月，其父亲坚持要他辍学经商。1852年，在服完为期一年的兵役之后，他接受父亲的安排，前往曼彻斯特的棉纺厂工作。

1848年大革命失败后，恩格斯不得不回到曼彻斯特营业所，从事商务活动，这使恩格斯十分懊恼。他曾不止一次地把它称作是“该死的生意经”，并且不止一次地下决心，永远摆脱这些事，去干他喜爱的政治活动和科学研究。然而，当恩格斯想到被迫流亡英国伦敦的马克思一家经常以面包和土豆充饥，过着贫困的生活时，就抛开了弃商的念头，咬紧牙关坚持下去。这样做为的是能在物质上帮助马克思，从而使朋友——共产主义运动最优秀的思想家得到保存，使《资本论》早日写成并得以出版。于是，每个月，有时甚至是每个星期，都有一张张1英镑、2英镑、5英镑或10英镑的汇票从曼彻斯特寄往伦敦。1864年，恩格斯成为曼彻斯特欧门——恩格斯公司的合伙人，开始对马克思大力援助。几年后，他把公司合伙股权卖出以后，每年赠给马克思350英镑。这些钱加起来，大大超过恩格斯自己的家庭开支。

1848 年，正是马克思被法国政府驱逐前往英国伦敦一生中最困难的日子。在 5 年时间里，马克思因为经济和债务问题，精神焦虑，受疾病所苦情绪不佳，四个孩子中的三个死亡。1855 年 4 月，马克思最喜爱的儿子埃德加尔病逝，这给马克思沉重的打击，他感到自己快支持不住了。在致恩格斯的信中，马克思倾诉了无限悲痛的心情："在这些日子里，我之所以能忍受这一切可怕的痛苦，是因为时刻想念着你，想念着你的友谊，时刻希望我们两人还要在世间共同做一些有意义的事情。"恩格斯得知这个消息后，连忙打电报劝说马克思别这么做，又迅速筹集到一笔钱汇给了马克思，使马克思一家暂时渡过了难关。马克思在给恩格斯的信中写道："亲爱的恩格斯，你寄来的 100 英镑我收到了。我简直无法表达我们全家人对你的感激之情。"

马克思的一生思想上是绝对的富翁，而经济上却是绝对的贫困户。这位对资本主义经济有着透彻研究的伟大经济学家一贫如洗，他没有固定的工作，一家人的经济来源主要靠他极不稳定而又极其微薄的稿费收入，加之资产阶级对他的迫害和封锁，使饥饿和生存问题始终一直困扰着马克思一家，差不多把马克思置于死地。在颠沛流离中，他常常囊空如洗，衣食无着，写的稿子连一张邮票都买不起。如果不是恩格斯在经济上长期的援助，马克思就无法从事领导国际无产阶级运动和专心理论创作。事实上，从 1851 年至 1869 年间，马克思一家的生活一直靠恩格斯的经济支持。

当然，碰到恩格斯需要帮助的时候，马克思同样竭尽全力，毫不犹豫。1848 年 11 月，恩格斯逃亡到瑞士，因为走时匆忙，身边没带多少钱，马克思知道了，连忙从病床上挣扎起来，到银行将自己仅有的钱取出，全部寄给了恩格斯。

马克思和恩格斯不仅在金钱上不分彼此，互相帮助，更重要的是他们在共产主义的事业上亲密合作。他们同住在伦敦时，每天下午，恩格斯总要到马克思家里去，讨论各种政治事件和科学问题，一连谈上好几个小时，各抒己见，滔滔不绝，有时候还进行激烈的争论。天气晴朗的日子，他们就一起到郊外散步。后来他们住在两个地方，就经常通信，彼此交换对政治事件的意见和研究工作的成果，为对方在事业上的成就感到骄傲。

马克思答应给一家英文报纸写通讯稿时，对英文还没有精通，恩格斯就帮他翻译。同样，恩格斯从事著述的时候，马克思也往往放下自己的工作，帮助他编写其中的某些部分。

马克思和恩格斯在一起

1883年，马克思逝世，恩格斯感到万分悲痛。朋友们劝恩格斯外出旅行，散散心。但恩格斯想到马克思生前用毕生精力写作的《资本论》还没完成时，就谢绝了朋友们的劝说，并放下自己的研究工作，着手整理和出版了《资本论》最后两卷。他日以继夜地抄写、整理、补充、编排，几次累得生病。花了整整11年时间，才完成了这部伟大的著作。恩格斯说："这是我喜欢的劳动，因为这时我又和我的老朋友在一起了。"《资本论》这部经典著作的写作及出版，可以说是马克思、恩格斯伟大友谊的结晶。

马克思和恩格斯合作了40年，共同创造了伟大的马克思主义。列宁赞扬他们两个人的友谊时说："在老的传说中有各种各样非常动人的友谊故事，后来的欧洲无产阶级科学社会主义学说，它的科学是由两位学者和战友创造的，他们的关系超过了古人关于友谊的一切最动人的传说。"

（来源：百度网）

点评：古人云："人若近贤良，譬如纸包兰麝，因香得香；人若近邪友，譬如柳贯鱼鳖，因臭得臭。"马克思、恩格斯——这对人类历史上的最伟大的朋友，就是因香得香的朋友，各自都为自己有志同道合的40年战友而自豪。马克思说："我们之间存在的友谊是何等的珍贵！"而恩格斯说："马克思是和我相交40年的最好的、最亲密的朋友，他给我的教益是无法用语言表达的。"这是人类诚信交友无可比拟的、最经典最光辉的范例。

51. 普京成为总统背后鲜为人知的故事

故事是这样的：

当年，普京的恩师是叶利钦政治上的死对头。叶利钦上台以后，即要把他投入监狱。危急之时，普京冒死将恩师秘密送往国外，不料却因此举得到了叶利钦的赏识，从此一步登天。

普京

说到普京，我们都知道他是俄罗斯总统，以前，曾当过克格勃。但是，你却并不一定了解，他是怎样从一个普通的克格勃一步步走进权力中枢，最终成为总统的。

下面，我们就来说说，他究竟是靠什么一步登天的。

大学期间　他遇到了一个好老师

1970 年，普京考入了彼得格勒大学（即现在的圣彼得堡大学）法律系，索布恰克是他的经济学教授。普京虽然出身平民家庭，但非常聪明，学习成绩很好，特别是他个头不高，也不强壮，性格上却桀骜不驯。虽然索布恰克有很多学生，但他特别喜欢普京这个聪明、有个性、敢打敢拼的大男孩。

大学毕业时，普京以一篇《论国际法中的最惠国原则》论文，再次赢得了索布恰克的赞誉：“小伙子，我没有看错你，相信你将来一定是个不错的人才!”他提笔在这篇论文上写了一个大大的“优”字。

普京请恩师帮自己在就业上拿拿主意。索布恰克建议他毕业后进入经济管理领域，要不就当一名律师或检察官。但普京却挠着头说：“老师，不瞒您说，我对这几个行业都没有多大兴趣。我想参加苏联国家安全委员会，但一直拿不定主意，所以才请您指点的。”

索布恰克吃了一惊：苏联国家安全委员会就是克格勃，这是个只对苏共中央政治局负责的特权单位，想抓谁就抓谁，甚至有先斩后奏之权，说白了这就是个特务机构，在国内外名声都不太好，他怎么会想加入克格勃呢？普京解释说：“正因为它有特权，想怎么干就怎么干，我才觉得那是男人干一番事业的地方……”如果是一般的老师，也许仍然会坚持自己的意见，但索布恰克认为，兴趣是事业成功的基础，以普京的性格，到克格勃去摔打摔打也不错。就这样，普京进入了克格勃。不久，索布恰克也弃教从政，并于1989年通过竞选当上了圣彼得堡市市长。

此时，已经在克格勃工作十几年的普京也想到了改行，他找到索布恰克，索布恰克二话不说就答应把他调到身边当市长助理。很多人在知道了这件事后，纷纷劝索布恰克：“普京在克格勃干过，让他给你当助理不合适。”索布恰克却力排众议：“我了解普京，我看中的是他的能力。”

宁愿因忠诚而被绞死　也不愿为了偷生而背叛

当时，圣彼得堡有很多历史遗留问题，普京的出色表现，让他很快就从市长助理升任圣彼得堡市对外联络委员会主席，后又出任主管对外经济联系的第一副市长，成为索布恰克得力而忠实的助手。

1991年12月25日，时任苏联党政一把手的戈尔巴乔夫宣布辞职，将国家权力移交给新当选的俄罗斯总统叶利钦。随着几个加盟共和国的解体，苏联作为一个主权国家正式停止存在了。

让普京没有想到的是，自己的恩师索布恰克跟现任总统叶利钦竟然是政坛上的宿敌。原来，在苏联解体之前，有两个民主政治团体一直在争夺权力，一派的代表人物是叶利钦，另一派的代表人物就是索布恰克。现在，叶利钦上台了，索布恰克仍然被视为“第二政治集团”的核心，叶利钦当然不会允许这样的人存在。

叶利钦先是逐步削弱索布恰克的权力，接着在他的操纵下，1996年，索布恰克在圣彼得堡州州长选举中败北，随即便遭遇了叶利钦集团一系列的打击和报复，直至受到软禁。

此时的普京表现出了一个学生、部下对自己老师和上级的忠诚。他二话不说也辞了职，然后追随索布恰克离开了圣彼得堡市政府，并说了句后来被俄罗斯媒体广泛报道的话：“我宁愿因忠诚而被绞死，也不愿为了偷生而背叛。”

在离开圣彼得堡市政府后，叶利钦还没放过索布恰克，他让人给索布恰克罗织了十几个罪名，准备指控他。普京一心想帮助恩师，却因失业在家而无能为力。他的猎枪被没收了，唯一的消遣办法是去钓鱼。

有一次，普京见索布恰克实在太郁闷了，就想陪他出去钓鱼散心。谁知他刚把车开到索布恰克家的门口，就被人挡住了去路：“没有俄罗斯最高检察院的命令，索布恰克不能离开他的住所。”

普京气不过，找到俄罗斯最高检察院副检察长柯西金。柯西金也是“第二政治集团”的人，在他的帮助下，普京又写了一纸担保书，两人这才得以去钓鱼。

在涅瓦河三角洲，面对久违了的如画风景，两人都无心欣赏。索布恰克当然能看出普京这个学生对自己的忠诚，他说：“瓦洛佳，谢谢你。但如果你真想帮助我，我不要你这样追随我，更没有必要用这种方式，而要学会韬光养晦。好在你曾在克格勃工作过多年，苏联垮台时，你也没有参与夺权，叶利钦政府需要你这样的人。要知道帮助我的最好办法是你赶快成功。”

恩师的话让普京醍醐灌顶，恩师说得对啊，要想帮助恩师，首先我必须具备帮助他的能力。于是，1996 年 8 月，他不再“归隐山林”，而是应丘拜斯之邀，前往莫斯科谋职。

叶利钦也了解普京这个人，并十分赏识他的才华，特别是他觉得普京强硬的政治风格跟自己很对脾气，再加上有丘拜斯的力荐，叶利钦当即任命普京为俄罗斯联邦安全委员会秘书。

1997 年 9 月中旬的一天，普京忽然从柯西金处得知，俄罗斯最高检察院已经对索布恰克的案件侦查终结，马上就要把他移交给最高法院审判了。在克格勃工作过多年的普京，非常明白欲加之罪何患无辞的道理，他秘密找到索布恰克商量怎么办。索布恰克悲哀地说：“现在我是人家砧板上的鱼，还能怎么办？”

普京却真诚地说：“不，老师，没有你当年的指引，就不会有我的今天，做人不能忘恩负义，我一定要想办法救你！”索布恰克拍拍普京的肩膀说："你有这份心意我就满足了，你现在还没有这个能力，再说如果你明着帮我，叶利钦也不会放过你。"

索布恰克说得没错，虽然普京当时权力不小，如果救一个普通的人也许绰绰有余，但如果他想救索布恰克这样的大人物，他的能力还远远不够。但普京想的却是：如果在恩师遇难时，我袖手不管，那我还是个人吗？问题是，怎样才能帮助恩师免除牢狱之灾？想着想着，他忽然想到了自己在克格勃时认识的那些朋友和关系，一个惊天的大胆计划在他的心里慢慢浮出了水面。

义救恩师　叶利钦却放了一马

原来，1985 年普京在克格勃工作时，波兰爱西波航空公司总裁瓦涅塔那的女儿被意大利黑手党绑架了。瓦涅塔那先是请英国中情局出面，却因为他们担心伤害到人质，而没有营救成功。

瓦涅塔那只得又来请克格勃出面，组织上把这件事交给了普京等人。普京知道这件事不能来硬的，便转而通过克格勃在美国黑社会的关系，找到意大利黑手党的人，很快就把事情圆满地解决了。因为这件事，瓦涅塔那一直都对普京非常感激。

普京想：恩师已经被软禁了，在这种情况下，如果用通常的办法救他根本不可能，那我能不能请瓦涅塔那借给我一架飞机，直接把恩师送往国外呢？

普京很快就秘密找到了瓦涅塔那，把自己的想法说了出来。没想到瓦涅塔那却顾虑重重，因为波兰跟俄罗斯离得非常近，关系密切，特别是他的航空公司有将近一半的业务跟俄罗斯有关，他担心如果因为这事得罪了叶利钦，自己的损失就太大了。瓦涅塔那也觉得欠了普京一个天大的人情，再说这样的人也不好惹，他想了想说："借飞机给你肯定不行，我也不能明着帮你，但你可以不通过我从我的公司租借一架飞机……"

普京说："我没有那么多钱啊！"瓦涅塔那说："不要多少钱，我会跟他们打招呼，你只要象征性地给一点儿租金就行了。"就这样，普京明着是花了 1 万美元，实际上只花了 200 美元，就从瓦涅塔那的公司租到了一架波音 747 飞机。

1997年9月24日晚上，一身功夫的普京悄悄地将几名看守人员制服，然后潜入索布恰克的别墅，将已经熟睡的恩师喊醒：“老师，快跟我走！”然而，索布恰克在问清楚了事情的原委后，却不愿意走：“你如果这样救我，就等于犯下了叛国罪，叶利钦会判你极刑的，你怎么这么糊涂啊！”

普京说：“老师，我在克格勃干过，我知道，就你这样的年纪和身体，如果被关进监狱，就等于判处了死刑！我说过，我这样做是出于我们的师生情，与政治无关，再说我现在也管不了那么多了，救你的命要紧！”然后，便不管恩师愿不愿意，架起他就从别墅的后门跳上了早已安排好的汽车，一直开到了机场。

普京把恩师送上飞机后，说：“一人做事一人当，老师，我就不送你了，明天我会向总统投案自首。我已经安排好人在法国巴黎机场接你，你多保重！”说完，就转身走了。索布恰克感动得热泪盈眶，却不知道说什么好。

普京在做这件事时，已经准备好总统叶利钦会以叛国罪判处自己极刑，但他觉得自己必须当着总统的面把事情说清楚。第二天上午，他就来到叶利钦的办公室，把事情的前前后后全都说了出来：“总统，我辜负了您的栽培，但他是我的恩师，我必须这样做！”

让普京万万没有想到的是，叶利钦站起身来，在办公室里转了好几个圈子也没说话，忽然，他笑了起来：“弗拉基米尔，你知道我为什么器重你吗？就因为你身上有两个别人所没有的优点，一个是具有军人的气质和果敢，另一个是对待朋友的态度。你说得没错，虽然我跟索布恰克的政见不合，但那是另外一回事。”

“你让我感到高兴的是，我几次故意当着你的面说索布恰克的坏话，你却从来没有附和一句，这非常难能可贵。因为在这个世界上，在政治和经济利益面前迷失自我，拍马屁甚至出卖朋友的人太多了。好了，就当这件事没有发生过，我还有更重的担子让你挑呢！”

就是从这一刻起，叶利钦已经在脑海中选定普京作为自己将来的接班人，因为无论到了什么时候，他还是他。此后，这件事被俄罗斯媒体炒得沸沸扬扬，但因为有叶利钦在上面罩着，普京什么事也没有。

索布恰克逃到法国后，普京的朋友把他的生活安排得好好的。几年后，索布恰克的官司慢慢地已经被人们淡忘了。2000 年年初，普京开始竞选俄罗斯总统，索布恰克也在国内外为学生的竞选奔走。

谁也没想到，2000 年 2 月 20 日，索布恰克在加里宁格勒突然“病逝”。普京在第一时间赶了过去，在恩师的葬礼上，他给予了索布恰克极高的评价，称他是自己的政治导师、民主政治家的典范。

2011 年 8 月 10 日是索布恰克诞生 70 周年纪念日，普京陪同索布恰克的遗孀柳德米拉·纳鲁索娃，拜谒了位于尼科尔公墓的索布恰克墓地，敬献鲜花，告慰亡灵。也许正是他的这种敢作敢为，深深地打动了俄罗斯民众和叶利钦。

这就是一个平民的儿子，一个柔道高手，一个苏联时代的情报人员，一个能够驾驶战斗机的国家元首——普京。

根据参考消息网 2016 年 3 月 10 日报道：最近，俄罗斯对于评价百年来历届领导人的功过萌发了浓厚的兴趣，就连普通大众、演员、戏剧评论家、流行歌手、作家，都纷纷参与到相关的讨论当中。此番接受全民仲裁的，包括末代沙皇尼古拉二世、临时政府总理克伦斯基、列宁、斯大林、赫鲁晓夫、勃列日涅夫、戈尔巴乔夫、叶利钦、梅德韦杰夫、普京等俄罗斯 20 世纪以来的 10 位领导人。主要评判标准如下：执政前后国家的总体情况、是否为国家开疆拓土、人口数量、居民生活水平、国家经济实力、军事成败、外交及内政独立性、包括意识形态在内的全球影响力、下台方式、在民众心目中的个人印象。每项又分正面、平庸、负面三个得分等级。

结果显示，列宁、斯大林、普京在上述 10 项标准中的得分均为正面，并列第一。

（来源：百度网）

点评：交友就要交普京那样的朋友。普京“宁愿因忠诚而被绞死，也不愿为了偷生而背叛”，冒“以叛国罪被判处极刑”的危险，义救恩师，可谓感天地，泣鬼神。中国人也佩服这样义字当头、顶天立地的汉子。精诚所至，金石为开。叶利钦知道普京放走他的政敌后，不但没有治其罪，却放他一马，并选他为接班人，也可能是因为被普京惊人义举所打动。另外，在他晚年已经病入膏肓的情况下，他最担心的是他的接班人对他不忠，怕像“赫鲁晓夫那样做斯大林秘密报告”的人上台。而面前的普京因为恩师“特别喜欢他”、让他当他的“市长助理”，就敢冒“以叛国罪被判处极刑”的危险，义救恩师，而让他当总统不是会更加对他感恩吗！我估计有这种成分在里面。因此，普京由一个平民的儿子，一个柔道高手，一个苏联时代的情报人员，最后一下子成为俄罗斯总统也就不足为怪了。在西方严厉制裁俄罗斯经济呈负增长的情况下，普京在俄罗斯人民的支持率仍然很高，并在俄罗斯百年领导人评选中能够与列宁、斯大林齐名、并列第一，说明了俄罗斯人对普京的欣赏有加，也说明“人之所助者，信也”。

52. 老舍“一诺千金”的故事

老舍（1899—1966）原名舒庆春，另有笔名絜青、鸿来、非我等。老舍是他最常用的笔名。满族，祖籍北京。中国小说家、剧作家。主要作品有长篇小说《骆驼祥子》等。

1943 年，还是在艰苦的抗日战争时期，老舍先生住在重庆。当时，他的生活很困难，家中的陈设也很简单，唯有的是一幅齐白石的画，画中一只大鸡笼，一群小鸡正四处觅食，十分活泼可爱，为简朴的家平添了几分情趣。

老舍

一天，出版家赵家璧夫妇来访，盛赞这幅画逗人可爱，希望也能够得到白石老人一幅画。老舍连声应允，说待到抗战胜利一定求白石老人赠画给他们。

20 年后，1963 年的一个假日，赵家璧去老舍家玩，老舍忽然兴致勃勃地取出一幅画来，说：

“白石老人这幅画，虽是从画商那里买来的，但挂在你家里再合适不过了，你们一定会喜欢的。”赵家璧喜出望外，手捧着画激动地说：“20 年了，你还牢牢记着自己的一诺，真难得啊！”

（摘自《中老年生活》）

点评： 大丈夫一言许人，千金不易。法国著名作家巴尔扎克说：“一清如水的生活，诚实不欺的性格，无论在哪个阶层里，即使心术最坏的人也会对之肃然起敬。”老舍就是巴尔扎克说的那种人。

53. 宁煤职工高继堂为了“一句承诺”的故事

2013 年 4 月 16 日，在“感动宁夏 2012 年度人物”颁奖典礼上，王怀亮的 4 个儿女“扑通”一声跪在宁煤集团金能分公司退休职工高继堂的面前，高继堂老人含着热泪，激动地说：“这 30 年没有白辛苦，我很幸福。”

宁煤职工高继堂和老伴

1981 年的一天，受组织委托，原石嘴山二矿掘进队职工高继堂承担起了照料因伤瘫痪在床的工友王怀亮和他 4 个失去母亲的孩子。高继堂永远也忘不了第一次走进王怀亮家时的情景：阴暗的房子里，土炕上躺着因工伤高位截瘫的王怀亮，因为刚刚遭遇妻子车祸身亡的变故，这个本已苦命的汉子眼里写满了黯然与伤痛。炕沿边依偎着 3 个年幼、满脸污垢的孩子，炕角破被里还裹着一个七个月大嗷嗷待哺的婴儿，这凄凉的一切让高继堂心中不由得猛烈颤抖。

“我这个废人已无力养活这四个孩子，我决定把他们逐一送人……”王怀亮哽咽的话语让高继堂这个硬汉心酸地掉下了泪，一种强烈的责任感油然升起。只是片刻的思考，高继堂对王怀亮说：“你不能那样做，只要有我在，我一定照顾好你们一家，让你和孩子永远不分离。”

就是因为这一句承诺，高继堂坚定了照顾王怀亮及其四个孩子一辈子的信念，与这个风雨飘摇的家庭厮守三十年。

上世纪 80 年代，并不富裕的高继堂无暇顾及自己老家的四个孩子，却将王怀亮的四个子女视为己出。白天，高继堂给王家的几个孩子当爹，挑水做饭洗衣服，操持家务，送孩子们上学，陪王怀亮上医院看病、拿药；晚上给王家的几个孩子当妈，搂着小的、抚着大的入睡，给最小的孩子喂奶粉、换尿布，给王怀亮翻身揉背，每晚的睡眠时间加起来通常不超过 5 小时。

为了让孩子们吃好穿暖健康成长，高继堂还把自己 27.5 公斤的供粮关系迁到了王家，从自己微薄的工资里抠出一部分钱来给王家买油盐酱醋。就是这样，钱还是不够花，高大魁梧的他放下了男人的面子，到市场里捡菜贩们扔弃的菜叶、西红柿。习惯拿铁锹、刨镐的手拿起了针线，学会了给孩子们缝补衣服、理发、扎麻花辫，甚至连自己唯一的嗜好——抽烟也戒了。

因为自己一个人照顾不过来，高继堂还把王怀亮七个月大的女儿送到妻子王玉英身边抚养。他在信中这样恳求妻子：“王家的境遇凄凉，老王残废了，他的妻子离开了人世，这些孩子本来就没了妈，如果再有个三长两短我心里不安啊！可照料吃奶的孩子我真的不行，求你帮我一把。”就这样，善良朴实的王玉英也加入到抚养王怀亮一家中来。

生活遇到的艰难是难以想象的。由于王怀亮常年卧床，消化不太好，经常会有大小便失禁或便秘的现象。碰上王怀亮排便困难，高继堂就不顾恶臭，用手指一点儿点抠出来。一次，高继堂刚把王怀亮放到三轮车上，没走多远，王怀亮忽然大小便失禁，高继堂马上返回，替王怀亮擦干换上干净的衣裤，回来后又把脏的洗干净。

1984 年冬天，王怀亮不慎从床上摔了下来，正在里屋做饭的高继堂看到躺在地上疼痛呻吟的王怀亮，抱起就往外跑。王家离停在马路上的救护车有 300 米远，地上有雪湿滑，行走艰难，但高继堂硬是一步一步地把王怀亮抱到救护车上。到医院后，他上上下下忙着挂号，办住院手续，贴身的秋衣被汗水浸透了，也顾不上歇一歇，又抱起王怀亮跑到急救室。看到这一切的王怀亮，在高继堂的怀里竟像一个孩子似的呜呜地哭了。

1985 年 5 月，王怀亮腰部的旧伤复发，在医院动手术一住就是 8 个月。提起那段日子，王怀亮的大女儿王玉梅至今记忆犹新，她说："在爸爸住院的日子里，高叔叔天天是一颗心挂着两头，白天要给我们四个孩子做饭，到医院看护父亲，一天跑好几个来回。夜里，不管回来多晚他还要给我们几个洗洗涮涮。那时我头上生了很多虱子，高叔叔知道后就像妈妈一样，在夜灯下用箅子一遍又一遍地给我箅虱子。"

在王玉梅几个孩子的眼中，这个他们一直叫着高叔的人早已如同他们的亲生父亲。"如果没有高叔，我们这个家早就散了，高叔比我亲妈亲爸还要亲呀。"每每提起那些风雨患难的岁月，王玉梅都热泪流淌，泣不成声。

如今，由于过度的操劳，已 75 岁高龄的高继堂老人身患多种疾病，但他依然牵挂操劳着两家"儿女们"工作、婚姻大事。看到高继堂曾经魁梧的身躯日渐弯曲，矫健的步伐而今已颤颤巍巍，王怀亮的几个儿女心中都非常难过，因为这是为王家累的呀！

现在平日里，王怀亮的几个孩子一有时间，就会去看望高继堂夫妇，抢着为老两口洗衣、做饭、收拾屋子。逢年过节，高继堂老人家里更是格外的热闹，孩子们从四面八方赶回来，两家三代十几口人和和美美聚在一起。老人说，这时候他格外地感到幸福与满足。

（宁煤集团金能公司组宣科）

点评：水中之月非真月，镜中之花非真花。宁煤集团职工高继堂为了兑现一句承诺："只要有我在，我一定照顾好你们一家，让你和孩子永远不分离"。30 多年来，他全身心地照顾因伤瘫痪工友王怀亮和他的 4 个孩子。"伺候好病人，拉扯大了孩子，累垮了自己"，这种一诺千金、一心为他人奉献的精神，反映了我国工人阶级那种诚实守信的优秀品质。只有共产党领导才能培养出这样的工人；只有共产党领导培养的工人，才能做出一心为他人的光辉事迹。

54. 曲梅好以“生命需要帮助的人”为友的故事

他，14 年从未间断，累计献血 31 次，机采血小板 15 次，献血量达 1 万多毫升，比两个成年人全身血量的总和还要多。

他，用自己身体里流淌的“爱”，让无数未曾谋面的人再次拥有了生命。

他，就是神华宁煤集团“十佳道德模范”推荐人、煤化工分公司甲醇厂气化一车间员工曲梅好。

曲梅好

第一次献血——特殊的成年礼

14 年前，他第一次卷起袖子，当鲜红的血液从身体里流出，他实现了自己人生的第一个愿望——成年礼的纪念。今年 32 岁的曲梅好对第一次献血记忆犹新，他说：“用自己 200 毫升的血液去帮助和挽救更多人的生命，很有价值和意义。”

2001 年 7 月 5 日，曲梅好刚满 18 岁，走在银川市新华街上，看到路边停着一辆流动献血车，车上挂着 O 型血告急的牌子。曲梅好心想：“我正好是 O 型血啊，为啥不捐血救人啊！这不就是我酝酿已久的成人礼吗？多有意义啊！”于是，他挽起袖子，义无反顾地走上了献血车。

用行动力排非议

是什么力量让曲梅好坚持了 14 年呢？每每听到这个问题，他总是挠挠头说：“其实，刚开始我是想着可以为自己和家人储蓄一点儿血，也提高自己的造血功能，让自己的身体健康一点儿。可是慢慢的，每次我去献血都会碰见年龄比我大、常年坚持义务献血的人，在他们的影响下，我觉得义务献血是一件很有意义的公益事业，有意义的事情就要坚持。”

也正是这份热心公益事业的爱心，让曲梅好义无反顾地加入到无偿献血的行列。因此，当时父母担心他的身体极力劝阻、一些邻居、朋友不理解劝他爱惜身体少献点血时，他总是耐心地向别人讲解科学的献血知识。甚至有人说万一在献血过程中得了传染病怎么办？万一针头消毒不好、万一输血器材重复利用，那要是得病岂不要后悔一辈子啊?！等等。这时候的他，仍然微笑着挽起袖子、用行动力排非议，而这一坚持就是 14 年。

中华骨髓库宁夏分库第一批志愿者

2005 年，大学毕业后，曲梅好被招录到甲醇厂，从最普通的巡检工干起，熬夜加班，是高强度体力劳动。试车工作忙碌而艰辛，但是，再忙碌的工作也没有阻挡他献血的决心。他仍然坚持无偿献血，每年 2 次，风雨无阻。

不满足于献血的他，2005 年在宁夏红十字会采集了血样，成为中华骨髓库宁夏分库第一批加入的志愿者。这意味着如果有一天他的骨髓和某位患者配型成功，就能救人一命。在他看来，“这是更加幸运和幸福的事”。

2006 年的初春，在一次例行献血的过程中，曲梅好碰到了一位和他不一样的志愿者。他采血用的机器和曲梅好的截然不同，通过聊天，曲梅好得知，他捐献的是血小板。而且现在血库最匮乏的不是各种型号的全血，而是血小板，血小板主要用于救助血液病患者、肿瘤患者等危重病人。

一般情况下，捐献血小板后，仅需 3 天，机体血小板就可以恢复到捐献前的水平。了解到这些后，曲梅好毫不犹豫地报名加入了志愿捐献血小板的队伍。采集血小板需要将血液从一只手臂静脉抽出，通过血液细胞分离机分离出所需要的血小板后，再将其他成分回输还给献血者，循环进行，约需一个半小时左右。

对于自己献血这件事，曲梅好对谁也没有说过，直到一张特殊“请假条”的出现。一次，刚刚接完电话的曲梅好急急忙忙地走进车间主任张利军的办公室：“主任，我有点事想请个假去趟银川，请您批准。”

听到这里，张利军不由得抬起了头，心想：这个小伙子担任车间技术员以来从没有请过假，这是遇到什么事了？于是问道：“是不是有什么难事？你可以直说，车间尽力帮你。”

曲梅好腼腆地笑笑答：“没有，谢谢领导关心，就是朋友有点事要我帮忙，我得去一下。”

看到他不愿多说，张主任批了假条：“那你去忙，有需要打电话。”后来，好奇的同事多方打听才知道，他是接到血液中心的求助电话，请假去献血小板。同事们在惊讶的同时，也不由得被感动着：“原来，好人就在身边。”这个80后小伙的凡人善举一时间在甲醇厂传为美谈。

“你自己要保重身体的！”

有一次，曲梅好刚下夜班，就接到血站的求助电话。他知道一般血站的这种求助电话都是因为血库告急，有危重病人急需帮助才给他们这些经常捐血的志愿者打电话。

他没来得及休息坐车就往银川赶。下车后，在路边买了两个包子垫补一下就进了采血室。因为一宿没睡觉，夜班过程中14层的气化炉上上下下好几回，已经体力透支了。在献血的过程中，突然眼前一黑，晕厥过去。医生们吓坏了，立刻停止了献血，实施紧急抢救。当他醒来时，发现自己躺在病床上，迷迷糊糊地问：“大夫，我怎么了？”

“你身体太虚弱，献血时昏迷。昨天是不是没有休息好？”医生问他。

“我昨晚夜班。”曲梅好虚弱地说。

“小伙子，你这样做太危险了！以后要在身体状况最好的时候再来献血小板。你自己要保重身体的。”医生关切地说。

吸取了这次的教训，曲梅好平时加强锻炼，饮食合理搭配，注意给自己补充营养。他不抽烟，也少喝酒，健康饮食，每天骑自行车上下班，加强锻炼，只为提高血液质量，争取献出更多更健康的血液，继续为公益事业做贡献。

一个人献一两次血不难，难的是坚持这么多年。在他家里，保存着6本献血证、1本中华造血干细胞志愿者荣誉证书、1枚“全国无偿献血奉献奖”奖章……上面满满地记载了他那“流淌的爱”。

曲梅好说：“作为社会成员，我能力有限，国家大事做不了，无偿献血及骨髓捐献这样力所能及的小事可以多做点儿。”

今年4月11日，曲梅好带着2岁的儿子又去献了一次血小板。当记者问曲梅好：“你目前最大的心愿是什么？”这个朴实的西北小伙挠着头，憨憨地笑着说："就是希望这份爱心能一直延续下去，有更多的人能够加入这个队伍。""那你准备献到什么时候?"曲梅好说："我现在32岁，离法定献血的最大年龄还有23年，只要身体允许，就会一直献下去。多献一次血，就能多救一命。"现在，在他在感召下，他的妹妹，还有身边的同事，都加入了无偿献血的队伍。

在他的带动下，煤化工公司以他的名字命名，成立了"梅好雷锋号"志愿服务队，几来年先后组织义务献血20余场，近2000名志愿者参与其中，共义务献血53.6万毫升，公司被授予2012—2013年度全国无偿献血促进奖单位奖。

在日常生活中，他也在用行动影响着身边的每一个人，出去遛弯的时候，他和儿子都会拿着塑料袋，捡一捡别人丢掉的饮料瓶。

工作上，他更是同样兢兢业业、刻苦好学。虽然学习的不是化工专业，但正是凭着吃苦耐劳的劲头，很快就掌握了甲醇厂核心装置气化炉的操作和设备维护，并于2011年3月荣获神华宁煤集团第四届职业技能竞赛煤气化工"技术能手"称号。从一名普通的巡检工逐渐成长为车间见习设备技术员、机动科主管气化炉的见习设备工程师。

作为气化装置"老师傅"的他更是毫不保留地把自己的所学都教给新员工们。听他的徒弟焦玉荣说，他对徒弟的要求简直有点苛刻。2007年冬天的一个夜班，凌晨4点多，曲梅好从外面巡检回来，就直奔小焦说："走，把流程图带上，我带你去跑流程去！这个点人也最容易犯困，正好出去蹓跶一下，动一动，瞌睡就没了！"焦玉荣极不情愿地拖着疲惫的双腿跟着曲梅好开始学习流程，但也就是在曲梅好这么严格的要求下，焦玉荣很快地掌握了气化车间的流程，进入中控并按期上岗转正。

（神华宁煤集团煤化工分公司甲醇厂组宣科）

点评：他以"生命需要帮助的人"为友，以一颗赤诚的心，不顾自己的生命去挽救别人的生命，不断地通过"红色纽带"把生命的希冀源源不断地传递给他人。他传递的是人间的真情，挽救的是生命，是中华民族的一个具有真正的大爱、大信、大义之人。

55. 杨泽良“一句承诺 一生践行”的故事

杨泽良，神华宁煤集团麦垛山煤矿筹建处运输二队的一名普通员工。

临危之时工友嘱托，一句“承诺”续写人间真情

杨泽良

1991年10月的一天，是杨泽良人生的转折点。就在这一天，和他同一天参加工作一直形影不离的工友李广新因井下违章作业发生了意外事故。在生命的最后时刻，他含着眼泪拉着杨泽良的手说：“请帮我照顾好我的老婆孩子——”“你放心，我会像对待自己家人一样对待他们、照顾他们……”杨泽良悲痛地说。就这样，工友丢下妻子、父母和两个上幼儿园的孩子走了。两个白发苍苍的老人和工友的妻子撕心裂肺的哭声，像电影特写镜头一样，深深地刻在杨泽良的心里挥之不去。

矿上给了工友家6000元丧葬费，但面对医院厚厚的账单，那些钱根本不够用。于是，杨泽良拿出自己大半年时间积攒的给父母看病的3000元钱，对着工友家人说：“你们先拿着，不够我再想办法。”简单的一句话，温暖了工友全家人的心。

祸不单行。儿子的去世使工友的父母因为悲痛欲绝病倒了，家庭的重担一下子全部落在了工友妻子身上，照顾老人，照看孩子，靠打零工维系着这个七口之家。杨泽良看在眼里，痛在心里，暗暗下决心要替工友支撑起这个家。从此，他把工友的家人视为自己的家人，他顶着家人、朋友的反对和不理解，帮这帮那，忙里忙外，买米面、扛煤气、烧炉灶，背着工友父母看病、接送孩子上学，家里的活儿乎让他全包了。就这样，年纪轻轻的他从一个光棍小伙子一下子由父母三人，变成了有妻子和两个孩子六个人。当时，他的父母、兄弟担心他受拖累，被人笑话戳脊梁骨，极力反对这门婚事，有好长一段时间不与他说话，但面对他的执拗和耐心开导，家人还是被他说服了。

杨泽良把工友的两个孩子视为自己的亲生骨肉，夫妻二人相敬如宾，尽心尽力培养两个孩子。他用真情换取了两个孩子对他的爱，两个孩子也从新父亲那里得到了父爱。

人生之路，总有磕磕绊绊。一年冬天，不幸再次降临这个家庭，寒风肆虐的夜里，两个孩子睡的电热毯突然燃起了火焰。听到孩子的哭喊声，杨泽良从睡梦中惊醒。屋子里已是浓浓的烟雾，焦味刺鼻，顺着哭声，他摸到孩子身边，迅速地扑灭了两个孩子身上的火苗。受到惊吓的两个孩子紧紧抱着他，吓得直哭。这时，已是凌晨，杨泽良担心孩子受伤顾不上找车，抱起孩子就往医院跑。经医生的检查，所幸孩子只是小部分皮肤烧伤。这时，他心里的一块大石头才算放下了。为让孩子早日康复，他与妻子每天背着孩子辗转30公里去医院换药，两个月的治疗孩子安然无恙。

旧的矛盾解决了，新的矛盾又来了。上初三的大儿子，因为成绩没考好，妻子认为他不懂事，对不起丈夫艰辛的付出，动手打了他。可这一打，让处在青春期叛逆的大儿子离家出走了。杨泽良给母亲送药回来已是下午3点，仍没看到大儿子，听妻子说打了孩子的消息后，心一下提了起来。他发现在书桌前水杯下压着一张字条，上面工工整整写着："爸爸、妈妈，对不起，我没有考好，不是学习的料，我要去灵武城里找工作，为家里减轻负担"。看到字条的他头一下子蒙了，灵武城离家有50公里，孩子什么时候走的？顾不上多想，他让妻子照顾好家，自己到灵武城去找。他跑到路口，见车就拦。搭上车后，他沿路瞪大眼睛一路寻觅着，可眼看着就要到了灵武县城，也没有发现孩子的影子。到了灵武城，他像疯了一样见人就问，见店就找。一条街一条街、一个巷一个巷地找着，大半个县城都找过了，肚子饥肠辘辘也想不起吃点饭。

天色渐渐阴暗，街道的路灯亮起来了。功夫不负有心人。最后在一路人的引领下，在一个网吧里，他看到了儿子的身影。此时此刻，他高兴得都快要跳起来，悬在空中的心一下子落了地，心想："如果孩子出了事，怎么对得起自己死去的工友啊！"因此，见到孩子，他一点儿也没有责怪，也没有去训他，更不用说打他，而是平静地问："吃饭了吗？"儿子摇了摇头。于是，他和孩子吃了饭。吃饭后，在回家的路上，他耐心地给孩子讲有知识有学历人的成功故事，细心地开导孩子。“爸爸，你为了我们很辛苦，以后我要好好学习，再也不让你们担心了。”听了孩子的话，杨泽良的嘴角掀起了一丝微笑，眼眶湿润了。

工友的父亲患有哮喘，母亲患有胃病，杨泽良为了帮助工友父母治病，经常主动选择上夜班，白天多腾出点时间照顾病人，而且能多挣点夜班费照顾家。因为太过劳累，他日渐消瘦，妻子劝他别再加班了，好好在家休息几天，但他从来没听过。因为他知道一家八口人的生计、四个老人看病两个孩子上学，都等着他这个临时工的工资，他得多挣点钱。

攻坚克难历练本领，以身作则诠释岗位承诺

工作中，他也是虚心好学、勤勤恳恳诠释着自己对本职工作的承诺。参加工作 20 年来，他从没有迟到过、早退过，正是因为他的踏实肯干被选为班组长。在当班长期间，他所带领的班组员工没有 1 人出现过轻伤及以上人身事故。在原磁窑堡煤矿 226 皮带巷回撤期间，由于顶板压力大，巷道底鼓严重，人员进不去，队领导商量这块“硬骨头”杨泽良班组去啃。面对这块“硬骨头”，杨泽良没有畏惧，而是斩钉截铁地说：“保证完成任务！”他带领班组员工制定了详细的回撤方案，加强支护，跪在地上和工友们一起，安全地将 2600 米皮带、2010 个托辊、900 个架子全部回撤到了地面。这种对工作的负责和对岗位的承诺，受到了队领导乃至矿领导的一致好评。他本人也连续两年被评为矿、集团公司“优秀班组长”。

互敬互爱不分你我，用心暖心尽显人间真情

在 1992 年至 1995 年的三年时间里，工友的父母、自己的父母相继离开了人世。这期间，岳父瘫在床上，他每天为老人倒便盆、洗脚、擦背，背着老人楼上楼下，推着老人晒太阳。2013 年，老岳父走了，杨泽良和妻子又把年迈的母亲接到家中照顾。“一个幸福的家庭、好的家风，是一个从无到有、从小到大的过程，这个过程必须依靠共同去经营才行。”他们尊老爱幼、任劳任怨的一言一行，两个孩子都看在眼里，记在心里。儿子、儿媳受父母的影响，也养成了待人礼貌、乐于助人、尊老爱幼的良好品德。

一句承诺，使杨泽良尝尽了人间的酸甜苦辣，也感受到了艰辛之后的幸福生活。在大力提倡树立社会主义核心价值观、构建和谐社会的今天，杨泽良同志以诚待友，用自己的青春和实际行动演绎平凡而又不一样的人生，诠释着诚实守信的典范形象。

（宁煤集团麦垛山煤矿筹建处组宣科）

点评：“不能动人，只是诚不至。”（程颢、程颐）神华宁煤集团十佳道德模范被推荐人杨泽良“一句承诺，一生践行”，照顾好了工友的妻子，养大了工友的孩子，送走了工友的老人，是中华民族的一个至信至孝至义之人。

56. 杨震“暮夜却金”的故事

杨震（？—124），字伯起，东汉弘农华阴人。东汉时期名臣。父亲杨宝，因刻苦攻读欧阳生所传授讲解的《今文尚书》，而成为当时名儒。震少好学，受《欧阳尚书》于太常桓郁，明经博览，无不穷究。他通晓经籍、博览群书。有“关西孔子杨伯起”之称。至50岁时，才开始步入仕途。历荆州刺史、东莱太守、涿郡太守、司徒、太尉等职。诸儒为之语曰：“关西孔子杨伯起。”后人亦称杨震为“四知先生”。

下面是杨震“暮夜却金”的故事。

杨震在荆州刺史任中，曾荐举才华出众的秀才王密为昌邑县令。数年后，杨震调任东莱郡太守，路经昌邑县时，王密迎之郊外。夜里，王密前往馆驿拜见杨震，见室内无外人，便从怀里取出黄金十斤相赠。杨震拒收，并语重心长地说：“我知君，君何不知我?”王密趋前低声说：“暮夜之中无人知晓。”杨震正色道：“天知、地知、我知、你知，怎能说无人知晓呢?”王密羞愧而去。后人为褒扬这种为官清正、不受贿赂的高风亮节，而建“四知堂”。

（典出《后汉书·杨震传》）

点评：君子之交淡如水，小人之交甘若醴。君子相交，最难得的是真。真诚相见、真心相待、真则平淡。淡泊也能相亲；小人相交，甘美如甜酒。热火相交也容易翻脸。

诚信的力量

57. 春秋时期“管鲍之交”的故事

春秋时期“管鲍之交”是我国历史上诚信交友的典范，以致后来世人赞美朋友之间的深厚情谊时，都冠以“管鲍之交”。

管鲍，指公元前7世纪春秋时期的政治家管仲和鲍叔牙。管仲名夷吾，字仲，是春秋时期齐国的政治家。鲍叔牙又称鲍叔，乃是春秋时期齐国的大夫。齐桓公是春秋时期诸侯国的第一个霸主，其重要原因是因为他有两个得力的助手，即管仲与鲍叔牙。

管仲和鲍叔牙，两个人从小就是好朋友。管仲年轻时，家里很穷，而鲍叔牙的家境比较好。两人合伙做生意，管仲根本就拿不出本钱，本钱都是鲍叔牙一人拿的，可是在分红时管仲却不客气得一点儿不少拿，甚至拿回去的钱比鲍叔牙还多。这样，鲍叔牙手下的人看不下去了，就对鲍叔牙说：“你这个朋友也太不像话了，本钱一分不拿不说，分利的时候却比您拿得还多，这么贪婪的人，您怎么还这么看重他呢!”鲍叔牙平和地对他们说：“这不能怪他贪心哪，他家里穷，比我们都需要钱，我们应该理解他。”有几次，管仲帮鲍叔牙出主意办事，反而把事情办砸，鲍叔牙也不生气，还安慰管仲说：“事情办不成，不是因为你的主意不好，而是因为时机不好，你别介意。”管仲曾经做了三次官，每次都被罢免，鲍叔牙不认为他没有才能，而是因为没有碰到赏识他的人。

后来，管仲和鲍叔牙都当兵了。在打仗的时候，管仲总是躲在后面，人们都说管仲贪生怕死。鲍叔牙听到后就又耐心地向人们解释：“这是因为管仲家里有年迈的老母亲，如果他死了，他的老母亲谁来赡养呢?”

后来，管仲和鲍叔牙两人都从政了。当时，鲍叔牙和管仲所在的齐国朝政非常混乱。当时齐国的国君齐襄王有两个弟弟，一个是公子纠，一个是公子小白，两个人为了避祸，纷纷逃到别的国家等待时机。事情很巧，两个人的老师一个就是管仲，另一个就是鲍叔牙。管仲跟着公子纠跑到了鲁国，鲍叔牙跟着公子小白则跑到了莒国。不久，齐国发生了暴乱，齐襄王被杀死，国家一时没有君主。公子纠和公子小白听到这个消息后，急忙动身回国抢夺王位。当时，两支队伍刚好在路上相遇，为了让公子纠能够当上国君，管仲躲在暗处向公子小白即后来的齐桓公射了一箭，幸好射在衣带的铜钩上身体才没有伤着。

齐桓公一当上国王，就让鲁国杀死了公子纠，并囚禁了管仲。当时，齐桓公想让鲍叔牙当丞相。但是，鲍叔牙却认为自己没有丞相之才，还有比他更好的人。于是，他就极力推荐管仲。一提起管仲，齐桓公就恨不得把管仲碎尸万段，说：“当初，管仲射我一箭，差点没有给我射死。如今，我不杀他就已经够好的了，又如何能够让他做丞相呢?”对此，鲍叔牙对齐桓公说：“我听说贤明的君主是不记仇的，更何况当时管仲效命于公子纠，就要为公子纠办事。一个人能够忠心为主公办事，也肯定能够为君王效力。”为了让管仲能当上宰相，鲍叔牙分析当时天下形势后说：“臣跟随了君，这是令臣深感幸运的事情。现在君已经成为一国之君，更是可喜可贺。在臣看来，您是一位具有高谋远略的有为之君，如果您只想治理好齐国，有我鲍叔牙等人就足够了；可如若您想称霸天下，则非借管仲之力不可。管仲在哪个国家，哪个国家就能强盛，您切不可失去他。请您务必三思。”后齐桓公听了鲍叔牙的话，接见了管仲。在对话中，齐桓公发现管仲确实是旷世奇才。于是，就按照鲍叔牙说的真的让管仲当了宰相，而鲍叔牙却甘心做管仲的助手。国之大事，一任管仲处理。管仲也不负众望。在管仲的治理下，齐国政治清明，经济繁荣，军备强大，国威远扬，齐桓公因此得以九合诸侯，一匡天下，成为春秋时期第一个霸主，史称齐桓公。谈到鲍叔牙，管仲说：“真正了解我的是鲍叔牙。”后来人们常用“管鲍遗风”来称赞管仲和鲍叔牙的友谊。

孔子在与学生谈到管仲时说：“管仲辅佐齐桓公称霸诸侯，使得天下大治，人民至今仍然受着他的恩惠啊！如果没有管仲，恐怕我们今天还都处于未开化的野蛮状态呢！”

（来源：百度网）

点评：管鲍之交是诚信之交。没有鲍叔牙相知、极力举荐，就没有管仲后来的大展其才，一人之下万人之上的地位；就没有春秋时期齐桓公——这个第一个霸主。从故事中，除了领略管仲的治国方略外，使我们更多地领略的是鲍叔牙的眼光、胸怀和肚量，为国忘私而荐贤的精神。这种精神，就是忠诚于国家的精神。

58. 樊於期舍生守信的故事

距河北保定易县城西南 3.5 公里处的血山村村西，平地突兀涌起一座小孤山。山高 20 来米，占地 10 来亩，山表面土层很厚，长满荆棘灌木，里面却是坚硬无比的花岗岩石。山顶正中，霍然挺立着一座残塔。说它残塔，不只是因为它历经 700 多年残破不堪，还因为它天生就没有顶，看上去就像被刀削一般。此塔残高 7 米，三层方形，塔心室南面辟门，砖结构，造型小巧精致。这座孤山就叫血山，这座与众不同的塔就叫作灵塔。

樊於期

该塔始建于元中统二年（1261），应为佛教建筑，但根据民间和《县志》记载，都认为该塔是为纪念樊於期而建的。樊於期，即当年荆轲刺秦王时借给荆轲人头的那个人。

故事是这样的：

樊於期（？—前227），原为秦国的将军。当时，秦国的国君就是后来的秦始皇——嬴政。

嬴政的父亲嬴异人，是秦国的皇子。年轻的时候在赵国做人质。当时赵国有个富商叫吕不韦。虽然他比许多王侯还富有，可是那时人们的门第观念很强，都瞧不起商人。吕不韦这个人野心很大，对自己社会地位很不满意，于是，就想到用嬴异人提高自己的地位。为了巴结嬴异人，吕不韦就送了一位姑娘给他做妻子，这个姑娘就是嬴政的母亲。

在吕不韦的帮助下，后来嬴异人回到秦国做了秦国的国君，封吕不韦为丞相。

嬴异人死后，嬴政继位。可是，他发现自己并不是嬴异人的亲生儿子，他的生身父亲是吕不韦。按照当时的规定，嬴政不是皇室子孙，即不是所谓的真龙天子。如果这样的话，嬴政不但继承不了皇位，而且还要被处死。嬴政为了守住这个秘密，就把所有知道这个秘密的人找借口一个一个都杀掉了，最后就剩下了樊於期。樊於期知道嬴政要杀他，于是就逃到了燕国，在朋友荆轲家里避难。

樊於期是个以大局为重的人。他知道这个秘密一旦传出去，便会引起秦国整个国家的动乱，不知要死多少人。于是，尽管当时嬴政还在拼命地追杀他，他也决心守住这个秘密。

后来，嬴政让燕国交出樊於期的首级，不然就要攻打燕国。樊於期知道这件事以后，为了免让秦国找到攻打燕国的借口，就主动向荆轲献出自己的人头。他在临死之前对荆轲说："假如你见到秦王，请你转告他，太后宫的秘密我对谁也没有说过。"

秦王嬴政是个野心很大的人。他要燕国交出樊於期的人头只不过是个借口，其实，他是早晚都要攻打燕国的。为了阻止秦国发动战争，燕太子决定以樊於期人头与庶地督亢（在河北高碑店一带）地图作为进献秦王的礼物，派荆轲刺杀秦王。

荆轲刺秦王失败，被嬴政用剑刺破胸膛。他在临死的时候对秦王说："樊於期让我告诉你，太后宫的秘密他对谁也没有说过。""想不到秦国这样一个不讲信用的国家，还有樊於期这样舍生守信之人。”

秦王听了之后，羞愧难当，后悔当初不该迫害樊於期这样一个重义守信之人。樊於期作为杀身成仁和守信的义士，千百年来始终受到人们的景仰。

（来源：百度网）

点评：荆轲刺秦王的故事可谓家喻户晓，但樊於期如此重义守信却鲜为人知。故事告诉我们，中华民族一直就有尊崇信用的优良传统，这也是樊於期作为守信和杀身成仁的义士千百年来始终受人景仰的一个重要原因。

59. 张良守诺获“兵书”的故事

张良，字子房。祖先韩国人。汉初名臣，著名政治家、谋略家，“汉初三杰”之一。协汉高祖刘邦平定天下，被誉为汉初“第一谋士”。

张良在下邳闲暇无事。一天，他到下邳桥上散步，碰到一个穿着粗布短衣的老人，走到张良旁边，故意把他的鞋子掉到了桥下。然后，回过头来对着张良说：“孩子，下桥去给我把鞋子拾上来！”张良听了一愣，心里很大不高兴，可再一看，老人胡子头发全都白了，挺可怜的，于是，就强忍住性子到桥下把鞋拾了上来。那老人竟又命令似的对他说：“给我穿上！”张良一想，既然已经把鞋子拾上来了，不如就给他穿上吧。于是，就跪在地上给他穿鞋。那老人把脚伸着，让张良给他穿好后，就笑嘻嘻地走了。

张良拜师

张良一直用惊奇的目光注视着老人的去向。那老人走了里把路又折回身来向他招手，示意让他到他跟前去，对张良说："孺子可教。五天以后的早上，天一亮，你就到这里来同我会面!"张良跪下行礼说："是。"

第五天，天刚亮，张良就来到了下邳桥上。不料，那老人已经等在那里了。还没有等张良说话，老人就假装生气地说："现在，天已经亮了，你怎么才来。你这么不守信用，长大后怎能有作为呢？五天以后，早上再来相会!"说完就离去了。

到第五天早上，鸡一叫，张良就赶去，可老人又等在那里了，见了张良又生气地说："怎么又掉在我后面了？过了五天，再早点儿来见我!"到了第五天头儿，张良没到半夜就来到了桥上，等了好久那老人才来。老人高兴地说："这样才好。年轻人要成大事，就要遵守诺言。"然后，他从怀里掏出一本书来，指着说道："认真研读这本书，就可以做帝王的老师!过十年，天下形势有变，你就会发迹了。13 年后，你就在济北郡谷城山下看到我，那儿有块黄石就是我。"老人说完就走了。

早上天亮时，张良拿出那本书一看，原来是《太公兵法》，又叫《黄石兵书》，是辅佐周武王伐纣的姜太公的兵书。从此，张良专心致志地钻研这部兵书。

10 年过去了，天下大乱，陈胜等人首先起兵反秦，张良也聚集了 100 多人响应。沛公刘邦率领了几千人马，在下邳的西面攻占了一些地方，张良就归附于他，成为他的部属。张良根据《太公兵法》经常向沛公献计献策，沛公认为很好，常常采用他的计谋。从此，张良成为刘邦运筹帷幄、决胜千里的军师。刘邦称帝后，封他为留侯。

多少年过去了，张良心里一直没有忘记那个给他《太公兵法》的老人。13 年后，他在随刘邦经过济北时，果然在谷城山下看见有一块黄石，并把它取回，称之为"黄石公"，作为珍宝供奉起来，按时祭祀。张良死后，家属把这块黄石和他葬在一起。

点评：不信不立，不诚不行。历史以来，人之所助者，信也。所以，历史上考察一个人如何，都把诚实守信作为重要标准。张良经受住了"黄石公"老师的考察，被收为徒弟，获得了

"黄石公"兵书，后来才成为运筹帷幄决胜千里的军师。现在，一个人要想成就一番事业，也是一样，首先要具备诚实守信的品质。小信诚，则大信立。否则，将一事无成。

60. "得黄金百斤，不如得季布一诺"的故事

故事出自《史记·季布栾布列传》，意思是说：得到一百斤黄金，不如得到季布的一个允诺。

季布

秦末有个叫季布的人，这个人为人耿直，乐于助人，最难得的品质是讲信用，凡是他答应别人的事情，无论如何都会尽力做到，名声非常好。当时，在楚地就流传着这样一句话："得黄金百斤，不如得季布一诺。"

楚汉战争的时候，他和舅舅丁公都是楚国的将领。季布骁勇善战，奉西楚霸王项羽的命令，曾经多次围攻汉军，甚至险些让刘邦丧命。等到西楚霸王项羽乌江自刎之后，他的舅舅丁公归降了刘邦，但季布却不愿意向刘邦投降，只得落荒而逃。

刘邦夺得天下当上皇帝以后，由于季布险些让他丧命，因此对季布恨之入骨。于是颁布诏令：凡是捉到季布的赏千两黄金。谁敢私自窝藏季布，不但本人格杀勿论，还要罪及三族，满门抄斩。

刘邦诏令公告后，季布只得东躲西藏，到处逃命。由于季布平生对他人重信守诺，做了许多侠义之事，因此，在他危难之时总有人拔刀相助。

一天季布躲到了河南濮阳一个姓周的人家里。这个姓周的非常敬佩季布的为人，就十分诚恳地对他说："刘邦下令捉拿将军，马上就会搜查到我家。如今并不是我不愿意将军藏到我家，实在是形势紧迫，将军不便藏匿于此。假如将军愿意听从我说的话，那我就给将军献上一计，假如你不

愿意听，我宁愿先自杀，以报答将军往日的恩德!”

季布没有其他办法，只得听从他的意见。这个姓周的人便让季布将头发剃掉，带上颈箍，穿上粗布衣服，装扮成奴隶的样子。之后，便将他装在柳条车中，送到原来的鲁国，改名换姓，卖到一位姓朱的义士家中。

朱家知道这个奴隶就是季布，想要保护他不被官兵抓住，于是，就让他来给自己管理田园。同时还嘱咐儿子说：“田园的事就让他自己做主，吃饭的时候要和他同桌。他曾经对我有恩，你要好好地对待他。”之后，朱家就买了一些礼物，赶着车来到洛阳拜见汝阴侯滕公。

滕公便留朱家在自己家里住了几天，喝了好几天酒。席间，朱公问滕公季布到底犯了什么罪，以至于陛下一定要抓他呢?

滕公答道：“季布曾经帮助项羽多次围困陛下，有一次甚至差点儿让陛下丧命。因此，陛下十分恨他，发誓一定要抓住他严惩不可。”

朱家接着问：“那么，您觉得季布这个人怎么样?”

滕公道：“这天下人谁不知道啊！季布是有名的诚信之士，是一个不可多得的人才呀!”

听滕公如此说，朱家就趁机劝他去汉高祖那里为季布说情。朱家说道：“为人臣子必须要为主人办事这是众所周知的。季布当初身为项羽的臣子，为项羽效力乃是他的职责所在。至于围困陛下之事，也是他的职责所在。难道仅仅当过项羽的下属，就要对他斩尽杀绝吗？再说，如今陛下刚刚夺取天下，正是用人之际，却仅仅因为个人私怨而将一个志士赶尽杀绝，会让天下人感到陛下胸襟不够宽广！更何况像季布这样的人才，如果苦苦追下去，那么，季布最终不是北投胡人，南奔越地，记恨壮士导致他们去投奔敌国，这难道不是造成伍子胥掘楚平王墓而鞭尸的原因吗？您为何不找个机会向陛下表明这些道理呢?”

滕公知道朱家是个侠肝义胆之人，听了他上面说的话，心里明白季布极有可能就藏匿在他的家中。于是，便答应为季布说情。

过了不久，滕公就借故去觐见刘邦，并说道：“现在，陛下刚刚获取天下，正是用人之际，却仅仅因为个人私怨下令捉拿季布这个品行高洁之人。微臣认为，这一举动并不高明。季布是个侠义之士，全国上下都知道

‘得黄金百斤，不如得季布一诺’这句话，因此，天下人都非常敬仰他，他的朋友更是愿意以死来保护他，如今陛下下令追捕他，对他赶尽杀绝，万一他北走匈奴或南逃越国，更会成为陛下大患。陛下为什么不赦免季布的罪行，让天下人都知道陛下爱惜贤才，从而都来投奔陛下呢?”听了滕公的一席话，刘邦频频点头。后又有夏侯婴等人的说情，刘邦便下令赦免了季布的罪行，还下令召见他，赦免了他的罪，封他做了河东太守。做了官的季布，还是照样仗义疏财，礼贤下士，对百姓的事更是言出必行，官至中郎将。

点评：诚信人感动诚信人。自古以来，人们最佩服的就是一个“信”字。当今，社会上坑蒙拐骗、抢劫盗窃事故频发，根本原因就是在诚信上出了问题。因此，假冒伪劣、坑蒙拐骗、拐卖妇女儿童，什么丑事坏事都来了。要治理社会，解决诚信缺失问题是本。

61. 韩信发迹不忘报恩的故事

韩信，淮阴人，汉朝的开国功臣，与张良、萧何并称“汉初三杰”。中国历史上杰出的军事家，智勇双全，治军严明，有“韩信用兵，多多益善”的典故流传于世。著有“兵法三篇”，后被汉高祖刘邦嫉妒所杀。

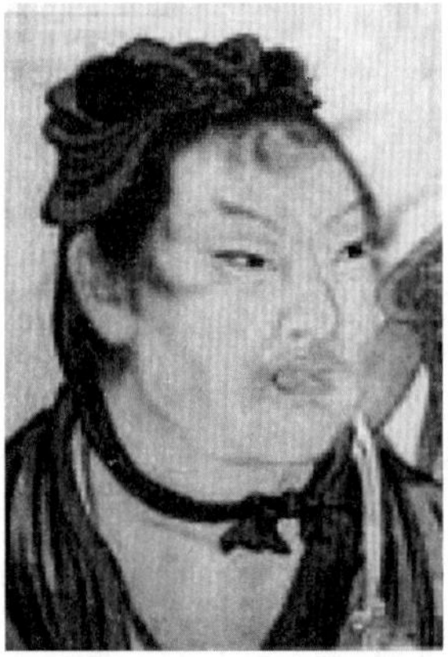

韩信

据《史记·淮阴侯列传》记载：汉朝开国功臣韩信，幼年丧父，后来母亲也在贫病交加中死去。跟着哥哥嫂嫂住在一起，靠吃剩饭剩菜过日子。小韩信白天帮哥哥干活，晚上一有空就刻苦读书和习武。刻薄的嫂嫂非常讨厌他读书，认为读书耗费了灯油，又没有用处。于是，韩信只好流落街头，过着衣不蔽体、食不果腹的生活。

一次，他在河边钓鱼，有几个妇女在河边上洗衣服。其中，一个人见韩信很饿，就送饭给他吃，连续几天都这样。面对这个妇女的一片善心，幼年的韩信很是感激。他对这个妇女说："我长大了一定要重重谢你。"那个妇女说："你一个大丈夫竟不能自食其力，我可怜你给你饭吃，哪里图你报答。"后来，韩信真的发迹了，被刘邦拜为大将军，在楚汉战争中立下了大功，被刘邦封为楚王。这时，他仍然没有忘记那位曾经帮助他的妇女。在他衣锦还乡时，他找到这位妇女，将老人接到自己的宫殿里，像对待自己的母亲一样对待她。

点评："韩信领兵，多多益善"，天下闻名。这个故事反映的是韩信另一面，就是韩信守信，在他发迹后，没有忘记当初的承诺。故事告诉人们：历史上凡有大成就、大作为的人，都是诚信之人。一些共产党的高官成为贪官，他们之所以最后走向人民的反面，就是因为他们忘记了初心，背叛了人民，才成为不齿于人类的狗屎堆。

62. 关羽拒厚禄守诺言的故事

关羽（？—220），字云长，河东解良（今山西运城）人，东汉末年名将，《三国演义》尊其为蜀国"五虎上将"之首，毛宗岗称其"《演义》三绝"之"义绝"。关羽去世后，被民间尊为"关公"，又称美髯公。历代朝廷多有褒封，清代奉为"忠义神武灵佑仁勇威显关圣大帝"，崇为"武圣"，与"文圣"孔子齐名。

关羽

关羽拒厚禄守诺言的故事是这样的：

建安五年（200）正月，车骑将军董承等企图刺杀曹操的计划泄露，董承、王子服等皆被屠灭三族，唯参与密谋的刘备侥幸逃脱，且势力越来越大。曹操亲自征讨刘备，刘备惊悉曹操军将至，亲率数十骑出城观察，果然望见曹军旌旗，只得仓促应战，被曹军击溃，刘备妻子被俘。曹操接着攻陷下邳，迫降了关羽。刘备则逃到邺城（今河北临漳西南）投奔了袁绍。

曹操赞赏关羽为人，拜其为偏将军，礼遇甚厚。不久，却觉察关羽心神不定，无久留之意，便对与关羽关系甚好的张辽说："卿试以情问之。"张辽去问关羽，关羽叹息道："吾极知曹公待我厚，然吾受刘将军厚恩，誓以共死，不可背之。吾终不留，吾要当立效以报曹公乃去。"（《三国志·蜀书·关羽传》）

张辽将关羽的这番话转告曹操，曹操闻后，不但没有怨恨关羽，反而认为他有仁有义，更加器重他。

就是在这一年，官渡之战爆发。2 月，冀州牧袁绍调动 10 多万人马进军黎阳（今河南滑县东北）征伐曹操，并派大将颜良进围白马，攻东郡太守刘延，以保障主力渡河南进，刘延告急请援。4 月，曹操为解除侧翼威胁，北救刘延。谋士荀攸建议："今兵少不敌，分其势乃可。公到延津，若将渡兵向其后者，绍必西应之，然后轻兵袭白马，掩其不备，颜良可擒也"（《三国志·魏书·武帝传》），曹操依行其计。袁绍闻曹兵渡河，果然分兵向西，挺进延津。曹操趁机引兵向白马疾进，及距白马 10 余里时，颜良大为震惊，仓促迎战。曹操派张辽、关羽为先锋，率部进击。关羽跃马阵前，远远望见颜良麾盖（大将所乘戎车，设幢麾、张盖）直冲过去，在万众之中刺死颜良，斩其首级而归，袁绍诸将"莫能当者"。曹操挥令大军冲杀，袁军大败溃散，遂解白马之围。

关羽斩杀颜良后，曹操知其必去，遂重加赏赐。关羽把曹操屡次给他的赏赐都封存妥当，把汉寿亭侯的印绶挂在堂上，给曹操写了封告辞信，然后保护着刘备的家小，离开曹营，到袁绍军中寻找刘备。因此，上演了"过五关，斩六将"的故事。曹操将士闻后，要去追赶，曹操劝阻说："彼各为其主，勿追也。"（《三国志·蜀书六·关羽传》）

从关羽被擒到他立功报曹、重新投奔刘备，这段经历始终口耳相传，流行播衍。到《三国演义》，则形成了一个花团锦簇、精彩纷呈的故事单元，包括关公屯土山约三事：“降汉不降曹；礼待二嫂；一旦得知刘备下落，便当辞去。”曹操厚待关羽，小宴三日，大宴五日；曹操赠袍，关羽穿于衣底，上用刘备所赐旧袍罩之，不敢以新忘旧；曹操赠赤兔马，关羽拜谢，以为乘此马，可一日而见刘备；关公斩颜良；关公挂印封金；古城兄弟相会等。在中国，很少有人不知道这段故事。

点评：关羽是中国历史上对朋友“忠义”的代表人物。曹操重加赏赐，封“汉寿亭侯”，送“赤兔马”等，但始终收买不了关羽对刘备“誓以共死，不可背之”的忠诚之心。而这一点儿，也是历代统治者所最为看重的。历代朝廷对关羽多有褒封，把关羽崇拜为“神”，到了清代更把关羽奉为“忠义神武灵佑仁勇威显关圣大帝”，崇为“武圣”，与“文圣”孔子齐名。希望文武大臣都树立像关羽那样对皇帝的一片赤诚忠心。

63. 汉朝荀巨伯“恪守信义、笃于友情”的故事

百度网讲了这样一个故事：

荀巨伯乃是汉桓帝时期的贤士，向来恪守信义，笃于友情。有一次，荀巨伯听说千里之外的好友生了重病，顿时十分着急，匆匆安排家里的事，收拾好行囊便赶去探视这位朋友。他披星戴月地奔波了半个多月，才到达好友所居住的县城。岂料荀巨伯进了县城以后，好生奇怪，街上竟无一人。他找到好友住所，

却发现好友躺在床上，连声低呼：“水！水！”

荀巨伯连忙从桌上拿了一个碗，四处找水，最后从厨房的水缸里找到了一点儿水，便递到了好友嘴边。好友喝了几口，精神稍微好了点儿，抬头看到荀巨伯，心里感到十分惊喜，便问：“你什么时候来的呀？”

荀巨伯答道："刚到。"

朋友看到荀巨伯不远千里来看望病中的自己，心里十分感动。但一想到目前的局势，便着急地对荀巨伯说："胡兵马上就要攻城了，全城的人都跑了，你还是赶紧走吧！"

荀巨伯说："你重病在身，现在正需要人，作为朋友，我现在怎么能离开你呢？"

听了荀巨伯的话，好友很感动，说："你的这份感情让我很感动，但是，我是个快要死的人了，怎么可以连累你呢？你还是赶紧走吧！"

荀巨伯恳切地说："我不远千里来看你，你却要我走，弃义而求生，我荀巨伯岂是那样的人！"

正说着，突然有人高喊："这里有人！"

朋友听到外边的呼喊声，连忙对荀巨伯说："胡人来了！你赶快从后门逃走吧！"说到这儿，因为过于激动而连声咳嗽起来。

荀巨伯连忙把碗递给他，正在这时，一个彪形大汉踢开了门，随行的还有几个士兵。

朋友见了心急如焚，荀巨伯却镇定如常。

大汉看到屋里只有两个男子，一个卧病在床，一个正在递水，便高声问荀巨伯道："我大军一到，全城的人都跑了，你到底是谁？为什么敢独自留在这儿？"

荀巨伯从容不迫地回答说："在下乃是荀巨伯，因朋友重病在身无人照顾，因此不远千里前来照顾他，见他重病在身，不忍离去。还请诸位手下留情，要杀就杀我，千万不要杀害我的朋友！"

大汉想不到这时候全城的人都跑了，竟然会有人舍己救人，心里十分感动，便对随从们说："我等是不义之人，不该入此有义之国呀！走吧！"

说完，向荀巨伯一拱手，带着随从们转身出门而去。

这时候，朋友心里如一块大石头才算落地，紧紧拉住荀巨伯的手，哽咽着一句话都说不出来，眼泪滚滚而下。

点评：立身存笃信，景行胜黄牛。孔子把朋友分成"益友"

和“损友”。他说：“益者三友，损者三友。友直、友谅、友多闻，益矣；友便辟，友善柔，友便佞，损矣。”故事中主人公的朋友荀巨伯千里来看望病中的朋友，在“胡兵”面前，表现的为了朋友把生死置之度外的精神着实让人感动。鲁迅说：人生得一知己足矣！指的就是像荀巨伯这样的朋友。而鲁迅之所以成为一个伟大的文学家，共产主义的伟大战士，“一直在时代的前头，也未始不是得到了朋友的帮助。”（郭沫若）如早年从师章太炎，后与蔡元培结下深厚友谊，还与共产党人瞿秋白、冯雪峰结为挚友有很大关系。反之，中国历史学家、语言文字学家王国维之所以最后戛然止步，就是因为朋友害了他，在其经济困境时连连落井下石，使之失去了生活的勇气，自溺于颐和园昆明湖。说明了要“友其德”（孟子），交益友，不要交损友。

64. 唐朝人李勉“葬银”的故事

李勉（717—788）字玄卿，唐朝宗室，曾祖李元懿为唐高祖李渊第十三子。唐代中期名臣，平叛御边皆有大功，忠于朝廷。李勉早年曾任开封县尉，后任监察御史，累迁至京兆尹兼御史大夫，拜岭南节度使等等。

李勉，从小就喜欢读书，并且注意按照书上的要求去做。时间长了，就养成了一个习惯，即诚信儒雅的君子风度。他虽然家境贫寒，但是从不贪取不义之财。

有一次，他出外学习，住在一家旅馆里。正好遇到一个准备进京赶考的书生，也住在那里。两人一见如故，于是经常在一起谈古论今，讨论学问，成了好朋友。

一天，这位书生突然生病，卧床不起。李勉连忙为他请来郎中，并且按照郎中的吩咐帮他煎药，照看他按时服药。一连好多天，李勉都细心照顾着病人的起居饮食等日常生活。可是，那位书生的病不但没有好转，反而一天天地恶化了。看着日渐虚弱的朋友，李勉非常着急，经常到附近的百姓家里寻找民间药方，并且常常一个人跑到山上去挖药店里买不到的草药。

一天傍晚，李勉挖药回来，先到朋友的房间，看见书生气色似乎好了一些。他心中一阵欢喜，关切地凑到床前问："哥哥，感觉可好一些？"

书生说："我想，我剩下的时间不多了，这可能是回光返照，临终前兄弟还有一事相求。"

李勉连忙安慰道："哥哥别胡思乱想，今天你的气色不是好多了么？只要静心休养，不久就会好的。哥哥不必客气，有事请讲。"

书生说："把我床下的小木箱拿出来，帮我打开。"

李勉按照吩咐做了。

书生指着里面一个包袱说："这些日子，多亏你无微不至的照顾。这是一百两银子，本是赶考用的盘缠，现在用不着了。我死后，麻烦你用部分银子替我筹办棺木，将我安葬，其余的都奉送给你，算我的一点儿心意，请千万要收下，不然的话兄弟我到九泉之下也不会安宁的。"

李勉为了使书生安心，只好答应收下银子。

第二天清晨，书生真的去世了。李勉遵照他的遗愿，买来棺木，精心为他料理后事。剩下了许多银子，李勉一点儿也没有动用，而是仔细包好，悄悄地摊放在棺木下面。

不久，书生的家属接下李勉报丧的书信后赶到客栈。他们移出棺木后，发现了陪葬的银子，都很吃惊。了解到银子的来历后，大家都被李勉诚实守信不贪财的高尚品行所感动。

后来李勉在朝廷做了大官，由于他廉洁自律，诚实守信，深受百姓的爱戴，在文武百官中也是德高望重。

（来源：百度网）

点评：李勉诚实守信、不贪财的高尚品行，就是在今天也是很值得学习的。德无信不立。李勉后来之所以能够成大器，与其具有诚信品质不无关系。有人会问：诚信值几个钱？回答是诚信是金！诚信是无价宝！诚信是成功者的阶梯，有才无信之人永远爬不上去这个阶梯。很多历史和现实的例子都证明，并且还在证明这一点儿。

65. 崔枢还珠的故事

唐朝的时候，有个叫崔枢的人去汴梁考进士，同南方一商人住在一起达半年之久，两人成了好朋友。后来，这位商人得了重病，他对崔枢说："承蒙你照顾，没有把我当外人看待。我的病看来是治不好了，我们家重土葬，如果我死了，你能始终如一照顾我吗?"崔枢答应了他的请求。商人又说："我有一颗宝珠，价值万贯，得到它能蹈火赴水，确实是极珍贵的宝珠，愿奉送给你。"崔枢怀着好奇的心理接受了宝珠。

事后崔枢一想，觉得不妥。做一个进士，所需自有官府供给，怎么能够私藏异宝呢？商人死后，崔枢在土葬他时就把宝珠也一同放入棺材，葬进他的坟墓中去了。

一年后，崔枢到安徽亳州四处谋生，听说南方商人的妻子从南方千里迢迢来寻找亡夫，并追查宝珠的下落。商人的妻子将崔枢告到官府，说宝珠一定是崔秀才得了。官府派人逮捕了崔枢。崔枢说："如果墓没有被盗的话，宝珠一定还在棺材里。"于是，官府派人挖墓开棺，宝珠果然还在棺材里。

点评：苏轼云："苟非吾之所有，虽一毫而莫取。"我们可以设想一下，如果故事主人公听了商人的话，接受了宝珠，那将会是什么结果呢？那后果将是名声扫地，牢狱之灾。故事再一次告诉人们"非己物戒贪心一丝不取，是他利弃私欲一点儿不沾"这样一个做人的道理。

66. 汉朝贯高“义”字当先、慷慨赴死的故事

贯高案是汉朝第一大冤假案。

下面，是司马迁《史记》记载的贯高“义”字当先，慷慨赴死的故事。

贯高

汉高祖的大女儿鲁元公主，是赵王张敖的王后。汉高祖七年（公元前200年），汉高祖在赵国住了一段时间。那些日子每天早晚，赵王都会脱掉外衣，换上便服，亲自为汉高祖送食物，恭恭敬敬，很有礼貌。可汉高祖对他十分冷淡，虽然是自己的女婿，也毫不客气，甚至有些时候还破口大骂张敖，根本没有什么宽容可言，简直不把他放在眼里。张敖虽然心里很不是滋味，但在岳父大人面前仍旧很顺从。

赵王张敖手下的贯高、赵午看到这些，十分气愤，就鼓动赵王张敖杀掉汉高祖。张敖一向忠厚正直，从来就没有这个念头。贯高、赵午看到这种情况，便偷偷地商量说：“都怪我们太着急，大王是个忠厚之人，让他做这种事，他怎么下得了手？我看是我们的方法不好，我们忍受不了别人的侮辱，于是就怨恨汉高祖，因此想把他杀掉，怎么可以连累大王呢？如果成功了归功于王，如果失败，我们愿意单独受罚。”

汉高祖八年（公元前199），汉高祖途经赵国时，贯高、赵午等人设下埋伏，准备刺杀汉高祖。汉高祖有所察觉，立刻叫人备好车马离开。

后来，贯高的仇家知道了他的阴谋，就向朝廷告发他。贯高等人被捕了，同时也把赵王一起抓了起来。其中10多人想要自杀。贯高怒骂道：“你们到底长没长脑袋？大王并没有参与这件事，可是现在竟和我们一样的下场，也被抓了起来，你们要是都死了，谁来证明大王的清白？”不久，

贯高被装进了密封的囚车，连同赵王一起被送往长安。

到了京城以后，开始受审。在庭上，贯高据理力争，说：“那件事是我们几个人谋划的，跟我们大王无关，请你们放了他，我们甘愿受罚，要杀要剐随你们的便！”几十大板下去，贯高被打得皮开肉绽，接着又被烧红的铁条烫得伤痕累累，身上没有一点儿完好的地方，可他依然坚持着，嘴唇都咬破了也不改口。贯高的行为让众人吃惊。汉高祖也暗暗惊叹道：“没想到贯高还真是个硬汉！不要再用刑了，谁跟他有来往就让谁去问个明白吧！”中大夫泄公站出来说：“我和贯高是同乡，我很了解他的为人。他是赵国最讲信誉、最守承诺的人。”

于是，汉高祖就派泄公去看望贯高。贯高躺在床上，身体很沉重，稍微动一下就钻心的痛，眼睛也肿得很厉害。泄公来到他的床前，贯高眯着眼问：“是泄公吗？”泄公马上握住了他的手，并叫他不要动，然后坐下来像往常一样地聊天，最后问他，赵王是否真的清白？贯高说：“天下有谁不爱自己的父母和妻儿？如今我的亲戚都要受到牵连，难道我会为了赵王而牺牲自己的亲人？赵王确实没有谋反，是我们这些人背着他干的。”接着，又把事情的来龙去脉说了一遍，从而证实了赵王的清白。泄公上朝把实情报告给了汉高祖，汉高祖立刻赦免了赵王。

汉高祖非常欣赏贯高的为人，便派泄公赦免他。贯高见到泄公，高兴地问：“我王真的被释放了吗？”泄公说：“当然。”然后又接着说：“汉高祖很欣赏和尊重你的为人，派我来赦免您。”贯高长出了一口气，说道：“我受了这么多刑罚，如今已经伤得不成样了，却坚持活下去。就是为了证明赵王没有谋反，是清白的。现在，已经真相大白，我的责任已尽，死了也没有什么可遗憾的了。况且，我作为一名臣子，却要谋害当今皇上，还有什么脸面再回到皇帝的身边呢？即使当今皇上赦免我，我也是于心有愧呀！”说完，他突然拔刀，割断了自己的喉咙。

点评：做一个有信义的人，胜似做一个有名气的人。故事感人就在于一个“义”字。这里的“义”即“诚”，实事求是。贯高为了证明事实真相，不惜舍生取义。从中可以看到“诚义”的感召力、感染力和人格魅力。这是故事1000多年了之所以能够留传下来的一个重要原因。

67. 赵氏孤儿的故事

司马迁《赵世家》记载：屠岸贾是晋灵公（因昏庸残暴，被赵氏弑杀）的宠臣，晋景公时为司寇，主管国家政法工作。屠岸贾要作乱，追究晋灵公被弑一案，借题发挥要诛灭赵氏。当时，与赵氏交往颇深的韩厥告赵朔赶快逃走，赵朔不肯。在屠岸贾的鼓动下，诸将擅自进攻赵氏於下宫，杀赵朔、赵同、赵括、赵婴（赵朔是赵盾之子，赵同、赵括、赵婴为同父同母兄弟，与赵盾同父异母），并将赵氏灭族。

赵朔的妻子（史称赵庄姬）是晋景公的姐姐，怀有赵朔的遗腹，逃到晋景公宫内躲藏才躲过一劫。赵朔的门客公孙杵臼对赵朔友人程婴说："怎么不同赵氏一起赴死？"程婴答："赵朔的夫人有遗腹，若幸而生男，我就奉他为主，助他复兴赵氏；若是女孩，我再死不迟。"不久，赵庄姬生下一男。屠岸贾知道后，便带人到宫中寻找。赵庄姬将婴儿藏于裙中，暗暗祈祷说："如果赵氏当灭，你就哭出声；不当灭，就不要出声。"婴儿竟奇怪得没有出声。

过后，程婴找公孙杵臼商议："屠岸贾不会甘心，必定会再来查找，你说怎么办？"公孙杵臼问："复立孤儿与死哪件事更难？"程婴答曰："死很容易，立孤难。"公孙杵臼便说："赵氏先君对你不薄，还是你做难事，我做容易的事，让我先行一步吧。"

于是，二人便将别人的婴儿带在身边，藏到山中。程婴偷偷找到诸将说："程婴不肖，不能保全赵氏遗孤。谁能给我千金，我就告诉他孩子的藏身之处。"诸将大喜，答应了程婴的条件并攻打公孙杵臼。公孙杵臼假意骂道："程婴你真是个小人啊！当日不能随赵氏死难，还和我一起商量保护赵氏孤儿，今天却又出卖我。纵然不能立孤，你又怎忍心出卖这孩子啊！"于是，抱着孤儿仰天长叹："天啊天啊！赵氏孤儿何罪？求你们让他活着，只杀我公孙杵臼一人吧。"诸将不应，于是杀了公孙杵臼和那个孩子。程婴从此背负着卖友求荣的骂名，与真的赵氏遗孤一起藏到了山里。

十五年后，晋景公患重病。占卜的人称是冤死的大臣在作祟。韩厥趁机把当年下宫之难的实情告诉了晋景公，并告诉他赵氏孤儿并没有死。晋景公便将赵武召入，藏于宫中。待诸将入宫问疾时，晋景公借助韩厥之力胁迫诸将面见并认可赵氏孤儿赵武，诸将与程婴、赵武一起进攻屠岸贾，灭其族。

待到赵武长大成人，程婴对赵武说："昔日下宫之难，大家都能随主人死难。我不是不能死，我想的是要复立赵氏后人。现在你已长大成人，恢复了原来的地位，我要到地下报与赵盾和公孙杵臼知道。"

赵武哭着叩首请求说："赵武愿意劳其筋骨来报答您的恩德，您怎能忍心离开我去死呢！"程婴曰："不可以。公孙杵臼认为我能成就复兴赵氏的大业，所以先我而死。现在我不报与他知，他会认为我没有把事情办成。"于是，拔剑自刎而亡。

点评：故事上演了一场群英谱。几个忠义之人为了保住赵家血脉上演了感天动地的情义、价值千金的忠诚，表现了中华民族崇尚忠义的优良传统。

68. 古代"桥下之盟"的故事

春秋时期，鲁国曲阜有个年轻人名叫尾生，和孔子是老乡。尾生为人正直，乐于助人，和人交往诚实守信，受到邻里百姓的普遍好评。后来，尾生家搬到了梁地，在那里结识了一位漂亮的姑娘。两人一见钟情，私定终身。但是，姑娘父母嫌尾生家境贫寒，反对这门亲事。为了追求爱情和幸福，姑娘决定私奔，随尾生回到曲阜老家去。两人约定在韩城外的一座木桥边会面，然后远走高飞。

黄昏时分，尾生提前到桥上等候。不料，六月天气说变就变，天突降暴雨，大水漫涨。不久，山洪暴发，裹挟着泥沙的滚滚江水铺天盖地而来，没过了桥面，没过了尾生的膝盖。逐渐漫上来的江水，让尾生想起了与姑娘定下的誓言，死死地抱住桥柱，最终，被淹死在茫茫的江水中。而姑娘因为私奔的念头泄露，被父母禁锢家中，不得脱身。后来，终于逃出家门，来到城外桥边的她看到洪水退去抱柱而死的尾生，悲恸欲绝，号啕大哭。哭罢，便纵身跳入滚滚的江水之中，谱写了中国文学史上第一幕惊心动魄的爱情悲剧。

点评：李白在他的《长干行》中写道："常存抱柱信，岂上忘夫台"。这里诗中的"抱柱信"，讲的就是这个故事。故事中尾生的做法看上去虽然有点迂腐，但正如蒲松龄所说："人之贵朴讷诚笃。"其忠于爱情、诚实守信精神还是很可贵的。特别是在今天"爱情"泛化的情况下，还是值得继承和学习的。

69. "被人相信是一种幸福"的故事

一艘货轮在烟波浩渺的大西洋上行驶。一个在船尾搞勤杂的黑人小孩不慎掉进了波涛滚滚的大西洋。孩子大喊"救命"，无奈风大浪急，船上的人谁也没有听见。他眼睁睁地看着货轮托着浪花越来越远。求生的本能使孩子在冰冷的水里拼命地游，他用尽全身的力气挥动着瘦小的双臂，努力使头伸出水面，睁大眼睛盯着轮船远去的方向。船越来越远，船身越来越小，到后来什么都看不见了，只剩下一望无际的汪洋。孩子力气也快用完了，实在游不动了，他觉得自己要沉下去了。放弃吧，他对自己说。这时候，他想起了老船长那张慈祥的脸和友善的眼神。不，船长知道我掉进海里后，一定会来救我的！想到这里，孩子鼓足勇气用生命的最后力量又朝前游去。

船长终于发现那黑人孩子失踪了。当他断定孩子是掉进海里后，下令返航去找。这时，有人劝他："这么长时间了，就是没有被淹死，也让鲨鱼吃了。"船长犹豫了一下，还是决定回去找。又有人说："为一个黑奴孩子，值得吗？"船长大喝一声："住嘴！"

终于，在那孩子就要沉下去的最后一刻，船长赶到了，救起了孩子。

当孩子苏醒过来之后跪在地上感谢船长的救命之恩时，船长扶起孩子问："孩子，你怎么能坚持这么长时间？"

孩子回答："我知道你会来救我的，一定会的！"

"怎么知道我一定会来救你的？"

"因为我知道你是那样的人！"

听到这里，白发苍苍的船长扑通一声跪在黑人孩子面前，泪流满面："孩子，不是我救了你，而是你救了我啊！我为我在那一刻的犹豫而耻辱！"

一个人能被他人相信也是一种幸福。他人在绝望时想起你，相信你会给予拯救更是一种幸福。

（来源：百度网）

点评："孩子，不是我救了你，而是你救了我啊！我为我在那一刻的犹豫而耻辱！"多么诚实的老船长呀！多么追求心灵世界干净的老船长呀！故事告诉人们这样一个道理：被人信任是一种幸福。因为被人信任说明你具备诚实的品质。希望我们都像老船长那样，把"被人信任"作为一种幸福，永远做一个至诚至善的人。

70. 英国绅士和衣衫褴褛小男孩的故事

18 世纪英国一位有钱的绅士，一天深夜他走在回家的路上，被一个蓬头垢面衣衫褴褛的小男孩给拦住了。“先生，请您买一包火柴吧?”小男孩说道。“我不买。”绅士回答说。绅士躲开男孩继续走。“先生，请您买一包吧，我今天还什么东西也没有吃呢。”小男孩追上来说。绅士看躲不开男孩，便说：“可是我没有零钱呀。”“先生，你先拿上火柴，我去给你换零钱。”说完，男孩拿着绅士给的一个英镑快步跑走了。绅士等了很久，男孩仍然没有回来，绅士无奈地回家了。

第二天，绅士正在自己的办公室工作，仆人说来了一个男孩要求面见绅士。于是，男孩被叫了进来，这个男孩比卖火柴的男孩矮了一些，穿得更破烂。“先生，对不起了，我的哥哥让我给您把零钱送来了。”“你的哥哥呢?”绅士道。“我的哥哥在换完零钱回来找你的路上被马车撞成重伤了，在家躺着呢。”绅士深深地被小男孩的诚信所感动，“走！我们去看你的哥哥!”到了男孩家一看，家里只有男孩的继母在照顾受重伤的男孩。一见绅士，男孩连忙说：“对不起，我没有给您按时把零钱送回去，失信了!”绅士被男孩的诚信深深打动了。当他了解到两个男孩的亲生父母双亡时，毅然决定把他们生活所需要的一切都承担起来。

（来源：百度网）

点评：诚实的品质最能打动人，也最能征服人。看了故事，都会被衣衫褴褛的小男孩的诚实品质所打动。不管大人还是孩子，一个好的形象都是靠诚实才能树立起来。所以，人还是要当老实人，说老实话，办老实事。

71. 著名画家毕加索“真正朋友”的故事

巴勃罗·毕加索（1881—1973），西班牙画家、雕塑家。法国共产党党员。现代艺术的创始人，西方现代派绘画的主要代表。他于1907年创作的《亚威农少女》是第一张被认为有立体主义倾向的作品，是一幅具有里程碑意义的著名杰作。它不仅标志着毕加索个人艺术历程中的重大转折，而且也是西方现代艺术史上的一次革命性突破，引发了立体主义运动的诞

毕加索

生。这幅画在以后的十几年中竟使法国的立体主义绘画得到空前的发展，甚至还波及芭蕾舞、舞台设计、文学、音乐等其他领域。《亚威农少女》开创了法国立体主义的新局面，毕加索与勃拉克也成了这一画派的风云人物。

毕加索是一位真正的天才画家，他和他的画在世界艺术史上占据了不朽的地位。据统计，他一生共画了37000多幅画。

毕加索说：“我的每一幅画中都装有我的血，这就是我画的含义。”

全世界拍卖价前10名的画作里面，毕加索的作品就占了4幅。毕加索在世时，他的画就卖出了很高的价格。他的身边总是有许多人渴望从他那里得到一两张画，哪怕是得到他顺手涂鸦的一张画，也够自己一辈子吃喝不愁了。

一次，他在一张邮票上顺手画了几笔，然后就丢进废纸篓里。后来被一个拾荒的老妇捡到，她将这张邮票卖掉后，买了一幢别墅，从此衣食无忧。可见毕加索的画，每一笔、每一涂，泼洒的都是金子啊。

晚年的毕加索非常孤独，尽管他的身边不乏亲朋好友，但是他很清楚，那些人都是冲着他的画来的。为了那些画，亲人们争吵不断，甚至大打出手。

毕加索感到很苦恼，他身边一个能说说话、唠唠嗑的人也没有。尽管他很有钱，但是买不来亲情和友情。考虑到自己已年逾90岁，随时可能离开人世，为了保护自己画作的完整性，毕加索请来了一个安装工，给自己的门窗安装防盗网。就这样，安装工盖内克出现在毕加索的生活中。

盖内克每天休息的时候，会陪毕加索唠唠嗑。盖内克憨厚、坦率，没有多少文化，看不懂毕加索画的画，在盖内克眼里那些画简直一文不值。

毕加索常常将眼睛瞪得大大的看着盖内克，盖内克给了他一种豁然开朗的美好。他看懂的只是手中的起子、扳手。但是，他很愿意陪毕加索唠嗑，他觉得老人很慈祥，就像是自己的祖父。阳光从窗外泼洒进来，照在盖内克身上，像给他披上了一层金色的羽毛。毕加索看着眼前的盖内克，就像是一尊雕塑，有一种令他眩晕的美。他情不自禁地拿起画笔，顺手为盖内克画了一幅肖像。

他把画递给盖内克说："朋友，我为你画了一幅画，把它收藏好，或许将来你会用得着。"盖内克接过画，看了看。他没看懂，又把它递给了毕加索，说道："这画我不想要，要不就将你家厨房里的那把大扳手送给我吧，我觉得那扳手对我来说更重要。"

毕加索不可思议地说道："朋友，这幅画不知能换回多少把你需要的那种扳手。"

盖内克将信将疑地收起那幅画，可心里还想着毕加索家厨房里的那把扳手。盖内克的到来，一扫毕加索往日淤积在内心的苦闷，他终于找到了倾诉的物件。

在盖内克面前，毕加索彻底放下了包袱，丢掉了那层包裹着自己的面纱。他像个孩子一样与盖内克天南海北地交谈，高兴之时，还手舞足蹈起来。为了能与盖内克唠嗑，毕加索将工期一再推迟，只要能与盖内克在一起说说笑笑，就是他最大的快乐。

其间，毕加索又陆陆续续地送给盖内克许多画，包括他自己视为珍宝的画。他对盖内克说："虽然你不懂画，但是你是最应该得到这些画的人。拿去吧，我的朋友，希望有一天它们能改变你的生活。"

安防盗网这样一个小小的工程，盖内克前前后后竟干了近两年。盖内克更多的时间是陪毕加索唠嗑。不曾想到唠嗑使90高龄的毕加索变得精神矍铄。那些日子，毕加索又创作出许多作品，成为毕加索创作的又一个高峰期。分别的日子终于到了，盖内克离开了毕加索，又四处寻活去了。

1973年4月8日，93岁的毕加索无疾而终。此后，他的画作价格更是扶摇直上，成为当今世界上最昂贵的画作之一。还在四处打工、日子过得非常艰难的盖内克，得知毕加索逝世的消息，悲痛万分。

他想起毕加索曾经赠送给他的那些画，于是匆匆地赶回了家。他爬上小阁楼，翻出一个旧皮箱。打开小皮箱，把里面的画拿出来，一张一张地清点下去，发现这些画共有 271 张。

盖内克惊呆了。他知道，他只要拿出这里面的任意一张画，就可以彻底改变他目前的生活。看着这一张张画，毕加索的音容笑貌仿佛又在眼前浮现。“你才是我真正的朋友!”毕加索的这句话，在他耳旁一遍遍地响起。他的眼睛不知不觉湿润了。他将这些画又仔细地放回皮箱，重又收藏在阁楼里。他没有对任何人说起过这些画，包括对自己的家人，像往常一样外出干活。绝对不会有人想到，这个毫不起眼的安装工，竟是一个超级大富翁。

2010 年 12 月，一个石破天惊的新闻震惊法国：年逾古稀的安装工盖内克将毕加索赠送给他的 271 幅画，全部捐给了法国文物部门，价值 1 亿多欧元。

有人感到困惑和不解，老人拥有这么多毕加索的画，为什么坐拥金山不享受，要全部捐出来呢?

盖内克回答记者提问时说：“毕加索曾对我说，你才是我真正的朋友。是朋友，我就不能占有，只能保管。我把这些画捐出来，就是为了让它们得到更好的保管。”在天堂的毕加索一定为他能有这样的朋友感到无比骄傲!

（来源：百度网）

点评：交朋友交心。“是朋友，我就不能占有，只能保管。我把这些画捐出来，就是为了让它们得到更好的保管。”从盖内克的言语和行动，人们知道了毕加索确实找到了生前就如他所说的“真正的朋友”。他不识画，却比那些“为着他画来的人”品质不知强多少倍。

自古驱民在信诚，一言为重百金轻。今人未可非商鞅，商鞅能令政必行。

——王安石

四、诚信执政篇

习近平说：“政府无信，则权威不立。”“唯天下至诚，为能经纶天下之大经，立天下之大本。”墨子曰：“政者，口言之，身必行之。”执政，莫大于一个“信”字。王安石诗曰：“自古驱民在信诚，一言为重百金轻。今人未可非商鞅，商鞅能令政必行。”

72. 韩建集团坚持“共同致富”的故事

北京韩建集团有限公司是国家特级资质的大型建筑企业，它所在的韩村河村是北京郊区有名的建筑之乡。当北京房山建筑协会李廷树秘书长知道我在写本书时，特别热情地给我介绍了韩建集团党委“坚持发展集体经济共同致富”的故事。

韩建集团创立于1978年。刚成立时叫韩村河建筑队，从第一桶金的使用开始，他们就在老书记田雄的带领下，坚持集体经济价值取向，奠定了韩建集团作为集体企业的收入分配模式。

美丽韩村河村

1984年，紫玉饭店工程的完美竣工，为韩村河建筑队挖了第一桶金。建筑队除去工人的工资和上缴的税金、利润外，还剩下11万多元，这在那个时候可是个天文数字。建筑队一下挣这么多钱，大伙儿心里都乐开了花。许多人提议："还是把钱分了吧，那样咱就可以把家里的房子盖好点儿啦，也可以给家人买些像样的衣服穿。"也有的说："在外打拼那么辛苦，也该轮到咱过几天舒心日子啦!"队长田雄理解老少爷们儿的心情，但他更关心的是韩村河未来的发展和父老乡亲的脱贫致富。他动之以情、晓之以理地给大伙儿做工作，沟通思想，统一认识。最后大家决定把这笔钱分成两部分用：一部分用来给村里修路，建小学校；另一部分用来扩大再生产，购置施工设备，装备改造建筑队，为做好做久打基础。从那以后，坚持发展集体经济、走共同致富道路，就成为韩建集团党委班子始终坚守的价值理念。

一天，上面突然来了几个人，穿着制服，气势汹汹，说是北京市审计局来的，找田雄查账来了。当时，田雄感到很纳闷，无端地怎么查起账来了。他叫会计把所有的账簿都拿出来，坦然地坐在一边看着来的人一本一本地翻。过了一会儿，那个领头查账的人叫田雄过去说话，口气比刚进门时缓和了许多。

那人指着一笔账说："田队长，不瞒您说，我们今天就是冲着这笔账来的。"田雄一看，原来是一笔18万元的现金入账记录。只是他不明白这笔账有什么问题。因为这笔钱当初入账的时候，队里的几个领导都知道，而且这一页的空白处还为这笔账做了详细的说明。

看着田雄疑惑的眼神，审计局的同志笑了。“田队长，我们本来是要来查你们经济问题的，可是没想到你们的账目管理这么严格，每笔账的收支都做好了详细的记录，我们服了。”

原来，事情是这样的：韩村河建筑队在承包同京旅社工程时，要在旅社的后面建一座假山。甲方责成田雄设计和采购假山石。工程竣工后，甲方非常满意，分两次共拨了 18 万元的现金，作为采购假山石及设计安装款。当时，甲方用一张白条作为现金收据，让田雄在上面签了字。审计局在对甲方的一次例行查账中发现了这张收条，从而认定韩村河必定有经济问题，便把握十足地突审了韩建集团的账目。没想到的是，田雄把这 18 万现金一分也不少地入了建筑队的账，而且，还在账簿上特别做了详细的说明。账没有查出问题，没想到倒查出个诚信典型。

韩建集团坚持以企建村、以企富村、以企养村、共同致富的发展理念，始终把企业的利润用于韩村河的新农村建设，用于韩村河的社会保障事业，用于村民生活水平的提高。

由于历史的原因，韩村河村民的宅基地布局很不合理，村民互相攀比宅基地底盘高低、位置前后。因为没有规划，村民私搭乱建、侵街占道、乱堆乱放的问题比较严重，村邻里之间经常产生矛盾和冲突，极大地影响了村里的稳定。1992 年底，韩村河村摘掉了贫穷的帽子，实现了“亿元村”的目标。为了“让父老乡亲都过上好日子”，老书记田雄决定启动新农村改造工程，让全村人都住上别墅。到 1998 年底，韩建集团投资 10 亿多元，建成了 11 个高标准的住宅小区，581 栋小别墅楼和 21 门公寓式多层住宅楼，910 户村民全部搬进了新楼，韩村河成为家家住别墅、享誉京城的京郊第一村，村民们过上了乡村都市般的美好生活。

韩建集团在第二次创业中，党委书记、董事长田广良继承和发扬老一辈创业者共同致富的价值理念，把父老乡亲对美好生活的向往当作自己的奋斗目标，不断加大韩村河美丽乡村建设的投入力度。

对韩村河公园进行提升改造，努力打造成为现代化新公园，使之成为韩村河及周边父老乡亲休闲娱乐的重要活动场所。实施北京市首个集中式电采暖示范工程，将各户煤锅炉改造成为电锅炉，使韩村河彻底结束了烧

韩建集团党委书记、董事长田广良

煤取暖的历史，步入了利用清洁能源供暖的新时代。对村民住宅的外墙和门窗进行保温改造，投资更换空气源热泵热水器，进一步提高了村民居住环境的舒适度。新建5000多平方米的现代化幼儿园，为韩村河及周边的孩子创造更美好的学习成长的乐园。出资建成拥有5栋别墅、3栋高层、总面积2.6万平方米、总住户154户的云龙阁小区，以成本价出售给韩村河全体村民，进一步满足了村民居住的新需求。逐年退还村民新村建设时期购买别墅和多层住宅的房款，每座楼每年退还5000元，多层每户每年退还1000元，直至退清为止，使村民不花一分钱就住上了宽敞舒适、不断增值的住宅，享受到了最大的住房福利。进一步提高村民的福利，韩村河年满60周岁老人的养老金从最初的每人每月每岁3元提升至8元（即年满80周岁的老人可以领取80×8=640元）；每人每年面粉和副食补贴增至900元。全村的冬季取暖费和全体村民的医疗保险费由集体统一负担，村民不用交一分钱。韩村河人在共建中共享改革发展成果，成为全国闻名的美丽乡村，荣获了中国幸福村、全国生态文化村、中国十大最美乡村等称号。昔日的“寒心河”已经变成远近闻名的“幸福河”。

（根据赵彩红主任提供资料整理，贾克忠修改定稿）

点评：韩建集团党委坚持带领大家走共同致富的道路，把“让父老乡亲都过上好日子”作为工作的出发点和落脚点，可赞可佩！什么叫得民心？这就叫得民心！什么叫诚信执政？像韩建集团那样，始终把“让父老乡亲都过上好日子”作为工作的出发点和落脚点，就是诚信执政！

73. 唐太宗“用诤臣”的故事

唐太宗李世民（598—649），唐朝第二位皇帝，是一位出色的政治家，在位期间是历史上著名的“贞观之治”时期。

贞观初年，有人上书请求清除邪佞臣子。唐太宗说：“我所任用的都是贤臣，你知道哪个是邪佞的臣子吗?”那人回答说：“臣住在民间，不能确切知道哪个人是佞臣。请陛下假装发怒，以用来试验群臣，如果不惧怕陛下的雷霆大怒，仍然直言进谏的，就是忠诚正直的人；如果顺随旨意，阿媚奉承的就是奸邪的人。”

唐太宗

这个人的办法看来非常聪明，但是唐太宗对上书劝谏的人说：“我常常因魏武帝曹操为人诡诈而特别鄙视他。我想在天下伸张信义，不想用伪诈的方法破坏社会风气。你的方法虽然很好，不过我不能采用。”

626年，玄武门之变后，有人向唐太宗李世民告发正在东宫为官的魏徵，说他当初曾参加过窦建德与李密的起义军，在两人大败后，又来到长安，归顺太子李建成，并怂恿李建成杀秦王李世民。闻言，李世民眉头一皱，立刻叫人将魏徵传来。

见到魏徵，李世民勃然大怒，呵斥道：“你为何在我兄弟之间挑拨?”

慑于秦王威严，众大臣都屏住呼吸，忍不住为魏徵捏把汗，心道这是要算魏徵的总账了。只见魏徵面不改色，坦言道：“如若当初他听了我的话，也不至于发生今天的事了。”

此言一出，颇让李世民震惊。此人有胆有识，不用委实可惜。就在众臣吓得汗流浃背时，李世民出乎意料的并未动怒，也没有怪罪魏徵，反而叹息了一声：“过去的事就不要再提了。”不久，李世民继位，任命魏徵为谏议大夫。

贞观二年（628），魏徵被授秘书监，并参掌朝政。不久，长孙皇后听说一位姓郑的官员有一位年仅十六七岁的女儿，才貌出众，京城之内绝无仅有，便告诉了太宗，请求将其纳入宫中，备为嫔妃。太宗便下诏将这一女子聘为妃子。魏徵听说这位女子已经许配陆家，便立即入宫进谏：“陛下为人父母，抚爱百姓，当忧其所忧，乐其所乐。居住在宫室台榭之中，要想到百姓都有屋宇之安；吃着山珍海味，要想到百姓无饥寒之患；嫔妃满院，要想到百姓有室家之欢。现在郑民之女，早已许配陆家，陛下未加详细查问，便将她纳入宫中，如果传闻出去，难道是为民父母的道理吗？”太宗听后大惊，当即深表内疚，并决定收回成命。但房玄龄等人却认为郑氏许人之事，子虚乌有，坚持诏令有效。陆家也派人递上表章，声明以前虽有资财往来，并无定亲之事。这时，唐太宗半信半疑，又召来魏徵询问。魏徵直截了当地说：“陆家之所以否认此事，是害怕陛下以后借此加害于他。其中缘故十分清楚。不足为怪。”太宗这才恍然大悟，便坚决地收回了诏令。

又有一次，唐太宗根据右仆射（掌管奏章文书的官员）封德彝的建议，决定十八岁以上身体强壮还没有服役过的男子都要去当兵。但魏徵不同意。因为按照当时的规定，皇帝的敕令，要由谏议大夫签名才能生效。

唐太宗问他：“你不同意这样做，有什么理由？”

魏徵回答：“臣作为谏议大夫，有义务向陛下指出，这样做违背了治国安民的方针。我朝开国后即立下‘男子二十岁当兵，六十岁可免’的规定，怎么能随便改变呢？”

唐太宗非常生气，大声指责道：“你太固执己见！”

魏徵毫不退让，语重心长地说道：“陛下！把河水放光捕鱼，确实能捕到许多鱼，但明年就没有鱼了；把森林烧了打猎，确实会打到许多猎物，但明年就没有野兽了。如果把十八岁以上身体强壮的男子都去当兵，今后国家的税赋徭役去向谁要呢？”唐太宗这才幡然醒悟，收回了命令。

还有一次，唐太宗得到了一只精美绝伦的鹞鹰。他一时忘记了魏徵平时说的国君不可玩物丧志的话，就兴味十足地把鹞鹰放在臂上逗着玩，不料，巧遇老臣魏徵。唐太宗一时情急，赶忙把鹞鹰藏在怀里。其实，魏徵早已把一切看在眼里，却故作不知。他走上前去，特意讲起古代帝王追求逸乐之事，旁敲侧击帝王不可玩物丧志。唐太宗担心时间长了鹞鹰闷死，但是魏徵说得没完没了，唐太宗自知理亏，不敢打断，结果鹞鹰还是闷死在怀中。

魏徵在贞观年间先后上书200余条，强调“兼听则明，偏听则暗”，这对唐太宗开创的千古称颂的“贞观之治”起了重大的作用。

贞观十六年（642），魏徵染病卧床，不久病逝家中。太宗亲临吊唁，痛哭失声，说：“夫以铜为镜，可以正衣冠；以古为镜，可以知兴替；以人为镜，可以明得失。我常保此三镜，以防己过。今魏徵殂逝，遂亡一镜矣。”

点评：诚言不美，美言不信。唐太宗重用诤臣魏徵的故事告诉人们：在执政中要鄙视诡诈做法，坚持“信行天下”，“为天下伸张信义”。这也是唐太宗开“贞观之治”盛世，被各族人民尊称为天可汗的一个重要原因。

74. 诸葛亮常怀“戚戚之心”的故事

刘备建蜀后，经常举行宴会。有次宴会上，刘备忽然发现诸葛亮脸上有愁容，便问诸葛亮：“我听说过孔子的一句话，君子坦荡荡，小人长戚戚。在蜀国，最能称得上君子的应该是丞相了，照理说君子不该忧愁的，可丞相为什么忧愁呢？”

诸葛亮站起来说：“我们蜀国刚成立不久，制度法律等各方面还不太健全，国家尚不富裕，百姓还不富足。我们还有很多事要做。建国是天大的喜事，陛下的心情我能理解，但如果陛下沉湎于享乐，那我们蜀国谈何发展，如何富强？这是我忧虑的，也是在座所有人应该忧虑的，我觉得在富国强民这一方面，戚戚之心应该人人都有。”

诸葛亮

诸葛亮说完，刘备顿悟，当即撤掉酒席。

时隔十多年，后主刘禅也同诸葛亮谈起了戚戚之心。有一次，选曹郎陈祗收受贿赂，这事被诸葛亮知道了，诸葛亮要严查此事，而刘禅比较欣赏陈祗的才学，所以便有意袒护陈祗。

刘禅说："圣人有云，君子坦荡荡，小人长戚戚。从这句话看，君子应该胸怀宽广能容忍，只有小人才会抓住别人错误不放。相父您是翩翩君子，堂堂一国之相，何必计较一个小小选曹郎的过错呢！"

诸葛亮勃然而怒："宽广大度要看情况讲原则，生活上的错误，可以宽容。但违反法制的事，无论大小都不能原谅。如果听之任之，帮他开脱，久之，将无法约束，到时朝政动乱，当政者必将失信于天下，蜀国也必将重蹈汉亡的覆辙。臣以为，在治理国家、监察官员这一方面，要常怀戚戚之心、要斤斤计较。这样才能固国安民。"

刘禅听了诸葛亮的箴言，马上对陈祗进行了严肃处理。

（来源：中老年时报）

点评：常怀"戚戚之心"，即常怀忧国忧民之心。共产党执政更应该如此。这是党的利益与人民利益一致性所决定的。当政者失信于天下，必将失去共产党的江山，即人民的红色江山。这也是这个故事今天的现实意义。

75. 周成王"桐叶封弟"的故事

周成王乃是西周的国王，姓姬，名诵。周成王的父亲周武王去世以后，由周成王继位，由于年龄小，便由他的叔父周公旦摄政。《吕氏春秋》中"周成王桐叶封弟"的故事，就发生在这一时期。

周成王小的时候，有一天，周成王和他要好的小弟弟叔虞一起在宫中的一棵桐叶树下玩耍。一阵秋风过来，桐叶树的叶子纷纷飘落。风过去以后，地上落了很多桐叶树叶。贪玩的周成王玩得一时兴起，便随手捡起了一片梧桐树叶，用小刀切成一个当时大臣们上朝时手中所持的一个"圭"字，并将它随手送给了弟弟叔虞，随口开玩笑地说："我要封嗣给你一块土地，喏，你就先拿着这个吧！”

周成王“桐叶封弟”

听到周成王这么说，叔虞心里非常高兴，随后蹦蹦跳跳地拿着这一用梧桐树叶做成的“圭”字跑到叔父周公旦面前述说了这件事。当时，周公旦正在代替年幼的成王执掌朝政，听到成王告诉自己这番话以后，便立刻换上礼服，到宫中跟周成王道贺。

看到叔父周公旦前来道贺，早已把此事忘得一干二净的周成王还有些纳闷，便问叔父道贺所为何事？看到周成王问他，周公旦微笑地对他说：“我刚刚听说，你已经册封了你的小弟弟叔虞。这么大的事情，我又如何能不赶来跟成王道贺呢？”

听了叔父周公旦这么一说，周成王才想起这件事来，便哈哈大笑说：“那只不过是跟弟弟开玩笑罢了！并不是真的册封他呀！”周公听后严肃地说：“天子无戏言，出口成宪，而且史书记载，乐师歌颂，士人称道，哪能随便说说。”周成王听了叔父周公旦这番话感到言之有理，只好把叔虞册封于唐地（在今山西省境内），后来，叔虞的儿子把都迁到晋水的岸边，改唐为晋，成为晋国的始祖。

后来，唐代李峤《攀龙台牌》里引用了这个典故：“亦有御兰感梦，皇天之命伯倏，剪虽开封，上帝之名太叔。”

点评：君无戏言。言字旁边加上一个“兑”字就严肃起来了，就是说，说出的话要兑现的，不能瞎说，也不能乱说、胡说。“国无信不立”。一般人尚且如此，作为一个皇帝哪有说话不算数的道理呢？因此，毛泽东同志告诫全党说：“政策和策略是党的生命，各级领导同志务必充分注意，万万不可粗心大意。”（《毛泽东选集》第四卷，第1284页）

76. 帝尧"谏鼓""谤木"的故事

中国古代"五帝"之一尧，广纳谏言，他命人制作了一面大鼓，放在宫殿门外，然后发布公告：只要愿意进谏，不论地位高低都可以击鼓求见，任何人不得阻拦。此招果然有效，确实有一些敢言之士前来进谏。不久，帝尧发现敢于击鼓的人只是少数，那些温良怯懦的人还是担心因进谏被帝王处罚，因而不敢击鼓。于是，他又想出了一招，命人在大门外竖起一块木牌，称作"谤木"，鼓励天下人将君王的过失写在上面，无论措辞多么尖刻严厉，一律不予追究。帝尧就是这样诚心诚意、千方百计地接受他人的批评意见，不断完善自己的德行，成为一代圣明君主的。

帝尧

点评：故事告诉我们，我国古代从尧开始就有了纳谏，听取百姓声音，诚信执政的传统。30 多年来，党内腐败为什么会愈演愈烈？就是由于党内一些干部脱离了群众。群众说：通信工具越来越发达，越来越听不到群众的声音了；车子越坐越小，离群众越来越远了；房子越住越大，越来越想不到群众了。以习近平同志为核心的党中央知民心，顺民意，努力改变这种局面，一上任就利剑高悬，高调反腐，坚持"老虎""苍蝇"一起打，进行党的群众路线教育，实行精准扶贫等，件件事都做到了群众心坎上，因而得到了广大人民群众的拥护和支持，使党风、社风和军队很快出现了风清气正的局面。实践说明：诚信执政，威力无穷。

77. 晋文公讲信用，不费一兵一卒取胜的故事

晋文公（公元前671或前697—前628），姬姓，名重耳，是中国春秋时期晋国的第二十二任君主，公元前636—前628年在位，晋献公之子，母亲为狐姬。晋文公文治武功卓著，是春秋五霸之一。

晋文公

春秋战国时期，晋文公在接管原城时，因为百姓死守，久攻不克，他命令士兵各带三天的干粮，说三天攻城不下，就立即撤军，并让人把信息带进城中。三天未克，晋文公命令撤兵，许多人都不愿意撤离。晋文公说：“我说的话要讲信用，信用是无价之宝，为一座城市丧失信用不值得，立即撤兵。”开始，城中人以为是计，后来知道真是撤兵，都说：“这样讲信用的国君为什么要拒绝呢?”于是，主动打开城门迎接晋文公。

（《名人交际失误》，中国经济出版社，第4页）

点评：信用是无价宝。故事告诉人们，中国历史上就是一个崇尚诚信、诚实守信的民族。故事使人看到了“信用可以不战屈人之兵”的威力和魅力。

78. 齐桓公靠诚信成“春秋五霸”之一的故事

齐桓公（？—公元前643年10月7日），春秋五霸之首，公元前685—前643年在位，春秋时代齐国第十五位国君，姜姓，吕氏，名小白，是姜太公吕尚的第十二代孙，是齐僖公禄甫的三儿子。其母为卫国人，公元前685—前643年在位，是首先称霸中原的国君。

春秋战国时期，齐桓公攻打鲁国。鲁国人不敢轻易应战，就在距鲁国都城50里的地方封土为界，请求投降，像齐国国内封邑大臣一样听命于齐国。齐桓公答应了。

齐桓公

曹刿对当时鲁国的国君鲁庄公说："您愿意国家灭亡，自身不保呢，还是愿意用国家的灭亡换取自己的安逸呢？"

鲁庄公说："你这话什么意思？"

曹刿回答："您若听我的话，国土必定会扩大，您自己也必定会安全快乐；您若不听我的话，国家必定灭亡，您自己也必定身处耻辱之中，性命也很难保。"

鲁庄公说："我听从你的话。"

鲁庄公依照曹刿的话，第二天就和他一起怀揣着剑来到柯邑和齐桓公会见。在一个土坛之上，鲁庄公左手抓住齐桓公，右手抽出宝剑对着自己，说："本来鲁国国都离国境几百里，而现在只剩下50里了。这50里和一寸土地没有什么两样，鲁国根本没法生存。丧失国土也是死，和你拼命也是死，我就死在你面前算了。"

齐国大臣管仲和鲍叔牙想要阻拦，曹刿手按住剑挡住他们说："两位谁也不准上前！"

于是，齐桓公就答应了鲁庄公，归还被齐国侵占的土地的要求，并与鲁庄公签订了条约，将侵占鲁国国都的400里土地归还给鲁国。

齐桓公当时答应了，过后又有些反悔，不但不想归还鲁国的土地，而且还要杀掉曹刿。

管仲说："不行！人家要劫持您而不想和您订立盟约，您事先并没有想到，这说明您不聪明；您面临危险，却不得不听从人家的威胁，这说明您并不勇敢；您答应人家却不想实现诺言，这说明您不讲信用。作为一个国君既不勇敢，又不聪明，又不想讲信用，有了这三点，谁还会信服您呢？您若还给鲁国一些土地，在各国诸侯面前换得了诚信的美名，这比400里土地价值大得多。”

齐桓公听了管仲的话，感到很有道理。他说：“鲁庄公和曹刿都是齐国的仇人，如果我对仇人都讲信用，这说明我对不是仇人的人更会讲信用。假如天下人都知道我是个诚信君主，各国诸侯就都会信任我，离称霸也就不远了。”

于是，齐桓公决定信守诺言，把鲁国三次打了败仗失去的土地悉数归还。

这个消息传到各诸侯国那里，大家都很敬重齐桓公的人品，许多诸侯国都自愿归顺他。

齐桓公在位时，燕国受到山戎的侵犯，燕庄公向齐国求援。齐桓公帮助燕国打败了山戎，领兵归国时，燕庄公因对齐桓公感激之至，送齐桓公到了国境，仍然恋恋不舍，不知不觉进入了齐国的领地50里的地方。齐桓公说：“按礼仪来说，如果不是送天子，送诸侯不该出国境。你今天把我送到这里，我不能对燕国不讲礼节，那么，从今以后，就从这里算作咱们两国的国界吧。”于是，以燕庄公送他所到之地为界，把齐国北边50里以外的领土都给了燕国。又因为燕国是周召公的后代，齐桓公嘱咐燕庄公要复兴周召公的政治，向当时的周平王进贡称臣，如周成王、康王那样。诸侯听到这件事情后，纷纷追随齐桓公。因此，齐桓公后来成了“春秋五霸”之一。

（来源：百度网）

点评：司马光讲：“夫信者，人君之大宝也。国保于民，民保于信，非信无以使民，非民无以守国。是故古之王者不欺四海，霸者不欺四邻，善为国者不欺其民，善为家者不欺其亲。不善者反之，欺其邻国，欺其百姓，甚至欺其兄弟，欺其父子。上不信下，下不信上，上下离心，以至于败。所利不能药其所伤，所获不能补其所亡，岂不哀哉！”齐桓公靠诚信成为“春秋五霸”之一的故事，就很好地说明了这个问题。

79. 季札"三以天下让"的故事

季札（公元前576—前485），春秋时期南方第一位儒学大师，被称作"南方第一位圣人"，当时，中国就有"南季北孔"之说。南季，即指季札；北孔，即孔子。

季札

季札是周朝吴国人，他祖先是周朝的泰伯，泰伯是周王朝的继承者，但其父有一次透露想把王位传给幼子季历，泰伯获悉后主动让位。为了不引起矛盾，泰伯以采药为名，来到当时的荒芜之地江南，建立了吴国。

几代后，吴国国君寿梦继承了王位，他有好几个儿子，季札是第四子，因为他的德行与能力都很出众，季札的兄长对他都很佩服。寿梦就想把王位传给四子季札，季札的哥哥们都很赞同。但季札坚决不肯接受，坚持把王位让给了大哥诸樊。这是第一让。

诸樊也是个忠厚之人，他觉得自己的德行与能力远在季札之下，便再三劝说季札主持朝政，并向臣民宣传，吴国的大臣与百姓一致要求季札执政，这时，季札却消失了。原来他是归隐于山水之间，成天在田野中躬耕劳作，不求闻达，这才使诸樊打消了念头。这是第二让。后来，他请季札出山当吴国的使者，季札这才应允。

季札当使者后出使鲁国。他在鲁国听到了周乐。周乐气势磅礴，音调豪迈而寓意深远，令听者无不侧目。季札听着周乐，仿佛听了《大雅》之音，感受了周文王的道德。从《魏歌》至《招箾》，最让季札震惊，他忍不住感叹：这确实是令人叹为观止的乐章，如苍天无不覆盖，大地无不承载，周礼太伟大了。于是，季札把周乐引入了吴国。

后来，季札出使郑国，见到了子产。他们两人一见如故，结成好友。季札对郑国的现状进行了考察，在与子产分别时说："郑国的国君无德，在位不会太久，将来你继位后，一定要以礼治国，爱护百姓。"

吴王诸樊在过世前，一直怀念弟弟季札。他后来留下遗嘱，把王位传给了二弟，让二弟传给三弟，最后仍要四弟季札继承王位。后来，三弟夷昧临终时没有把王位传给儿子，而是要把王位传给季札，季札第三次拒绝了。于是，他再度归隐民间。

季札作为一个使者，充分展示了古代外交家的眼力与风度。当时，楚国派大将子期进攻陈国。吴王派季札去楚国，季札传话给子期，明确表明吴国的立场，并经他调停，平息了一场战乱。他后来又出使齐国、卫国、晋国、徐国，分别与几个国家的重要政治家会晤。他评论时事，褒贬是非，促进了吴国与这些国家的友好交往，吴国也与这些国家建立了和谐的外交关系。由于他行事重信义，在各国获得了极佳的口碑。如他到徐国时，徐国国君见季札佩带的宝剑非常惊羡，但难以启齿求剑。季札因为要遍访各国不便相赠。但当他出访其他国家后又经过徐国时，想亲自赠剑，不料徐国国君已死，季札仍解下佩剑，挂在徐国国君的松树上，在当地传为美谈。

季札受封于延陵（今常州）。公元前485年，他死后葬在原属常州府的申港西南，即今江阴市申港，后人建季子祠。

据说，季札的牌铭"呜呼有吴延陵君子之墓"10个古篆字，相传为孔子所书。大史学家司马迁称赞他是"见微而知清浊"的仁德之人。

（《中老年周刊》，2013年8月29日，第11页）

点评：历史上多少朝代皇室王室兄弟之间、叔侄之间为了皇位王位争得你死我活，刀兵相见，鱼死网破。季札"三以天下让"，可谓至诚、至义、至德之人。季札赠剑的故事，反映了诚实守信到了何等程度！季札事迹几千年来之所以流传下来，固然与其"南季北孔，两颗星辰"、儒学大师的才学有很大关系，但根本还是其"重信义"，为人之楷模。今人学习他，见贤思齐，就要不为个人争权，而要为党争权，争天下，使社会主义江山永不变色。习近平总书记在这一点儿上，为全党做出了榜样，可圈可点。

80. 军事家吴起取信于民的故事

吴起（公元前440—前381），中国战国初期军事家、政治家、改革家，兵家代表人物。卫国左氏（今山东省定陶县，一说山东省曹县东北）人。吴起一生历侍鲁、魏、楚三国，通晓兵家、法家、儒家三家思想，后世把他和孙武并称为“孙吴”，把《吴子》与《孙子》合称《孙吴兵法》，在中国古代军事典籍中占有重要地位。

吴起

战国时期，卫国有一个军事家叫吴起。他听说魏文侯特别贤明，便去投奔他。那个时候，紧靠魏国的秦国的国力比魏国强大，在战场上常常打败魏国，秦国的士兵有点看不起魏国，秦国士兵经常过来骚扰、杀人、放火、抢劫，老百姓过不上安定日子。魏文侯听说吴起谋略过人，军事才能杰出，就派他驻守离秦国很近的西河（今陕西合阳一带），还提升他为西河太守。

吴起上任后，一心想打败秦国，但苦于手下兵力不足。他想，临时征兵，但由于老百姓苦于连年被秦兵骚扰，早已不相信西河的官吏，没有人愿意报名。吴起经过冥思苦想觉得如果想征募足够的士兵，必须先恢复百姓对官吏的信任。怎么办呢？最后，他终于想出了一个办法。

一天早上，进出城门的百姓发现，北门旁边竖起了一根车辕，城门边还贴着一张告示：“谁能够把这根车辕扛到南门，太守就赏给他几亩良田和一套上等住宅。”告示上还盖着“西河太守”的大印。

老百姓看了后都议论纷纷。因为这根车辕谁都扛得动，但太守为什么让大家做这么一件小事，而且还给这么丰厚的奖赏呢？眼看着太阳就到了头顶，又逐渐移到偏西，天都快黑了，车辕还在那里，没人去扛。

这个时候，一个10多岁孩子路过北门，钻进人群看了告示，半信半疑问看守的士兵："这是真的吗？"

士兵看了他一眼，说道："这是太守的命令，怎能有假？"

男孩年轻气盛，决定试一试。他扛起这根车辕，迈开大步，大步流星地沿着大路就向南门走去，身后跟着一群看热闹的人。大家议论纷纷，指指点点，想看看太守葫芦里究竟卖的什么药。

到了南门，男孩放下车辕，跟着看守的士兵进了太守的府第。不一会儿，他拿着太守的田契和房契，高高兴兴地出来了。看热闹的人这才明白，原来太守真的是说话算数，没有跟大家开玩笑。

不久，吴起又在城的东门放了一石红豆，告示道："谁能够把这石红豆搬到西门外面，也赏几亩良田和一套上等住宅。"百姓知道太守说话算数，都争先恐后地搬这石红豆，果然得到了同样的赏赐。

这样一来，周围的老百姓都知道太守言出必行讲诚信，又开始信任西河的官吏。

吴起见时机已经成熟，下令道："明天我们要攻打秦国的城池，谁能先登上城墙，就封他做国家的大夫，还要赏给他上等的住宅和田地。"老百姓踊跃报名参战，于是，吴起在短时间内就征集了一支人数众多的队伍。他率领军队大举攻城，在战斗中，士兵个个奋勇争先，很快攻下了城池，取得了战争的胜利。

点评：诚信执政，一试就灵。百姓是最讲实际的。政府诚信，政策兑现，就能赢得民心，凝聚人心，就没有什么事情干不成的。以习近平同志为核心的党中央，真心为群众办实事，解决党内腐败问题，解决社会上两极分化问题，令党内外群众刮目相看，很快就得到了全国人民的信任。古时如此，现时也是如此。

81. 商鞅“立木为信”的故事

商鞅（约公元前 390—前 338）战国时期著名政治改革家，出身于卫国一个没落贵族家庭，原是卫君后裔，亦称公孙鞅，商鞅是其到秦国后被封于商而得名。

春秋前期，和地处中原的六个诸侯国相比，地处西部边陲的秦国较为落后。当时和魏国相邻，自魏国崛起成为新兴强国之后，秦国屡次遭到魏国的攻打，秦国河西地区的大片土地尽被魏国掠去。

立木为信

公元前 361 年，秦孝公即位。秦孝公是一个很有抱负的国君。他感到秦国的处境危险，决心奋发图强，改变现状。秦孝公深知，要改变现状没有人才不行。于是，他一继位就发了一道招贤纳士的告示：“不论是秦国人，或是其他诸侯国人，只要有真才实学，能够让秦国变得富强，都将委以重任。”

秦孝公招贤令发布之后，很多有才干的人纷纷来到秦国，其中，就包括商鞅。商鞅是卫国人，从小就非常喜欢钻研法学，他看到卫国弱小，难以施展自己的才华，听说秦孝公广纳贤才，就投奔到了秦国，并得到了秦孝公的热情召见。

在秦孝公召见时，他说：“一个国家只有变法维新，才能够国富民强。若想让老百姓生活富足，就应当以农业为根本，发动一切力量来发展农业。此外，还应该训练出一支英勇善战的军队，并对那些在战场上杀敌立功的将士予以重奖。”秦孝公听完商鞅的话，十分赞赏。于是，就任命商鞅为左庶长，主持秦国的变法。

于是，经过反复的酝酿，商鞅制定了把老百姓按五家为保、十报相连之法，编入户籍，奖励军功，奖励耕战等一系列法令。但是，当时正处于战争频繁、人心惶惶之际，如何才能够让秦国老百姓相信有令必行、有法必信呢？

为了树立政府威信，推进改革，在秦孝公的支持下，商鞅下令在都城咸阳市南门处立起一根三丈长的直木，同时贴出告示，声称谁能把这根直木搬到咸阳市北门，就赏金十两。消息不胫而走，很快传遍咸阳城的大街小巷，人们纷纷去参观。围观的人都不相信如此轻而易举的事能得到如此高的赏赐，以为是商鞅在跟大家开玩笑，没人伸手一试。几天之后，商鞅又贴出了一张告示："谁将这根木头搬到咸阳市北门，就给他五十镒黄金。"告示一贴出来，咸阳城炸开了锅。人们都对这个消息感到惊讶，但是，大家还只是旁观，并没有人去扛这根木头。最后，人群中一个小伙子说："我来试试看。我现在就去把那根木头扛走，要是官府真的按照说的赏钱的话，说明他们讲信用，以后咱们就听他们的。如果他们不按照告示上说的去做，那就说明他们言而无信，是在愚弄老百姓。以后再有什么号令，我们尽可以不理他们。"说完，这个小伙子就将木头扛到了北门。

小伙子的举动，很快就被担任守护的官吏报告给了商鞅。商鞅听到这一消息，马上命人立即赏给了这个小伙子五十镒黄金，并趁机对围观的老百姓说："我们秦国最重信誉，今后凡是官府颁布的法令，照办者必有赏赐。"

商鞅这一举动，一传十、十传百，很快就传遍了整个秦国。由此，商鞅才下令在全国推行变法。法令颁行之后，秦国上下没有不遵行的。新法使秦国渐渐强盛，最终统一了中国。因此，历史上就有了"七国之雄，秦为首强，皆赖商鞅"的评价。韩非子说商鞅"举法明教，秦人大治"。西汉桑弘羊赞商鞅"功如丘山，名传后世"。

（来源：百度网）

点评："自古驱民在信诚，一言为重百金轻。今人未可非商鞅，商鞅能令政必行。"只有取信于民，才能达到"上下同欲者胜"的目的。

82. 蔺相如完璧归赵的故事

蔺相如（生卒年不详），战国时期著名的政治家、外交家。根据《史记·廉颇蔺相如列传》所载，他生平最重要的事迹有完璧归赵、渑池之会与负荆请罪这三个事件。

下面，是百度网关于蔺相如完璧归赵的故事。

蔺相如

公元前283年，秦昭襄王得知赵惠文王得一“和氏璧”宝物，便派使者带着国书去见赵王，说秦王情愿让出十五座城来换赵国收藏的这块珍贵的“和氏璧”，希望赵王答应。赵王就跟大臣们商量，要不要答应。答应，怕上秦国的当，失掉和氏璧，拿不到城；若不答应，又怕得罪秦国，遭到进攻。议论半天，尚难以决断。当时有人推荐大臣蔺相如，说他是个挺有见识的人。赵王便把蔺相如召来，让他出个主意。

蔺相如说：“秦国强，赵国弱，不答应不行。”赵惠文王说：“要是把和氏璧送了去，秦国取了璧，不给城，怎么办呢?”蔺相如说：“秦国拿出十五座城来换一块璧玉，这个价值是够高的了。要是赵国不答应，错在赵国。大王把和氏璧送了去，要是秦国不交出城来，那么错在秦国。宁可答应，叫秦国担这个错。”赵王说：“那么就请先生上秦国去一趟吧。可是万一秦国不守信用，怎么办呢?”蔺相如说：“秦国交了城，我就把和氏璧留在秦国；要不然，我一定把璧玉完好地带回赵国。”即“完璧归赵”。

于是，蔺相如带着和氏璧到了咸阳。秦王得意地在别宫里接见他。蔺相如把和氏璧献上去。秦王接过璧玉，看了看，挺高兴。他把璧玉递给美人和左右侍臣，让大伙儿传着看。大臣们都向秦王庆贺。蔺相如站在朝堂上等了老半天，也不见秦王提换城的事。他知道秦王不是真心拿城来换璧玉。可是璧玉已落到别人手里，怎么才能拿回来呢？他急中生智，上前对秦昭襄王说："这块璧虽说挺名贵，可是也有点小瑕疵，不容易瞧出来，让我来指给大王看。"秦王信以为真，就吩咐侍从把和氏璧递给蔺相如。蔺相如一拿到璧玉，往后退了几步，靠着宫殿上的一根大柱子，瞪着眼睛，怒气冲冲地说："大王派使者到赵国来，说是情愿用十五座城池来换赵国的璧玉。赵王诚心诚意派我把璧玉送来。可是，大王并没有交换的诚意。如今璧玉在我手里，大王要是逼我的话，我宁可把我的脑袋和这块璧玉在这柱子上一同砸碎！"说着，他真的拿着和氏璧对着柱子做出要砸的样子。秦王怕他真的砸坏了璧玉，连忙向他赔不是，说："先生别误会，我哪能说了不算呢？"他命令大臣拿上地图来，并且把准备换给赵国的十五座城指给蔺相如看。蔺相如想，可别再上他的当，就说："赵王送璧玉到秦国来之前，斋戒了五天，还在朝堂上举行了一个很隆重的仪式。大王如果诚意换璧玉，也应当斋戒五天，然后再举行一个接受璧的仪式，我才敢把璧玉奉上。"秦王想，反正你也跑不了，就说："好，就这么办吧。"他吩咐人把蔺相如送回去歇息。蔺相如遂相机叫一个随从扮成买卖人的模样，把璧玉贴身藏着，偷偷地从小道跑回赵国去了。过了五天，秦王召集大臣们和别国在咸阳的使臣，在朝堂举行接受和氏璧的仪式，叫蔺相如上朝。蔺相如不慌不忙地走上殿去，向秦王行了礼。秦王说："我已经斋戒五天，现在你把璧玉拿出来吧。"蔺相如说："秦国自秦穆公以来，前后二十几位君主，没有一个讲信义的。我怕受欺骗丢了璧玉对不起赵王，所以把璧玉送回赵国去了。请大王治我的罪吧。"秦王听到这里，大发雷霆，说："是你欺骗了我，还是我欺骗你？"蔺相如镇静地说："请大王别发怒，让我把话说完。天下诸侯都知道秦是强国，赵是弱国。天下只有强国欺负弱国，决没有弱国欺压强国的道理。大王真想要那块璧玉的话，请先把那十五座城割让给赵国，然后打发使者跟我一起到赵国去取璧。赵国得到了十五座城以后，决不敢不把璧玉交出来。"秦王听蔺相如说得振振有词，不好翻脸，只得说："一块璧不过是一块璧，不应该为这件事伤了两家的和气。"结果，还是让蔺相如回赵国去了。蔺相如回到赵国，赵王认为他很好地完成了使命，就提拔他为上大夫。秦王本来也不存心想用十五座城池去换和氏璧，不过想借这件事试探一下赵国的态度和力量。蔺相如完璧归赵后，他也没有再提交换的事。

点评： 故事主要写蔺相如聪明机智地揭露了秦王既想得到和氏璧，又不想真的用十五座城来换的心理，但也反映了诚信的威力。因为像秦国当时那样虎狼之师在各诸侯国面前也不愿意留下不守信用的骂名。

83. 孙伏伽直言敢谏的故事

孙伏伽，贝州武城（今山东德州武城，一说河北邢台清河）人。隋朝末年，孙伏伽便涉足官场，做了一名官职卑微的小吏。他为人忠直诚恳，敢于直言上谏。唐初大臣，唐朝武德五年（622），科举甲榜第一名状元及第，中国历史上有据可查的第一位状元。

孙伏伽

武德初年，针对隋朝灭亡的教训，孙伏伽向唐高祖李渊进谏三策：其一，“天子有争臣，虽无道不失天下”。他认为隋朝灭亡的原因之一是“不闻其过”，因此劝告皇帝虚怀纳谏，“开不讳之路”，选贤任能，励精图治。其二，“百戏散乐，本非正声”。他认为，隋末皇帝贪图安逸享乐，官场淫风四起，是王朝灭亡的征象，劝告皇帝不要沉迷于声色犬马，要雅正社会风气。其三，“性相近，习相远”。他认为隋朝灭亡的另一个原因是皇帝身边的人乱国，因此，他劝告皇帝慎重挑选皇太子及诸王身边的人，防止身边的人误国坏事。孙伏伽指陈得失，无所回避，慷慨至诚，使唐高祖深受感动。唐太祖认为孙伏伽“既怀凉直，宜处宪司”，遂任命他为治书侍御史。

唐太宗李世民即位后，孙伏伽改任大理少卿。唐太宗在继位之前，南征北战，经常打仗。后来天下太平了，没仗可打，于是就迷上了打猎，几天不打猎心里就痒痒。

一天，唐太宗又要去打猎，他领着几个侍卫，背弓插箭，带着猎鹰和猎犬，正要出发。这时孙伏伽匆匆赶来，一把拉住马缰说："陛下打猎，游戏林中，骑马射箭，没有必要的保护措施是很危险的。一旦有个三长两短，谁来主持政务？劝陛下为了国家百姓，不要贪图一时痛快，任着性子干这种无益的营生。"

正在兴头上的唐太宗好像被人当头泼了一盆冷水，又扫兴又尴尬，真是气不打一处来。但是他又不想破坏大唐朝虚心纳谏的传统，于是就耐着性子说："我今日闲着无事，又不贪恋女色，只喜好打猎，想借机会出去走走。再说我打猎都绕着村庄，从不惊扰百姓，另外侍卫也带了十来个，你还有什么不放心的?"

说完，就要蹬鞍上马，并向随从挥挥手，准备出发。

哪料到孙伏伽把马缰绳绕在腰间，跪在马前说："陛下今天出门，就请从老臣身上踏过去，我愿意用死换取皇上对诚实忠告的采纳。"

唐太宗大怒，说："我本来认为你是一个诚信勇敢的人，能够以诚言进谏，不好损你颜面。哪知你却不知好歹，目无高低，限制起我的行动来了。我连这点事都做不了主，还当什么皇帝？来人，把他给我拖出去斩了。"

几个高大强壮的武士立刻闻声而来，把文弱的孙伏伽像抓小鸡一样抓在手里。孙伏伽面无惧色地说："夏朝的关龙逢因直言进谏而被杀，我情愿和他在九泉之下相见，也不愿意再侍奉你了。"

这时，唐太宗笑了，说："我不过是试一试你的胆量，你还真是一个诚信有勇的君子，有你真是大唐王朝的福分啊！好，那朕今天就不出去了。听说你棋艺很高，朕要和你下一盘，享受一下和高手下棋的快乐。"

唐太宗经常出去打猎骑射，孙伏伽及时上书劝止和用行动阻拦，虽然有时使唐太宗不快，但得到了唐太宗的高度赞赏："卿能言朕失，朕能改之，天下庶有谬乎！"不久，唐太宗封孙伏伽任谏议大夫。

（来源：百度网）

点评：老子说："信言不美，美言不信。"故事一方面反映了孙伏伽敢于冒死进谏，对唐太宗的忠诚；另一方面，也反映了唐太宗能够虚心纳谏，诚信执政。因此，才开唐朝贞观之治。

84. 刘邦"约法三章"的故事

汉太祖刘邦（公元前256—前195），沛丰邑中阳里人，汉朝开国皇帝，汉民族和汉文化伟大的开拓者之一，中国历史上杰出的政治家和指挥家，对汉族的发展及中国的统一强大有突出的贡献。

刘邦

公元前206年，刘邦的军队先项羽而攻入关中，直指秦国都城咸阳。正当刘邦到达霸上，离咸阳城还有数十里远的时候，秦国内部已经发生了内乱，秦王子婴杀死了大奸臣赵高，带着玉玺符节投降了刘邦。至此，统治15年的秦王朝就此寿终正寝。

咸阳当时乃天下第一大城，秦国搜刮的民脂民膏几乎都藏在这个地方。看到阿房宫的富丽堂皇，以及宫上的嫔妃佳丽，刘邦一入秦朝皇宫，就再也不想出来了。刘邦手下武将樊哙和谋士张良就劝刘邦，当务之急是要安抚民心。于是，刘邦听从了他们的建议，封闭了秦国的珍宝财物和府库宫殿，把军队带回霸上驻扎。之后，他召集当地贤能才俊和老百姓说："秦皇不用正道治理天下，法令繁琐严酷，百姓吃尽了苦头。根据楚怀王所下的约定，先入关的做关中王。现在，我宣布三条法令：杀人者偿命，伤人者要抵罪，偷盗他人财物的按情节轻重治罪。除这三条外，其他一切五花八门的严刑苛法全部废除。"

这就是历史上刘邦有名的"约法三章"。老百姓听到刘邦所下的三条法令，无不拍手称快。刘邦还派人随同秦朝的官吏到其他乡县传达他的指示，并信守诺言，严格按照约法三章办事，使社会秩序迅速安定下来。人们争相拿出牛羊酒食慰劳刘邦的军队，生怕刘邦不做关中王。就这样，刘邦赢得了关中老百姓的支持，为他在日后楚汉战争中打败项羽建立汉王朝奠定了基础。

点评：水能载舟，亦能覆舟。刘邦在楚汉战争中，最后之所以能够打败项羽，与他信守诺言、严格按照“约法三章”办事、获得老百姓的支持不无关系。

85. 汉朝太守郭伋守信的故事

《后汉书·郭伋传》记载：汉朝郭伋，字细侯，茂陵人，官拜并州太守。他和百姓们素来言出必行，广结恩德。

有一次，他准备到管辖的西河郡（今山西离石）去巡视，有几百个小孩子每人骑了一根竹竿做的“马”，在道路上迎着郭伋拜见欢迎他，问使君哪一天能回来。郭伋计算日程，告诉了他们回来的日期。巡视回来，结果比原定的日期早了一天。郭伋怕失信于小孩子，就在野外亭中歇宿，等到预定的日期才进城。郭伋以太守这样尊贵的身份，与骑竹马的小孩子在道边野外说的话都不肯失信。回来早了一天，宁可在野外的亭子里歇宿也要信守自己说出的归期，可以说是把守信做到了极致。

点评：作为《后汉书·郭伋传》不是记载并州太守郭伋政绩，而是特别记载了他对小孩是如何的诚实守信，可见，中国古代对官吏诚实守信品质是多么的重视！现在社会诚信缺失，一个重要原因是一些政府官员诚信缺失，嘴上一套，行动上又一套；口里讲的是“为人民服务”，行动上是“为人民币服务”；嘴上讲

“党风问题是关系党的生死存亡的问题”，而行动上大搞“吃喝风”、买官卖官、行贿受贿等等。治标更要治本。以习近平同志为核心的党中央在根治腐败中，首先从上面抓起，一级抓一级，而且做到“零容忍”。无此，腐败就不会根除，社会主义江山就不能巩固。

86. 范仲淹“宁鸣而死，不默而生”的故事

范仲淹（989—1052），字希文，汉族，北宋著名的思想家、政治家、军事家、文学家。

范仲淹

范仲淹幼年丧父，范仲淹苦读及第，授广德军司理参军，后历任兴化县令、秘阁校理、陈州通判、苏州知州等职，因秉公直言屡遭贬。庆历三年（1043），出任参知政事，上书《答手诏条陈十事》，提出十项改革措施。庆历五年（1045），新政受挫，范仲淹被贬出京，历任邠州、邓州、杭州、青州知州。皇祐四年（1052），改任颍州，范仲淹扶疾上任，行至徐州，与世长辞，享年64岁，谥号文正，世称范文正公。

范仲淹政绩卓著，文学成就突出，他倡导的“先天下之忧而忧，后天下之乐而乐”思想和仁人志士节操，对后世影响深远。

天寿七年（1029）冬至，宋仁宗赵祯为了显示孝道，也为了秉承父亲宋真宗的遗诏，决定为垂帘听政的章献太后上寿，并下旨起草了上寿仪式。上寿仪式是宋仁宗皇帝率领百官在会庆殿拜太后，并祝贺太后寿诞。天寿七年这一年，宋仁宗已经20岁。在两年前，即宋仁宗18岁的时候，就曾经以这样的方式为太后上过寿，这一次章献太后也还准备接受这样的礼仪。

按照封建时代的礼仪规则，应该说如此上寿，确实不符合皇帝事亲之

礼仪，其时，满朝文武私下也议论纷纷，只是慑于太后之威，没有人敢站出来说话进行反对罢了。不仅如此，一些有意逢迎太后、善于溜须拍马的大臣们，认为这是讨好太后的机会，甚至表示支持。为了让太后动心，在准备厚礼上大动脑筋，不计多么费事，不计花钱多少。

范仲淹知道皇帝要率领百官朝拜太后后，认为这极不符合皇上的事亲之礼，有损君体、国体，不足为后人效法。当又看到朝廷百官对此虽在背后议论，却无人敢站出来说话进行劝阻时，于是，决定站出来说话。为此，他给宋仁宗皇帝上书一封，书中写道：“天子事亲之道，无为臣之礼；有南面之位，无北面之仪。奉亲于内，自有家人礼。愿与百官同列，南面而朝之，亏君体，损主威，不可为后世法。”当时，范仲淹只是秘阁校理一个微不足道的小官。宋仁宗看了范仲淹劝阻书后，取消了向太后贺寿的仪式。以一个“秘阁校理”的微职，竟敢谏责皇帝的家事，且直接忤驳执掌朝政皇太后的面子，这在朝廷里来说，简直是石破天惊之举，“逆龙鳞者，掇齑粉之患，忤天威者，负雷霆之诛”，真是有点“冒天下之大不韪”。太后对此当然心里老大不高兴。

满朝文武知道范仲淹为此上书后一片哗然。向皇帝推荐范仲淹任“秘阁校理”的晏殊，闻知此事后更是大吃一惊。他严厉地对范仲淹说：“你如此出言无忌，难道是忧国吗？在别人看来你是非忠非直，只是好奇邀名而已。你一味这样轻率，难道不会牵累你的人吗？”

听了晏殊的话，范仲淹申辩说：“我受明公举荐，常常担心的是不能以危言危行不负公望，害怕因此而玷污了你的名声，想不到现在还因为忠直而得罪门下！”范仲淹还想进一步分辩，晏殊却毫不留情地语含讥嘲地打断了他的话，叫他不要强词夺理。

回家后，范仲淹既觉得心里委屈，又感到言犹未尽，就给晏殊写了一封长信。信中写道：“信圣人之书，师古人之行，上诚于君，下诚于民”，对人主的过失应“有犯无隐，有谏无讪”，即使冒杀身之祸也要敢说，这才是忠臣应尽的职责。他表示：“不以富贵屈其身，不以贫贱移其心，傥进用于时，以有甚于今者”，以此，来报答晏殊的举荐。信中他还反问晏殊：“假若你‘求少言过自全之士，则滔滔乎天下皆是’，又何必推荐我呢?”话说得斩钉截铁，又句句在理，弄得晏殊只好向他谢罪了事。范仲淹的一番陈词，袒露了他拳拳的“以诚报国”之心。范仲淹一生因坚守“宁鸣而死，不默而生”，直言劝谏几次遭贬谪，但始终不悔。在他的《出守桐庐道中十绝》一诗中就体现了他的这一思想：“陇上带经人，金门齿谏臣。雷霆日有犯，始可报君亲。”

友人赞他：“前不愧于古人，后可师于来者。”南宋朱熹说：“宋朝的忠义之风，都是自范文正作成起来。”认为范仲淹是“天下第一流人物”。

（来源：百度网）

点评：范仲淹敢“冒天下之大不韪”“上诚于君，下诚于民”“前不愧于古人，后可师于来者”，真可谓诚信做人的典范，更是为官者的表率。而在我们现在各级政府官员中，就如一个省委书记所说的：“适应性、迎合性的官员太多”，缺乏范仲淹那种刚正不阿“上诚于国，下诚于民”的精神，这是非常可悲的。望通过习近平总书记全面加强党的建设和党的干部队伍建设，这种情况能有所改变。

87. 晋国李离“过听杀人、自拘而死”的故事

据《史记·循吏列传》记载：

李离是晋文公的法官。他听察案情有误而枉杀了人命，发觉后就把自己拘禁起来判以死罪。晋文公替他辩解说：“官职贵贱不一，刑罚也轻重有别。这是你手下官吏有过失，不是你的罪责。”

李离说：“臣担当的官职是长官，不曾把高位让给下属；我领取的官俸很多，也不曾把好处分给他们。如今我听察案情有误而枉杀人命，却要把罪责推诿于下级，这种道理我没有听过。”拒绝接受文公的命令。

晋文公说："你认定自己有罪，那么，我也有罪吗?"李离说："法官断案有法规，错判刑就要亲自受刑，错杀人就要以死偿命。您因为臣能听察细微隐情事理，决断疑难案件，才让我做法官。现在我听察案情有误而枉杀人命，应该判处死罪。"

于是，不接受晋文公的赦令，伏剑自刎而死。

点评： 法官李离因为听察案情有误而枉杀了人命，在晋文公都为其开脱不是其罪责的情况下，而他坚持按照当时晋朝的法律办事，即"法官断案有法规，错判刑就要亲自受刑，错杀人就要以死偿命"，尔后伏剑自刎而死。这种诚实自律的精神真是让人佩服得五体投地。这可能是故事能够载入史册、流传至今的原因。故事告诉同仁：要让百姓遵守法律，法官就要带头遵守法律，做到法官犯罪与民同。故事对今天的法官队伍建设具有很强的学习借鉴意义。

88. 蒋钦直谏至死的故事

蒋钦（约 1458—1506），字子修，南直隶苏州府常熟（今属江苏）人，弘治九年（1496）进士，授卫辉府推官，擢南京御史。正德元年，以刘瑾擅权，三疏言瑾之奸，三受廷杖下狱，竟卒于狱。

明武宗时期，太监刘瑾擅权乱政，朝野一片反对声，却多半敢怒不敢言。因为多有前车，稍稍忤违刘瑾者，无一能得好下场。偏偏出了个不顾天不顾地的"硬汉子"：南京御史蒋钦拍案而起，矛头直指刘瑾。结果，刘瑾使人判其连坐戴铣党罪而杖责，并将其削职为民。但蒋钦竟不接受教训，出狱后仅三天，就又上书弹劾刘瑾。于是，毫无疑问，他又吃苦头，被下旨再杖三十。可怜他旧疮未复，又加新杖，打得两股血肉模糊，伏在地上，动弹不得。

锦衣卫狞笑道："你还敢胡言乱语吗?"

蒋钦挣扎起来，厉声回应："一日不死，一日要尽言责!"

于是，他又被投入大牢。昏昏沉沉三昼夜后才苏醒过来，心中却越想越愤怒，竟又向狱卒乞得纸笔，继续弹劾刘瑾。写到后来，亦曾一度犹豫，但转念一想，又对狱卒道："某既已委身事主，何忍缄默负国，让先人蒙羞?"于是毅然再写，次日即托狱吏代为上呈。结果可想而知，刘瑾又蒙惑皇上，再次降下内旨，加杖其三十。虽然都只是三十杖，但明显是故意加重。第三个三十杖下来，蒋钦已气息奄奄，被拖到狱中不到两天，竟尔毙命。

蒋钦

但蒋钦留下的那份最后的谏文，却光焰万丈，正气凛然！仅看其文中所指所言，便知其已抱了必死之志！因此，特将其宏疏录之如下："臣与贼瑾，势不两立。贼瑾蓄恶，已非一朝，乘间启衅，乃其本志。陛下日与嬉游，茫不知悟，内外臣庶，懔如冰渊。臣昨再疏受杖，血肉淋漓，伏枕狱中，终难自默。愿借上方剑斩之。朱云何人，臣肯稍让。臣骨肉都销，涕泗交作，七十二岁之老父，不复顾养，死何足惜？但陛下覆国亡家之祸，起于旦夕，是大可惜也。陛下诚杀瑾，枭之午门，使天下知臣钦有敢谏之心，陛下有诛贼之明。陛下不杀此贼，当先杀臣，使臣得与龙逢、比干同游地下，臣诚不愿与此贼并生也。临死哀鸣，伏冀裁择。"赤胆忠心，跃然纸上。铮铮铁骨，傲立千秋！

在几千年的帝制时代，蒋钦这样的"硬汉子"，历来不乏。只不过因为种种原因，他们的事迹虽然壮烈，气节虽然撼人，却多半如一掠而过的流星，转瞬便湮熄在历史的烟幕之中。我在读史之余，常为其所感，也为他们中的许多人得不到充分的褒扬而感到不公。

时移世易，这些"硬汉子"们并不一定是我们今天的楷模，但其气节与精神却对我们这些后生小子有所启迪和激励，让我们有所思考。

（来源：2016 年 3 月 14 日《中老年生活》）

点评：历史上最大的诚信就是不负国。蒋钦可谓历代谏官之难得的忠臣。虽然因谏三次遭到三十杖打而毙命，但耿耿忠心，跃然纸上；铮铮铁骨，傲立千秋，为后人留下了做人的楷模。这比那些只会阿媚之小人要高尚万倍。

89. 拿破仑与玫瑰花诺言的故事

1977年4月22日，法国总统德斯坦访问卢森堡，将一张4936784.68法郎的支票，交到卢森堡第五任大公帕尔玛的手中，以此了却了持续了170年的“玫瑰花诺言”案。

拿破仑

1797年3月17日，新春燕尔的法国皇帝拿破仑与他漂亮妩媚、楚楚动人的夫人约瑟芬应邀参观卢森堡大公国第一国立小学。在那里，拿破仑夫妇受到了全校师生的热烈欢迎和热情款待。孩子们莺歌燕舞，园丁们虔诚殷勤，老校长的周详安排，餐桌上的美味佳肴，这一切使“两袖清风”的拿破仑伉俪局促不安。于是，趁别人不注意，妻子送来一个微嗔的流眸，拿破仑会意，忙叫来一个侍从，在他耳边低语了几句，悄悄地塞给他3个金路易，侍从领命而去。

将要结束之即，拿破仑满面笑容地作即兴告别演说，并慷慨而潇洒地向该校校长递上了一束价值3个金路易的玫瑰花，说道：“为了答谢贵校对我尤其是对我夫人约瑟芬的盛情款待，我不仅今天呈上一束玫瑰花，并且在未来的日子里，只要我们伟大的法兰西国家存在一天，每年的今天我将亲自派人送一束价值相等的玫瑰花，作为法兰西与卢森堡友谊的象征。”

卢森堡这个友邦小国是非常崇拜拿破仑的。史学家把这段“欧洲巨人与卢森堡的孩子们亲切和谐相处的一刻”载入了史册，使之永垂不朽。文学家们把这件事编成连环画和儿童文学故事，使之家喻户晓，尽人皆知，成为卢森堡脍炙人口的美谈。

时光荏苒，拿破仑离去以后，由于忙于战事和此起彼伏的政治事件，这一诺言都给忘了！直到1894年，卢森堡大法官萨巴·欧白里郑重向法兰西共和国提出拿破仑“玫瑰花诺言”的问题，人们才想起这件事。要求法国政府在拿破仑的声誉和1374864.76法郎（3金路易的本金，按复式利50/0计算，存期198年）之间进行选择。此后成为外交惯例，每年的3月17日，卢森堡都要重提此事，致使法国的历任总统在访问卢森堡时，都要在谈完正事之后顺便提一下“玫瑰花诺言”之事，以示法国并没有忘记此事。

据讲促使法国总统德斯坦兑现此承诺的，是他家的宠物犬庞贝。

一天，德斯坦带着他的宠物犬庞贝在农场里散步，礼帽一下子被风给吹掉了。由于风大，转眼就消失得无影无踪。于是，德斯坦就对庞贝说：“宝贝，看你的了，回来我会好好地奖励你的！”

不到一刻钟的时候，庞贝就把帽子找回来了。回到住处，德斯坦总统就从冷藏柜里拿出两只山羊睾丸奖励庞贝。就在它吃完第一只，准备要第二只的时候，电话铃响了。总统在去接电话时，下意识地将那只山羊睾丸装进自己的口袋里。

接完电话，德斯坦总统就从后门乘车走了。出了农场，他才发现自己闹了笑话，于是掏出那只山羊睾丸，扔给了路边的一群山鹰。

自此，他的宠物犬庞贝落下了一个毛病，一见到德斯坦总统就立起身子，用前爪扒他的口袋。起初，德斯坦总统不知道是怎么回事，直到3个月以后又带它到农场里散步，才想起原来是自己的承诺没有完全兑现。

德斯坦总统找出原因之后，有意在口袋里装了一只。庞贝自吃了这只山羊睾丸后，再也没有扒过他的口袋。

德斯坦总统在一次内阁会议上讲了这个故事以后说：“了结‘玫瑰花诺言’的时候到了。”最后，会议以236票对5票通过了总统的提议。

现在，德斯坦作为法国的前总统，担任欧盟制宪委员会主席的职务。据讲，他之所以能够担任此职务，是因为人们认为他是一个值得信赖的人。因为他在就职中就讲过这样一段话：

许下的诺言，一定要兑现。如果没有兑现，下次见面时也一定要重新提起；千万不要心存侥幸，认为诺言会悄悄地溜走。请记住，普天之下，没有一个人会愉快地忘掉别人的诺言，哪怕是一只狗。

（刘燕敏）

点评：诺言是一定要兑现的。不要说是对人，就是对宠物都是这样。这是拿破仑与玫瑰花案的故事给我们的启示。孔子曰：“古者言之不出，耻躬之不逮也。”（《论语》）意思是“古时候的人言语轻易不出口，就是以自己的行动赶不上言语为耻”。当年拿破仑的一句不经意的承诺，使法国不得不背了 20 年的 4936784.68 法郎的债务。故事告诉我们，没有诚信就没有尊严。诚信已经成为一条自然法则，成为整个世界通行的法则，违背了会得到报应的。

90. 一个国王在民间选王子的故事

从前有一个国王没有儿子，打算从民间遴选一个小孩做王子。于是，他给候选者每人一颗牡丹花种，看谁种的花最漂亮、长的花朵最多。到了评比的时候，几乎所有的小孩都捧着鲜艳漂亮的牡丹花，争奇斗艳，只有一个小孩捧着那颗种子伤心落泪，他没有种出花来。但是，恰恰是他被选中了。原来，之前所有的花种都是被煮熟了的，是不能成活的，国王以此来试验他的继任者的品质。

点评：故事虽然讲的是选王子，但实际上是选诚信之人。故事再一次告诉人们，做人要诚实。诚实人表面看有点傻，但实际上是精，因为他们实事求是，是按照世界自然规律办事。而不诚信之人正相反，往往都是无实事求是之意，有哗众取宠之心，连童话里的国王都不喜欢这种人。

91. 高尚的辞职请求的故事

1861 年 4 月 12 日凌晨，伴随着萨姆特堡的隆隆炮声，美国南北战争爆发了。

战争爆发后，由于南方的棉花运不到北方，致使北方的棉花异常紧缺起来。此时，北方军队的一个陆军上校接到一个命令，让他保护好军用棉花。接到命令后，他对自己的上司发誓："决不让一袋棉花丢失！"

没过多久，为了搞到棉花，北方一家棉纺厂的代表用 5000 美元贿赂他，被他赶走了。

此时，他的儿子得了重病，已经花掉了家里所有的积蓄。妻子发来电报，让他想办法筹备医疗费。上校知道有了钱儿子就有救了，可他仍然是与上一次一样，把那些贿赂他的人赶跑了。

过了一些日子，第三批人又来了。这些人给他的贿赂是 2 万美元，是上两次的 4 倍和 2 倍。

这一次，上校没有一下子把他们赶走，而是平静地对他们说："我儿子得了重病，现在正在发烧，烧得耳朵都听不见了。我很想收下这笔钱，但是良心和军纪不允许我这样做。我不能为了自己的儿子，破坏了军纪，害得十几万士兵在寒冷的冬天没有棉衣穿。"

听了上校的话，那些来贿赂的人非常感动，都羞愧地离开了。

后来，上校对他的上司说："我儿子的病很需要钱，我现在的职位又受到很多诱惑。我怕有一天管不住自己，收了别人的钱，违背了当初给你许下的承诺，所以我请求辞职。"

上司听了他的话，感慨地说："你是一个诚实正直的好军人。你已经战胜了人性的弱点，出色地完成了任务。我批准你的请求，但是你必须答应我的一个条件。这个条件就是收下我以个人的名义奖励给你的1万美元奖金。”

（来源：百度网）

点评：一次一时做一个诚实的人易，一生做一个诚实的人难。就如日本松下幸之助所说：“长期守信得来的信用，很可能只因为一次失信就会失去。所以，爱惜信用的人一定要谨慎行事，千万不可走错一步。”造成“一步失足千古恨”的下场。故事里的美国陆军上校可能深知此道理，怕经不住考验，主动向上司提出辞职请求。所以说是“高尚的”辞职请求，即把问题消灭在问题发生之前。这样做好！好就好在就如美国陆军上校所说的：“我不能为了自己的儿子，破坏了军纪，害得十几万士兵在寒冷的冬天没有棉衣穿。”党内一些高级干部之所以经济犯罪，就是因为他们缺乏这种“辞职”的自觉，有的预先甚至知道自己要失足，也愿意蹚这一浑水，所以最后堕落成为人民的罪人也就不奇怪了。

惟天下至诚，然后能立天下之大本。

——王阳明

五、诚信用人篇

孔子云：“举直错诸枉，则民服；举枉错诸直，则民不服。”意思是说：提拔正直的人，居于邪曲的人之上，老百姓才会服；提拔邪曲的人居于正直的人之上，老百姓则就不服。习近平同志要求党员干部的标准有三条：“对党忠诚、个人干净、敢于担当”。第一条就是“对党忠诚”。“正直”“忠诚”之人，即诚信之人。用对一个人，激励一大批；用错一个人，搅乱整盘棋。只有“惟天下至诚，然后能立天下之大本”。

92. 李开复聘用员工的故事

原GOOGLE全球副总裁、中国区总裁李开复说：“微软公司在用人时非常强调诚信，我们只雇那些最值得信赖的人。我曾面试过一个求职者。他的技术、管理方面都相当的出色。但是，在谈论之余，他表示，如果我录取他，他甚至可以把在原来公司工作时的一项发明带过来。随后，他似乎觉察到这样说有些不妥，特作说明：那些工作是他下班之后做的，他的老板并不知道。”

“这一谈话之后，对于我而言，不论他的能力和工作水平怎样，我都肯定不会录用的。为什么呢？因为他缺乏最基本的处世准则和最起码的职业道德——‘忠诚’。如果雇用这样的人，谁能够保证他不会在这里工作一段时间后，把在这里的成果也当作所谓‘业余之作’而变成向其他公司讨好的‘贡品’呢？”

李开复

点评：忠诚是一个人最基本的处世准则和最起码的职业道德。故事讲的虽然是个案，但反映了世界国际上大公司都非常重视对员工忠诚——这一职业道德的考察。小信诚则大信立。就如李开复所说：“谁能够保证他不会在这里工作一段时间后，把在这里的成果也当作所谓‘业余之作’而变成向其他公司讨好的‘贡品’呢？所以，这人坏就坏在不诚实。”

93. 一家名企聘人的故事

在夏季的一次招聘会上，几近绝望的我把简历投给了一家名企，因为这家企业在招聘会的公告上写着“唯人是用，不看学历，只看能力”，这使我看到了一点儿希望。几天后我接到了通知，公司将从试用员工中挑选出十分之一录用为正式工。“革命尚未成功，同志仍需努力。”我暗暗地给自己打气，但在和同志们相处一段时间之后，我惊讶地发现公司试用的员工大多毕业于高校，看着他们一个个神采飞扬的样子，我做好了卷铺盖走人的思想准备。

一家名企聘人的故事

眼看一个月的试用期马上结束，那些名校的高才生一个个胸有成竹，而我觉得自己根本没戏。第二天，公司会计通知我们去领试用期薪水，在领薪水的时候，几个名校高才生直发牢骚："才这么一点儿薪水，真白干了！"我回自己宿舍的时候数了数自己的薪水，890 元，比工资单上多出 90 元！我急忙跑回去把多发的钱还给了会计。会计解释说：她把"800"元中间的一个"0"当成了"9"。

几天后，我收到了人事部的录取通知。人事部的经理告诉我，那次，只有我一个人退回了多发的 90 元钱，而其他的人都未归还多发的钱，而这也是那些和我一起的名校高才生都未能录取的原因。我的诚实感动了老总，我取得了求职大战的最后胜利。

（《科学新生活》，2005 年 1 月 18 日）

点评：员工诚实比学历更重要。因为现在学历高的有的是，但诚信之人难求。一些企业在聘人上的问题，就是因为只重学历不重思想品德吃了大亏。错误和挫折教训了我们，使我们清醒了起来，那就是聘人要聘诚信之人，这是增强企业向心力、战斗力之根本。

94. 一家外企用"特殊方式"聘人的故事

上海一家有名的外资宾馆招聘部门经理，应聘者众多，最后选出 10 人由总裁面试而定。小柯忐忑不安地走进考场，还未坐定，总裁一脸惊喜地奔来拥抱他："我可找到你了！"总裁转身对秘书说："多亏这位年轻人上周在公园湖里救了我的女儿，他不留姓名就走了，正巧在这里碰上了。"小柯顿时感到浑身发热，他已经感到命运女神的微笑，但是心底里的另一种声音在坚韧地提醒他。他平静下来，感到诚实比录取

与否更重要。“不，先生，您认错人了。”“认错人了？不，不，我记得那年轻人脸上也有这样一颗黑痣的。”小柯更坦然起来：“是认错了，先生，上周我没去过公园。”

两天以后，小柯去宾馆去任职。10人中录取的只有3个人。休息时，小柯问总裁秘书：“总裁女儿的救命恩人找到了吗?”秘书大笑起来：“什么呀，总裁根本就没有女儿。”这才知道，那是总裁在考验自己说不说实话。

（来源：百度网）

点评：“诚实比录取与否更重要”。在当前社会道德出现普遍滑坡的情况下，故事中的小柯在聘用考察中表现出来的诚实品质是难能可贵的。试想，如果遇到现在某些人可能就会顺坡下驴，承认了那就不说自明。故事的做法虽属奇特，但它反映了企业在用人上已经转到重视诚信的考察上来。加强诚信修养是应聘者的必修课。

95. 乔治去某个广告公司“面试”的故事

乔治去某个广告公司面试，在笔试过程中，他从几十名应聘者中脱颖而出。最后总经理面试，经理递给他一张名片，让他坐下问道：“如果你进入广告圈，该从何做起呢?”

乔治

“做人。”他不假思索地回答。

“以前看过一些广告方面的书吗?”

“看过。”

“广告界前辈丹尼·卫斯的作品如何?”

乔治在脑海中苦苦地思索，在广告界似乎没有一个叫丹尼·卫斯的前辈。他说："这个前辈的作品我没有读过。"

接下来的问题都有类似相识的感觉，却不知道怎么回答，只好千篇一律地回答："不知道。"

次日，乔治打点行囊准备到远方浪迹天涯，在离开的时候，邮递员送来一个快件：你已经被公司正式聘用，请你三日内到公司报到。

一次周末，在和总经理一起闲聊时，乔治问："当初面试时，你问我的许多问题我都回答不上来，怎么还录用我？"

经理微笑着说："你的才华从笔试中我已经充分了解了，但你的品性却不了解，我问你的许多问题都是假的，我期望的最好的答案就是'不知道'！"

最好的答案就是"不知道"！这就是真诚。"我不需要不切合实际、夸夸其谈的人在我身边。"

（来源：百度网）

点评：故事考察的是应聘者是否诚实。故事的主人公回答得很好。在看这个故事的时候，我们不妨也把自己摆进去，照一照镜子，看看自己能否经得住考察。在知识面前，就如一个伟人所说的：来不得一点儿虚伪和骄傲，需要的倒是其反面，诚实和谦虚的态度。

96. 一位物理学家开除一名研究生的故事

一次，一位物理学家的一个研究生和另一个同学去上街，两人在商店里拾到一个钱包。于是，这个研究生就出了一个"馊主意"，他让自己的那个同学把钱包交给商店保卫部门，然后自己当成失主再去冒领。后来，真的失主来报案，事情败露。这位物理学家知道这件事情后，毫不犹豫地将这个研究生开除了。当问起原因时，这个物理学家说："我不信任他，如果将来做实验，他擅自修改数据怎么办？"

点评：“我不信任他，如果将来做实验，他擅自修改数据怎么办?”这话说得好，一下就讲到点子上了！学校是为国家培养人才的，而人才首先就是德。德无信不立。不然，国家花了那么多钱，最后培养出来的人都是江湖骗子，那怎么进行科研工作呢?

97. 唐太宗重用姚思廉的故事

姚思廉（？—637），字简之，一说名简，字思廉。唐朝著名政治家，史学家。约生于梁末陈初，在80岁左右去世。世居吴兴（今浙江湖州）。他随父姚察在陈朝灭亡后到隋朝做官，迁至北方，故两《唐书》中《姚思廉传》称其为京兆万年（今陕西长安县）人。唐“十八学士”之一。

姚思廉

姚思廉所处的时代正值中国由南北朝分裂走向隋唐大统一之际，一生经历了三个朝代。陈时，为衡阳王府法曹参军，转会稽王主簿。入隋后，补汉王府参军，掌记室，寻除河间郡司法。入唐后，授秦王府文学，贞观初迁著作郎、弘文馆学士。贞观九年（635）拜散骑常侍，赐爵丰城县男。在仕途上还较顺利。

隋炀帝大业十三年（617），李渊乘农民大起义浪潮，在太原起兵直取长安。这时镇守长安的是隋炀帝孙子代王杨侑，姚思廉正任职于隋朝，为代王侍读。李渊率兵占领长安后，代王府僚属都惊骇走散，唯独姚思廉依然服侍代王，不离左右。唐兵涌入王府，思廉大声呵斥道：“唐公举义本匡王室，卿等不得无礼于王。”正往里冲的众兵将闻听此言十分惊愕，见思廉独自一人伴随代王而面无惧色，心中也觉钦佩，于是纷纷停立在大堂台阶之下。李渊闻知，于是准许思廉扶代王下堂。直到代王被安置到顺阳阁后，思廉才哭泣着拜辞而去。目睹此事者都很感慨，称他为“忠烈之士”。李渊、李世民父子由此便赏识和重用姚思廉。李渊称帝后，即授思廉为秦王文学。秦王李世民开文学府，招揽一些有文武韬略、兼通文史的博学之士，如杜如晦、房玄龄、于志宁、褚亮、陆德明、孔颖达、许敬宗等十八人，受到延聘亲重，姚思廉是“十八学士”之一。

武德年间，李世民曾率军赴鲁南征讨徐圆朗，战争间隙，他与人议论起隋朝事，谈到姚思廉挺身而出保护代王之举，感慨叹道：“姚思廉面对利刃而显示大节，即使古人也很罕见。”当时思廉远在洛阳，于是李世民专派使者带帛三百段赏赐思廉，并附信说：“想节义之风，故有斯赠。”这是很不寻常的优礼之举。李世民命著名画家阎立本画“秦府十八学士图”，并命文学褚亮各为赞语，对思廉的评价是“志苦精勤，纪言实录。临危殉义，余风励俗”。从史学才能和政治节操两方面对思廉作出褒奖。“玄武门事变”之后，李世民当上太子，思廉也随即升迁为太子洗马。

姚思廉对于政事“直言无隐”，督促太宗勤于国事。太宗因思廉是秦府旧人，许可他随时就政事的得失直接秘密上奏，思廉也利用这个有利条件，充分发表自己对政事的见解，“展尽无所讳”。

有一年夏天，唐太宗准备往九成宫避暑，思廉劝谏说：“离宫游幸，秦皇、汉武之事，固非尧、舜、禹、汤之所为也。”言辞恳切尖锐。唐太宗只好下谕解释说：“朕有气疾，热便顿剧，固非情好游赏也。”为奖赏姚思廉的直谏，赐帛五十匹。姚思廉去世后，唐太宗深为哀悼，为之废朝一日，赠太常卿，谥号“康”，特准许葬于昭陵。

（来源：百度网）

点评：故事告诉我们，无论是什么朝代，一般的皇帝都是喜欢诚信之人。所以，做常人也好，入仕途也罢，都不要趋炎附势、见风使舵，还是诚实做人为好。

98. 唐朝李固言诚实为官的故事

李固言（782—860），河北赵郡（今河北赞皇）人，字仲枢，生于唐德宗建中二年，卒于唐懿宗大中十四年。听说过这个人的可能不多，而他诚实为官在历史上是有名的。

唐朝中期，科举考试中盛行推荐的风气，没有门路很难被录用。当时有个书生叫李固言，他出身低微，为人又忠厚老实，虽然自幼勤奋好学，很有才华，但是没有人举荐。经人介绍，李固言拜访了一个地位比较低的官员，想请这位官员推举自己参加科举考试。后来这位官员升了官，当了科举考试的主考官，他见李固言的文章不但文笔流畅，而且见解独到，就把李固言选为科举考试的状元。

李固言

李固言在朝廷做官后，仍然保持自己诚实耿直的本性，不像其他官员处事那么圆滑。他心里怎么想的就怎么说，始终诚实为官。

一次，皇帝唐文宗让李固言颁发诏书，内容是让降职的官员王堪去做太子的宾客，辅佐太子。可是，李固言手捧诏书，站立不动。皇帝觉得很奇怪，就问他："爱卿，你还有什么事吗？"

李固言思虑着说："臣、臣以为此事有些不妥当。"

皇帝很不高兴地说："有何不妥！事情已经决定了，你宣读诏书就是了。"

李固言仍然没有宣读诏书，想如实地对皇帝说出自己的想法。他本来就有些口吃，一着急，不知怎样表达自己的意见才好。皇帝看李固言仍不肯宣读诏书，就生气地离开了朝堂。

李固言回去以后，写了一份奏折给皇上：太子是未来的接班人，应该由有贤德的大臣陪伴，被降职的大臣不适合做太子宾客。

皇上看了，觉得很有道理，就把王堪改任了。

还有一次，群臣议事，唐文宗皇帝突然问文武百官："朕听说有些州县官员不称职，这事是真的吗？"

众大臣不知皇上心里想的是什么，又怕得罪人，虽然知道有些州县员确实是不称职，但是没人敢说。有的说没有，有的说这是谣传，有的则低头不说话。

这时，李固言站出来说："启禀圣上，臣得知确有此事，而且邓州刺史李堪、隋州刺史郑襄尤其不称职。"

李堪是朝中大臣郑覃举荐的，他怕李堪的失职对自己不利，就马上站出来辩解："微臣了解李堪的为人。再说管理那么多事情，有些疏忽是难免的。"

李固言还想说些什么，但是唐文宗把话题引开了，谈起别的事来。其实，皇上知道李固言是个诚实人，不会胡说，是郑覃怕受责备才巧言狡辩。可是他怕朝臣之间闹矛盾，不利于国家，就没再追问下去。

但李固言的诚实却记在了皇帝的脑子里，不久就提拔了李固言。诚实的李固言靠自己的功绩连连高升，死后被追赠为太尉。

（来源：百度网）

点评：做官要做诚实官。英国哲学家培根说过："人性的优点，就在于对真的追求，诚实和率直的态度是人性的光荣。"无论是古时还是现代，用人都需要用李固言这样诚实之人。

99. 汉光武帝喜欢"忠厚之人"的故事

东汉时期的刘昆做过江陵县令。有一年，民房起火，火势凶猛难以扑灭，这位县令急得扑通跪下，祈求老天爷让大火快点熄灭吧。说来也奇，突然天降大雨，火真的就灭了，于是人人称奇。后来，刘昆调任弘农太守，本来那个地方闹虎患，结果他一来，那些老虎背着小虎全跑掉了。汉光武帝就问他，你做县令时，有呼风唤雨的法力吗？你做太守时，有什么神奇的本领吗？刘昆如实说，那只是碰巧罢了。皇帝认为刘昆是位忠厚之人，并叫史官将这段历史记录下来。

汉光武帝

点评： 官不作假品自高。东汉时期做过江陵县令的刘昆事迹之所以流传下来，不是因为他的政绩，而是因为他“忠厚”。忠厚之人流芳百世，奸臣秦桧遗臭万年。

100. 汉文帝重用周亚夫的故事

汉文帝刘恒（公元前202—前157），汉高祖刘邦第四子，母薄姬，汉惠帝刘盈之弟，西汉第五位皇帝。公元前196年，汉高祖镇压了陈豨叛乱后，封刘恒为代王，其为人宽容平和，在政治上保持低调。汉高祖死后，吕后专权，诸吕掌握朝廷军政大权。公元前180年，吕后一死，太尉周勃、丞相陈平等大臣把诸吕一网打尽，迎立代王刘恒入京为帝，是为汉文帝。

汉文帝刘恒

汉文帝即位后，励精图治，兴修水利，衣着朴素，废除肉刑，使汉朝进入强盛安定的时期。后世子孙称几千年帝王史有三大仁君，汉文帝、宋仁宗和明孝宗，而汉文帝树立了一个中华仁君的标杆。

公元前158年，匈奴起兵攻打中原，汉文帝连忙派兵抵抗。为了保卫长安，他派了三位将军，分别带兵驻扎在长安附近。将军刘礼在灞上，徐历驻扎在棘门，周亚夫驻扎在细柳。

有一次，汉文帝在慰劳完灞上、棘门的士兵后，又亲自来到了细柳。周亚夫军营前哨一见远远有一队人马过来，立即报告周亚夫。将士们披盔带甲，弓上弦，刀出鞘，完全是准备战斗的样子。

汉文帝来到营门口，守营的岗哨立刻拦住他，不让进去。随从的官员吆喝之说：“大胆，没看见三皇上驾到吗？”

营门的守将毫不慌张地回答说："在军中，我们只听将军的命令。没有将军的命令，皇上也不让进去。"

汉文帝只好命令侍从拿出皇帝的信物，派人给周亚夫传话："皇上要进营来视察军队。"

周亚夫下令打开营门，守营的官员又郑重地告诉他们："军中有规定，军营内不许有车马奔驰。"

侍从的官员都很生气。汉文帝却吩咐大家放松缰绳，缓缓前进。到了军营，周亚夫披戴着全身盔甲，拿着兵器，威风凛凛地站在汉文帝面前，拱手作了揖，说："臣盔甲在身，不能下拜，请允许臣下按照军礼拜见。"

汉文帝听了，也扶着车上的横木欠了欠身，向周亚夫表示答礼。接着，又派人向全军将士传送他的慰问。

慰问结束后，在回长安路上，汉文帝对周亚夫的军队赞不绝口："这才是真正信守军令的军队呀！灞上和棘门两个地方的军队松松垮垮，就跟孩子们闹着玩一样。如果敌人来偷袭，不做俘虏才怪呢。像周亚夫这样的军队，敌人怎么敢侵犯呢！"

汉文帝在这一次视察中，认定周亚夫是个信守军规、从严治军的军事人才，于是就把他提升为负责京城的军事长官。

点评： 用人要用诚实、正直之人。这样的人，关键时刻才能担得起大任。千万勿用那些专看上司脸色、人前一面人后一面、见风使舵的小人，用了这样的人，就为事业留下了隐患，古今同理。

101. 孙策以诚待人诚信用人的故事

孙策（175—200），字伯符，吴郡富春（今杭州富阳）人，孙坚的长子，孙权之兄，三国东吴重要奠基人，有"小霸王"的美誉。为继承父亲孙坚的遗业，开始屈事袁术，后在讨伐割据江东的各军阀的中增强自军实力统一江东。后因被刺客淬毒刺伤，于 200 年 5 月 5 日（建安五年四月，丙午）亡，年仅 26 岁。其弟孙权称帝后，追谥他为长沙桓王。

孙策

汉献帝三年（198），孙策发兵袭击太史慈，太史慈兵败，被孙策俘虏。孙策知道太史慈是个贤能之人，因此并未计较三年前双方神亭一仗被他打败的耻辱，而是亲自为太史慈解去身上的绳索，紧握太史慈的手说："今日幸得君愿与足下共图大事。久闻卿烈义，为解孔融之危，冒死求救于刘备，深为敬佩。卿诚为天下志士也，但投靠未得其人，我愿做足下知己，请不用担心在我处不如意。"然后，任命太史慈为帐下都督，在收兵班师回朝时让其当先导。就这样，太史慈为孙策诚心打动，甘愿在孙策帐下效力。

当时，刺史刘繇病死豫章，所部处于群龙无首的状态。这对孙策来说是一个扩充地盘和实力的绝好机会。由于刘繇生前与太史慈是好友，因此，孙策决定派太史慈去。太史慈见孙策如此信任自己，决心不负使命，前去豫章招安。他对孙策说："慈有不赦之罪，将军量同桓、文（齐桓公、晋文公），当尽死心报德。今并息兵，兵不宜多，数十人足矣。"约定两个月之内回来，之后便打点行装，打点人马而去。

对此，有些人料定太史慈此去肯定不会再回来了，人带不回来又多了一个敌人。在这种情况下，孙策力排众议。他首先知道太史慈的为人，认为其"义虽气勇有胆烈，然非纵横之人"，是个内心"秉道义，重言诺"之人。他知道以诚换诚，一定会得到太史慈的忠心。

果然不出孙策所料，太史慈不辱使命，按期返回，安抚了刘繇部下，使孙策又扩张了一块实力。从此，孙策对太史慈更加信任，视其为左膀右臂，与之共谋大业。

（来源：百度网）

点评：孙策重用太史慈，因为深知他是"秉道义，重言诺"之人。故事告诉我们，诚信用人要坚持两点：一是要以诚待人。得人莫大于心。诚心换诚心，黄土变成金。二是对诚信之人，要肝胆相照，用人不疑。否则，人才就会失之交臂，或者成为对手和仇人。

102. 孙权用人“变化”的故事

孙权，三国时期吴国的开国皇帝，229—252 年在位。传说是中国兵法家孙武后裔。长沙太守孙坚次子，幼年跟随兄长吴侯孙策平定江东，200 年孙策早逝，孙权继位为江东之主。208 年，孙权与刘备联盟，并于赤壁击败曹操，天下三分局面初步形成。219 年孙权自刘备手中夺得荆州，使吴国的领土面积大大增加。229 年孙权称帝，正式建立吴国。

吴大帝孙权

东汉末年，孙策任用吕范主管东吴财经大权，孙策的弟弟孙权此时年少，总是偷偷摸摸地向吕范要钱，吕范则一定要请示孙策，从不在未经孙策允许的情况下答应孙权。因为这件事，孙权对吕范很有意见。后来，孙权任信阳县令，建立自己的小金库以备私用。孙策有时来查账，功曹周谷总是为孙权涂改账目，造假单据，使孙策没有理由责怪孙权。孙权这时很感激周谷。但当孙权接替孙策掌管东吴大权以后，在财经大权用人上，他选择用的是吕范而不是周谷。为什么呢？因为吕范忠诚于国家，而周谷脑子太活，善于造假。

点评： 有私心之人，必用不诚信之人；为国家用人，必用诚信之人。孙权前后用人的变化就说明了这样一个问题。孙权任信阳县令，为了建立自己的小金库，以备私用，必然用“脑子灵活”、善做假账的周谷。但当他成为一国之君时，他自然把对国家忠诚放在第一位。因此，孙权“变化”用人也就不足怪了。

103. 晏殊“因诚被用”的故事

晏殊（991—1055），字同叔，汉族，抚州临川（今属江西进贤县文港镇沙河）人，北宋集贤殿学士、宰相，政治家、文学家。文坛上地位很高的文人，《宋史》说他“文章绚丽，应用不穷。尤工诗。”

晏殊

晏殊14岁时，有人就把他作为神童举荐给宋真宗。宋真宗召见了他，并要他与1000多名进士同时参加考试。结果，晏殊发现考试是自己十天前刚练习过的，就如实向真宗报告，并请求改换其他题目。宋真宗非常赞赏晏殊的诚实品质，便赐他“同进士出身”。

有一天，宋真宗要挑选一名辅佐太子的人，大臣们纷纷呈上自己看中的人选，而皇上只是对晏殊情有独钟。很多大臣感到有点不解。皇上说：“朕听说近来馆阁臣僚夜以继日地嬉戏玩乐，而只有晏殊闭门不出，读书写作。这样谨厚的人，难道不是最佳人选吗？”皇帝把任命的理由告诉了晏殊，晏殊谢恩后说：“臣是因为薪水低薄，上有老，下有小，不容臣去玩乐。”皇上问道：“如果朕赏你大笔钱财，你会怎么样？”晏殊说：“臣无法肯定自己就能洁身自律。”听了他的回答，皇上龙颜大悦：“真是个厚道人啊！”最后，把辅佐太子的重任交给了晏殊。

这两件事使晏殊在群臣面前树立起了信誉，而宋真宗也因此更加信任他了。

点评：用人之道是用厚道之人，即诚实守信之人。看来宋真宗皇帝还是很会选人用人的。因为辅佐太子之人的人品对太子影响很大。如果像赵高那样指鹿为马之人，那培养的小皇帝长大之后无疑是赵高第二。那不仅是太子个人的悲哀，而且是整个国家的悲哀。

104. 请皇上把“状元”判给别人的故事

王拱辰（1012—1085），原名王拱寿，字君贶，北宋开封府咸平（今河南省通许县）人。北宋仁宗天圣八年（1030）17岁举进士第一，翰林学士，御史中丞。北宋仁宗、英宗、神宗时期著名诗人。

王拱辰

1030年，王拱辰去京城参加殿试。宋仁宗亲自主持，并认真审阅了每一个考生的考卷。他发现王拱辰的文章立论新颖，见解独到，文笔流畅，没有人能够比得上他，于是就把王拱辰定为状元。

一天，宋仁宗把考中一至三名的书生召集到王宫大殿，当着文武百官的面，宣布考中前三名的名单。其他两名书生听了宣布后都赶紧跪下磕头谢恩。王拱辰听了宣布后，不但没有谢恩，反而说：“陛下，小生不配当状元，请您把状元判给别人吧。”

王宫大殿上的人听了后都议论纷纷，科举考试已经有四五百年的历史了，从没有听说过谁把到手的状元不要往外推的。

宋仁宗听了以后也很纳闷，就询问原因。

王拱辰说：“陛下，我也是十年寒窗苦读，做梦都想中状元的。可是，这次考试的题目不久前我刚刚做过，被选上状元只是侥幸，如果我默不作声当上了状元，我就是不诚实……”

宋仁宗听了他的话非常感动，特别欣赏王拱辰的诚实，认定其将来一定会成为国家栋梁之材，于是，就对他说：“此前做过考题，是因为你勤奋。况且，从你的文章里可以看出，你表达的是你自己真实的想法，理应选为状元。再说，你敢于说真话，能够诚实做人，这正是一个堂堂的状元应该具有的品质。你的诚实比你的才华更可贵。因此，朕一定要选你做状元，你就不要推辞了。”

就这样，王拱辰就成了历史上有名的诚实状元。

点评：“你的诚实比你的才华更可贵”。在书生“做梦都想中状元”的时代，到手的状元哪有不要往外推的，几千年来的历史上除了这件事情还没有记载过，更没有听说过。可见中华民族儒家文化在育人上的魅力。特别是在诚信育人上，确实有其独到之处，非常需要我们继续挖掘和继承。

105. 宋真宗高看鲁宗道的故事

鲁宗道（966—1029），字贯之，亳州人，官一直做到参政知事。因为鲁姓是鱼字头，因此，朝野上下都称他“鱼头参政”。死后赐谥号简肃，所以，人们又称他为简肃公。宋真宗比较欣赏他，就是因为他忠诚老实，为人直率，而且敢于在皇帝面前讲真话。

宋真宗

一天，宋真宗有紧急事传呼他，太监到他家去找。可是他出去了，等了一个时辰，才见他从酒店出来，而且喝得酩酊大醉。太监想着要急于入宫禀报，就同鲁公商量说：“皇帝如果怪罪你来晚了，该找个什么借口来回答呢？希望您指点，好让咱俩不至于说成两样。”鲁公说：“只要照实说就行了。”太监说：“这样说皇帝会怪罪你的。”鲁公说：“喝酒本是人之常情，欺骗国君才是臣下的大罪呀！”太监十分感叹地离去。回宫廷后，真宗果然问他为什么来迟了，太监完全如实地做了回禀。真宗问鲁公：“为什么擅自去酒店喝酒？”鲁宗道谢罪说："小臣一贫如洗，家里不具酒具，没有办法招待，酒店一应俱全。恰有乡亲从老家来光临寒舍，于是就同他一起去酒店喝了几盅。可是，饮酒时我已换了便服，街上人是不会认出我的。我不知道皇帝要召见我，所以来迟了。"宋真宗听完笑着说："你身为宫中大臣，恐怕要被监察御史弹劾的！"然而，从此以后，皇帝对鲁宗道格外高看一眼，认为他为人诚实，可倍加重用。宋真宗晚年，每同章献皇后谈论大臣当中可重用的几个人时，鲁宗道便是其中的一个。后来，章献皇后给他们都委以重任。

（据《归田录》编写）

点评：大丈夫以信义为重。喜欢诚实之人，看来皇帝和普通人都是一样的。欺上瞒下，当人说人话，当鬼说鬼话，两面三刀的人，历来为人类所不齿。这样的人，靠假话即使能骗人于一时，但不能骗人于永久，迟早是要露馅的。

106. 宋仁宗重用宰相陈执中的故事

陈执中（990—1059），江西南昌人。宰相。"身居宝马三公位"的陈执中虽为一品大官，权倾朝野，但他从不以官高自恃，更不以权谋私，而是处处严于律己，为官清廉。

陈执中

陈执中的一个女婿找他想为自己安排一个好差事，遭到了陈执中的严词拒绝，说："官职是国家的，并不是个人居室抽匣中的东西可以随便取用。你虽是我的女婿，但也不能把官职作为私人财物那样轻易拿取呀！"

由于陈执中为人正直，勤于政务，所以深得仁宗皇帝的垂青。对此，有些人心怀不满，攻击陈执中呆板固执，处事太死板，说他不是当宰相的料。对此，陈执中嗤之以鼻，仍不改初衷。

一次，一个谏官对仁宗说：“陛下之所以看重陈执中，是不是因为他曾在先皇面前请求立陛下为太子？其实，他不说太子也是非陛下莫属，他有什么功劳可称道的呢？”仁宗道：“不是因为这个，而是陈宰相为人忠诚，从不以权谋一己之私，从不欺骗寡人罢了。”这个谏官听皇上这么说，就无言以对了。

宋仁宗赵祯是北宋的第四位皇帝，一生没有太大的作为，但由于他不是昏君，在位期间能够重用诚信之人，为北宋极盛时代的到来做出了重要贡献。

（据《青箱杂记》等编写）

点评：大丈夫以信义为重。宰相陈执中，一品大官，权倾朝野，从不以官高自恃，更不以权谋私，而是处处严于律己，为官清廉，这对于当宰相都很重要，但更为根本的还是陈宰相为人忠诚。因此，从历史上就可以看出是多么重视诚信选人。

107. 王安石细节识人的故事

王安石（1021—1086），北宋变法名相。北宋时期著名的政治家、思想家、改革家、文学家，宋八大家之一。其座右铭：“天变不足畏，祖宗不足法，人言不足恤。”被革命导师列宁称为“中国十一世纪的改革家”。

王安石

王安石业余时间喜欢下棋。他做宰相时，家里养着几个下棋人。王安石每天忙完公务之后，回到家里常常与这几个人下棋，谁如果赢了王安石一盘棋，王安石就赏给他十两银子。

有一次，王安石在院子里与一个人下棋，下属送来一沓公文要王安石处理。那人见王安石正在低头批复公文，就趁机挪动了一个棋子，最后赢了王安石。其实，王安石已经看出了他挪动了一个棋子，只是没说破而已。第二天，王安石派人给那人送来了一些银子和物品，请他离开这里，另投别人。

后来，王安石把儿子叫到自己身边，谈起了那次下棋的事，他说："那个人挪动了一个棋子，让我输了一棋。要说起来，输一盘棋我倒不介意，但是趁我不注意挪动棋子，由此可见他的棋品很差。由他的棋品能折射出他的人品，此人不可深交。"

点评：棋品如人品，用人要用诚信之人。很多人自以为聪明，经常耍小聪明，但往往聪明反被聪明误。伟人毛泽东在谈到张国焘时说过，有些人吃亏就在于不老实，讲的也是这个道理。

108. 寇准"实话实说"被重用的故事

寇准，北宋政治家、诗人。字平仲。华州下邽（今陕西渭南）人。真宗时，曾任同中书门下平章事。任道州刺史期间，勤政爱民，以百姓渴望太平而修建高楼，亲笔写"望太平"三字，后来百姓为了纪念他，将此楼改名为"寇公楼"。功绩主要是促成澶渊之盟签订。

寇准

寇准，19 岁中进士。当时皇帝是宋太宗赵光义，是宋太祖赵匡胤同母弟。作为北宋第二位皇帝的宋太宗有个习惯，即在选用官员时喜欢先问问年龄。有人偷偷告诉寇准，虚报一下年龄，以便将来好做官，寇准却不肯，坦陈了自己的年龄。因为寇准实话实说，最后也得到了重用，并成为一代名相。

点评：上有好之，下必甚焉。寇准可贵之处是，明明知道皇帝喜欢年轻的，但仍坚持实话实说。作为皇帝的宋太宗的可贵之处在于，虽然自己喜欢年轻的，但更喜欢诚实的人。所以，听了寇准实话实说以后，仍然重用。古往今来的官场上，一些人为了往上爬，往往随时都在揣摩上峰的心理，投其所好。所以，作为领导切莫让一些小人和野心家钻空子，把好诚信用人这一关。

109. 清朝叶澄衷诚信传奇的故事

叶澄衷，清代末年浙江镇海人，著名的宁波商团先驱和领袖。一生充满了传奇性。他很有做生意天赋，头脑清醒，乐观时变，为人处世既诚且信，宽厚待人，被称为“首善之人”。

叶澄衷

有一次，他撑船送一个洋人渡江时，捡到了许多金钱，可他人穷志不穷，拾金不昧，统统还给了那个洋人。那个洋人在感激和佩服之余，把他荐入上海的商界。他从头干起，勤俭自持，终于积资日厚，自立门户，从而一步步变成了巨富，在上海的商界颇享盛名。

点评：信誉是人事业成功的奠基石。诚信的品质，能够使人得到很多意想不到的成功机会。现在一些人的成功，不是靠诚实做人，不是靠诚实劳动，而是靠拉关系，靠贪污，靠行贿受贿，靠耍阴谋诡计、搞歪门邪道，这些人有时也能够成功，甚至“一夜暴富”，但最终往往逃不了覆灭的下场。周永康等人就是最好的注脚。

110. “他百分之百是个富翁”的故事

安德鲁·杰克逊（1767—1845），美国第七任总统。首任佛罗里达州州长、新奥尔良之役战争英雄、民主党创建者之一，杰克逊式民主因他而得名。杰克逊始终被美国的专家学者评为美国最杰出的10位总统之一。

安德鲁·杰克逊

故事是这样的：一个寒冷的冬天，美国南加州沃尔逊小镇上来了一群逃难的人。他们面呈菜色，疲惫不堪。善良而朴实的沃尔逊家烧火做饭，款待他们。这些逃难的人，显然已经很久没有吃到东西了，见了食物连一句感谢的话也顾不上说，就狼吞虎咽地吃起来。

只有一个例外。这是一个脸色苍白、骨瘦如柴的年轻人。当镇长杰克逊将食物送到他的面前时，他仰起头问："先生，吃您这么多东西，您有什么活儿需要我做吗?"杰克逊大叔心想，给逃难的人一顿饭吃，每个善良的人都会这么做。于是回答说："不，我没有什么活儿需要您做。"

这个年轻人的目光顿时昏暗了，他的喉结上下动了动，说："先生，那我就不能吃您东西。我不能不劳动就得到这些食物!"

杰克逊想了想，说："我想起来了，我家里确实有些活计请您帮忙。不过，等您吃过饭，我再给您派活。"

"不，我现在就做。等做完了您的活儿，我再吃这些东西!"年轻人站起来说。

杰克逊十分赞赏地望着这个年轻人，他知道如不让他干活，他是不会吃东西的。思量片刻后，杰克逊说："小伙子，你愿意为我捶背吗?"说着就蹲在了年轻人面前。年轻人也蹲了下来，轻轻地给杰克逊捶背。

捶了几分钟，杰克逊十分惬意，他站起来说："好了，小伙子，你捶得太棒了，刚才，我的腰还很僵硬，现在舒服极了。"说着将食物递给了这个年轻人。年轻人立刻狼吞虎咽地吃起来。杰克逊微笑着注视这个年轻人，说："小伙子，我的庄园需要人手，如果你愿意留下来，我太高兴了。"

年轻人留了下来，并很快成为杰克逊庄园里的一把手。过了两年，杰克逊把自己的女儿许配给他，杰克逊对女儿说：别看他现在什么都没有，可他百分之百是个富翁，因为他实在，并且有尊严！

20 多年过去后，这位年轻人果然拥有了一大笔让所有美国人都羡慕的财富。这位年轻人就是后来的石油大王哈默。

（来源：百度网）

点评：诚实决定一个人的前途。没有前途的，将来一定会百分之百的有好前途。不诚实的人，不会有前途，就是有了好前途，也会失去前途。故事告诉我们的就是这样一个道理。故事反映了杰克逊慧眼识人，但更说明了这是人生成功的一个规律。

111. 老板智选接班人的故事

明朝时期，有一位开小饭馆的老商人，自我感觉一天一天老了，应该把小饭馆交给儿子们来管理。

他仔细观察三个儿子：大儿子和二儿子机灵，常有一些鬼点子；小儿子性情憨厚老实，只知道读书，很少管家里的事。他想了很久，也不知道该把小饭馆交给谁才好。

66 岁生日那天，他的三个儿子都来给他祝寿。家宴结束后，他把儿子们叫到书房里对他们说：“我老了，怕是活不了几年了，说不定哪一天就会突然死掉。我这辈子就留下这么一个小饭馆，我想在你们当中选一个合适的人来管理它。我想了好久，想出了一个非常公平的办法。现在，我就宣布选财产继承人的方法，你们听好。”

这时，老人吩咐家里的仆人搬来三个已经装好土的花盆，然后拿出三粒种子放在桌子上，清了清嗓子说："这是我精选的花种，你们在这里任选一颗种子在花盆里，半年以后拿来给我看。到时候，谁养的花最令我满意，我就把财产交给谁。但是要记住，只能用我发给你们的种子和这花盆里的土。"

大儿子和二儿子回到家里，便立即把花种子种在了花盆里，可是，精心培育了好长时间，就是不见花盆里的种子发芽，于是，就偷偷地去乡下找花匠。他们从花匠那里买了同样的种子，换上了新的土壤。把新种子种到了新的土壤里，没过几天，花就发芽了。

憨厚老实的小儿子每天按时给花盆浇水，可就是不见种子发芽。他一点儿也不着急，仍然按时浇水施肥。

半年以后，三个儿子都端来自己养的花给老父亲看，大儿子和二儿子养的花都枝繁叶茂，还开出了很鲜艳的花朵，只有小儿子的花盆里空空的，什么也没长出来。

老商人看了，什么也没说，就把小饭馆的钥匙和账本交给了小儿子。

其他两个儿子很不服气，就生气地问老父亲："三弟的花盆里什么都没有，您怎么能把饭馆交给他呢?"

老商人说："做生意一定要诚实，因此我要选一个诚实的人来接班。看来你们的弟弟是最诚实的。"

另外两个儿子不解地问："为什么?"

老商人缓缓地说："因为那是三颗炒熟了的种子……"

（来源：百度网）

点评：老商人很会选人，选人就选诚实之人。因为诚实之人，才能诚信经营，才能做到生意长久。古今都是一个理。

炮制虽繁必不敢省人工，品味虽贵必不敢减物力。

——乐凤鸣（同仁堂创始人）

六、诚信管理篇

所谓诚信管理，即正视矛盾、揭露矛盾、解决矛盾的管理；即领导“一诺千金”“率先垂范”“以身作则”“不令而行”的管理；即领导与下属、与员工，企业与消费者心换心的贴心管理。

112. 北京同仁堂管理“大惊小怪”的故事

北京同仁堂（集团）有限责任公司是市政府授权经营国有资产的国有独资公司，始创于 1669 年，至今已有 347 年的历史。

同仁堂

同仁堂的拳头产品安宫牛黄丸等，因其疗效显著，一向被大家称作“救命药”。除了它的配方源于清宫秘方之外，与其制作的精良与选料的上乘更加密不可分。

有一次，一名新来的“90 后”正有板有眼地将药粉过箩。张班长轻轻地走过去，俯下身看她的成果。突然，好几个略大于正常细粉的颗粒映入张班长的眼帘！凭经验，她立刻判断是箩出了问题，急忙让小姑娘把手上的活儿停下来。但这个年轻人很犹豫，还不情愿地小声嘟囔着："不就粗那么一丁点儿吗，有什么呀，大惊小怪的！"显然，她并没有意识到问题的严重性，而且对张班长的惊讶很不理解。见她犹豫不决，张班长便从她手中拿过箩仔细翻看，发现在箩的槽梆处有一个小米粒儿大小的洞。找到症结后，张班长耐心地对小姑娘说："安宫牛黄丸是救人于危难的救命药，作为生产者来说不能有丝毫的马虎。虽然这一次出现的问题只是细粉比企业规定的内控标准略大了一丁点儿，但也许就因为这'一丁点儿'，会让病患者在吞咽药品时感到不适而引发严重的后果。我们必须随时注意生产过程中的点点滴滴，从细微处入手，要像保护自己的眼睛和生命一样的珍视质量！"

经过班长这么一说，这名"90后"认识到自己的想法不对，跟着张班长一起将刚刚研磨过的牛黄面子又重新做了，以实际行动把住了工序质量关。现在，这名"90后"已经能够独立操作，并在班组的生产中挑起了大梁。

（北京同仁堂宣传部）

点评："炮制虽繁必不敢省人工，品味虽贵必不敢减物力"，是北京同仁堂的古训，本质体现的是一个"诚"字。北京同仁堂成立以来历经300多年，金字招牌之所以越来越辉煌，除了它的配方源于清宫秘方外，与其坚持这一古训，制作精良有很大关系。正因为他们在生产管理中，对药品制作过程中出现的问题"大惊小怪"，坚持小题大做，像"保护自己的眼睛一样"，才保证了产品的质量。

113. 张瑞敏借村里钱给员工发工资的故事

张瑞敏，1949年1月5日出生，山东莱州人，海尔集团首席执行官，全球著名企业家，创建了全球白色家电第一品牌，因对管理模式的不断创新受到国内外管理界的关注和赞誉。世界一流战略大师加里·哈默评价张瑞敏为互联网时代 CEO 的代表。连续当选第十六届、十七届、十八届中央委员会候补委员。

张瑞敏

1984 年的海尔，还是个亏损 147 万的小厂。1984 年 1 月，也是张瑞敏等新一届领导班子刚上任的第一年。在这之前，海尔（当时叫青岛电冰箱总厂）已经换了三任领导了。第四任的张瑞敏等新一届领导班子上任没有多久就到了年关。年关啊年关，对新一届领导班子张瑞敏等人真是一关。因为过三四天就要到春节了，员工连发工资的钱都没有，更别提像别的单位那样发年货了。因为像这样快要倒闭的小厂，银行是不愿意再贷款给他们的。当时，农村实行承包制有钱。于是，张瑞敏就去了大山村，找到了村支书。几经沟通，最后到了腊月二十七，村里终于答应借钱给他们了。

当时厂里的财务科科长坐在没有挡篷的三轮车的车斗里，顶着寒风赶到五里外的李村信用社提回来钱，才给每人发了工资，并且还给每人发了 5 斤带鱼。

工人们笑了，感到新领导真是员工的贴心人。工人们说："他敢为大伙借钱发工资过年，咱也要争口气，好好干，挣了钱把钱还上！"就在这种激情下，海尔员工在张瑞敏等新一届领导班子领导下，开始走上了"要么不干，要干就要争第一"的艰难而又辉煌的创业之路。

张瑞敏之所以这么做，就像他经常跟干部们说的："要让员工心里有企业，企业领导就必须时刻惦记着员工；要让员工爱企业，企业领导首先就要爱员工。"

（《海尔的故事与哲理》）

点评：人心换人心，黄土变成金。"要让员工心里有企业，企业领导就必须时刻惦记着员工；要让员工爱企业，企业领导首先就要爱员工。”张瑞敏因为心里想的是员工，因此，敢于借村里钱给员工发工资。也正因为张瑞敏心里有员工，敢于借村里钱给员工发工资，才赢得了员工的信赖，才使员工产生“咱也要争口气，好好干，挣了钱把钱还上”的心理自觉。这种领导与员工心理互动，带来了企业的转变与崛起，由一个1984年亏损147万元的公司，30年后成为世界著名的国际大公司。

114. 北京韩村河领导“带头守纪律讲规矩”的故事

2009年3月25日，中共中央政治局常委、中央书记处书记、国家副主席习近平来到北京房山区韩村河视察。在社会主义新农村建设展览馆里，他久久停留在老书记田雄1992年制定的韩村河领导班子廉洁自律“九条规矩”前。在听完田雄的介绍后，习近平说：“看到这九条规矩，就觉得老的作风还在弘扬”，“而且感觉是用心做的规矩，做了就准备去兑现”。

30多年来，韩村河党委班子换了两届，但领导班子始终坚持“打铁需要自身硬”，在发展的各个阶段，都把带头守纪律、讲规矩放在班子建设的重要位置上，为韩村河的和谐稳定发展奠定了坚实的政治基础。

原韩建集团党委书记、董事长田雄

有着1300多年历史的韩村河村，历经沧桑，绵绵续续，形成了一个传统，就是谁家有个大事小事的，乡亲们、亲友们都互相出份子，这既成了一种风俗习惯，也是一种人情世故。对于村领导来说，最难割舍的是人情世故，最难处理的也是人情世故。搞得不好的话，就会在这“小河沟里”翻船。

1997年元旦，田雄的儿子就要结婚了。消息不胫而走。听到这一消息，很多村民都憋足了劲儿去随礼。因为这些年，村民们都感到欠田雄的太多了，怎么着他儿子结婚自己也得表示表示。可到日子了，奇怪的是他们家一点儿动静也没有。大家一打听才知道，人家就是和亲家在家里吃了顿饭，没办婚宴，也没有收份子。

1998 年 12 月 31 日，田雄的孙子出生了。大家想，按村里的习惯，他不大办，但小办、中办总不过分吧！乡亲们又一次希望喝上田雄家的“满月酒”。可到了孩子满月那一天，田雄家的院门紧闭，不请自来的乡亲们，一个个都又吃了“闭门羹”。

对此，老书记田雄认识得很辩证，他说：“我给乡亲们随份子，那是表达亲情，理所应当；反过来，事情就变味儿了，有人会借机敛财。另外，对于乡亲们来说，不随份子感到人情面子过不去，怕日后穿小鞋；可随份子吧，少了感到拿不出手，多了拿不出不说，心里有的也感到不情愿，这就无形中增加了群众的心理压力。所以，我干脆就不办，省得乡亲们破费不说，也免得坏了干部队伍的风气。”

韩村河新农村建设过程中，当第一批 18 户村民高高兴兴地住进了别墅以后，没住进去的担心自己住不进去急得眼都红了。田雄的一个远房亲戚找到了他，说他的两个儿子每人已经订了一个楼座，能不能再给 10 岁的大孙子也订一座。田雄一听就火了。“你都算计好了，别人怎么办？”“咱们沾亲带故的，你的胳膊肘总不能往外拐吧？”亲戚说。就这样，两个人你一言我一语地争执起来，田雄最终也没答应这个亲戚的要求。为了让大家放心，他在村民代表大会上向全体村民公开承诺：等全体村民都住上了新楼，党委班子成员才最后一批上楼。从而，化解了村民的情绪。韩村河党委领导也践行了他们最初的承诺，在新农村建设中，他们是最早筹划、筹资建楼的，却是最后一批搬进新楼的。老书记田雄搬进新楼的时间比第一批上楼的乡亲整整晚了 6 年。韩村河党委领导言必信、行必果，吃苦在前、享受在后的精神赢得了全村的信赖。

规矩是一种制度，认真执行也会形成一种风气。韩村河党委领导班子守纪律、讲规矩，树立了党委廉洁从政的好形象，净化了社会风气，使清廉之风扑面而来，温暖了百姓的心田，推动着全村各项事业的健康发展。

习近平总书记来韩村河视察时说："韩村河这个老先进，与时俱进，永不满足现状，不断根据形势任务的发展变化及时调整发展思路，完善发展举措，提高发展水平。我们有一批老典型至今仍然起引领作用，就是这种与时俱进的精神，韩村河作为全国代表，起到了一个引领作用。看到你们的村容村貌和发展规划，确实感到很受鼓舞，关键是有一种探求精神，也是非常的虚心、开拓、奋进，这样就会不断取得新的进步。"习近平总书记7年前视察韩村河时说的话，韩村河党委还记忆犹新，而且一直成为鞭策他们带头守纪律讲规矩的巨大精神动力。（贾克忠）

点评： 北京韩村河党委带头守纪律讲规矩，在最难处理的人情世故面前，头脑清醒，作表率；在事关每个村民的利益面前，吃苦在前，享受在后，形成了好的党风、村风，赢得了村民的信赖。其他农村党组织如果也能够像韩村河党委那样，带头守纪律讲规矩，何愁党风搞不好？何愁党风不治？希望韩村河党委戒骄戒躁，为全面加强党的建设做出新的贡献。

115. 华安公司"不发工资也要还银行贷款"的故事

黑龙江华安工业（集团）公司是中国兵器行业的大型骨干企业，始建于1951年的抗美援朝时期。毛泽东主席曾亲自选址定点，可见其当时战略地位的显赫。半个多世纪以来，几代英雄的华安人在中华民族几次卫国战争中都做出过重大贡献。我国第一颗原子弹的爆炸成功，第一颗人造卫星的上天，神舟五号、六号飞船的升空等，都凝聚着华安人的汗水和心血。中央军委曾把其称为中华人民共和国的"功勋之厂"。

黑龙江华安工业

企业在上世纪 90 年代转轨变型中跌入了低谷。1998 年，还没有从低谷走出来的黑龙江华安工业集团公司出现了一场还贷风波。

事情是这样的：年届岁末，华安借银行的 1800 万元贷款到期了。当时，摆在华安新领导班子和员工面前的是信守商业承诺先还贷款，还是先发当月工资，二者只能选其一的问题。董事长、党委书记、总经理许远明从企业的长远发展着想，从维护华安在社会上的形象出发，决定不发当月工资，也要信守商业承诺，按期还清银行的贷款。但是，事情并不是领导一决定问题就解决了。一场还贷风波也就因此而发生了。厂里几百名退休老工人听到这一消息后，在几个“代表”的带领下，集结在厂机关门口，喊着“要饭吃”和“要工资”的口号，摆出了一种不达目的誓不罢休的阵势。

“为什么不发工资？我想大家还是清楚的。”董事长、党委书记许远明迎着人群，走上去和大家大声地说，“你们想想，咱们华安过去为什么去哪儿都借不出钱来，不就是因为咱们失去信誉了吗？你们闹为了什么呢？不就是为了一个月的工资吗？如果这些钱是让我许远明贪了，吃了，败了，你们应该闹。可你们知道，事情并不是这样。过去你们没少闹，卧轨、上访，围着省委书记一天一夜不让走，可闹的结果怎么样，闹坏了华安的社会形象，闹丢了企业多少次发展的机会呀！那时候谁还愿意跟咱们打交道？今天银行给咱们贷款，支持咱发展生产，咱得守信用。不然，咱们今天把钱发了，明天要生产，谁还肯给咱们贷款？银行不贷款，企业不能生产，咱们今后怎么吃饭？有今天没明天的日子，咱们还没有过够吗？”

说到这儿，董事长、党委书记、总经理许远明声音哽咽，有些说不下去了。因为他想到这些年来员工工资低、家徒四壁的窘迫；想到孩子们刚刚打开作业本就停电，没有电灯写作业的情景；想到冬天因为没有暖气，老人们在屋里戴着皮帽、穿着棉鞋还被冻得发抖的情景；想到年届岁末，员工那么困难还不能发给他们工资，心里不由得产生一种歉疚感，泪水不由自主地流了下来。看到董事长、党委书记、总经理许远明那么动情的样子，闹发工资的退休老工人不言语了，一个个都低下了头，流出了眼泪。因为这种情景谁没有经过，谁又没有品尝过呀！人群渐渐地、无声地散去了。

华安人就是这样，宁可自己饿肚子、挨冻，也要信守承诺。但为此他们也得到了巨大的收获，诚信华安的形象在银行界、在社会的形象也因此一下子树立起来了，企业也迅速从低谷中走了出来。1999 年，黑龙江政府授予华安“知名企业”称号，中国企业形象认定委员会把华安评定为 AAA 级企业。

（《华安之魂》，第 111—112 页）

点评：焦裕禄说：“领导不领，水牛掉井。”企业诚信，关键是企业主要领导特别是企业一把手要诚信。黑龙江华安工业（集团）公司“宁可自己饿肚子、挨冻，也要信守承诺，还银行的贷款”的故事，就很好地说明了这样一个问题。如果我们的企业都能够像黑龙江华安工业（集团）公司那样讲诚信，市场就会有序发展，银行也不会有那么多死账、呆账，社会假冒伪劣的问题也就好解决了。

116. 海信电视机“两次”展出的故事

在青岛海信电器公司的历史中，有两次电视机的展出，海信人刻骨铭心。

青岛海信电器公司

第一次展出，是在 1997 年春天的广交会前后。那还是生产 12 寸电子管黑白电视机的时候。在这次广交会上海信电视机的展出，不是因为海信电视机“好”，而是因为在全国举行的电视机质量评比表彰会上，海信电视机因质量“太差”而被展出。差到什么程度呢？就是被展出的这台电视机在做震动试验的时候，组装时能够分离的部件几乎全部脱落，让参观的人看到了和认识了什么叫质量差和差的程度，而且这台电视机的展出是放在广交会展厅上最显眼的地方。那叫什么“展出”呀？就是拿出来“示众”。那次广交会上的展出，使海信人的面子全都丢光了。当时的海信人才真正懂得什么叫“丢人现眼”，如果当时展厅有条地缝，在场的海信人都会钻进去。

广交会后，海信领导把这台电视机搬到了厂子生产车间继续展出。如果说在广交会上的展出，是让海信人丢尽了面子，是被动的展出；而后在厂子里的展出，则是海信领导立志改变现状，是让全体海信人在感到难堪、羞愧中，确立“质量是海信生命和形象”的信念，增强质量意识，是卧薪尝胆、立志要夺回面子，打翻身仗的展出，是主动的展出。

第一次展出，海信人把坏事变成了好事。两年后，海信电视机在全国电视机评比中获得了二等奖。虽然是二等奖，那可是本省在全国争得的第一块奖牌，他使海信人一洗当年的“羊城之辱”。接着，1995 年海信通过国际 ISO9001 质量体系认证，2001 年在中国质量协会组织的“全国质量管理”的评选活动中获得了殊荣。

第二次展出，是海信在赢来一串串殊荣之后的事。1996 年的一天早晨，海信员工像往常一样上班。当大家走进工厂大门的时候，看到在门厅最醒目的位置上，摆放着一台海信牌 TC2518KB 电视机。在该机的显示屏上，一个引人注目的红色箭头所指的显示屏与机壳镶嵌的地方，牢固地夹着一颗小的螺丝钉。机旁还有一张盖满了“合格”字样的工艺流程卡。就这样，一颗小的螺丝钉竟然逃过了 KB、总装、质检层层人们的眼睛，一直流到了包装房，险些流向市场。

这次展出，使领导和员工们的震惊不亚于上次。领导和员工认识到，质量是企业的生命说起来容易落实难。质量是企业的生命虽然天天喊，但在一些人头脑中还是没有完全扎根，或刚扎根又开始飘起来了。为了“警钟长鸣”，他们把这台海信牌 TC2518KB 电视机一直摆在员工一进门的门厅里。有的员工对领导好心地说：“咱们厂经常有来参观的，这台机器总摆在这儿，有碍厂的声誉，还是把它搬走吧。”但领导坚决地说：不！这台机器摆在这儿挺好，可以让它时刻给海信人提个醒：“质量意识在心中丝毫不能松懈，质量品质在手中丝毫不能马虎。”青岛海信之花，在两次展出中越开越艳。

点评：海信电视机的两次展出告诉我们，诚信管理的本质是实事求是的管理。第一次展出，是通过暴露问题，让员工看到问题的严重性，激发大家立志要夺回面子；第二次展出，是为了“警钟长鸣”，用海信人自己的话说，“是给海信人提个醒，质量意识在心中丝毫不能松懈，质量品质在手中丝毫不能马虎。”两次展出，都反映了海信管理的一个“实”字。

117. 北京住总集团付炳臣严把质量关的故事

北京住总一公司项目部经理付炳臣——全国优秀项目经理，北京市五一劳动奖章获得者。他长得浓眉大眼，长方脸，腮下挂满密密的胡楂子，一看就是一位在建筑行业敢打敢冲的猛将。但工作起来，却是一个心细如发的人，有一种精严细实的精神。

付炳臣

记得还是在千鹤家园工程回填土的时候，当天老付有事，不在现场，一夜之间，槽边2.7米深的回填土就完成了，速度那是相当的快，外观效果也是相当的不错。第二天老付回到工地后，感到凭自己的经验，这事有点不对劲，心想：这么快？这里八成有“猫腻儿”。于是，他立即叫来了一个工人，选了一个角挖出断面。这一挖就露馅了。土没筛，灰没拌，里面埋的石头更是多大块的都有。老付一看，火腾地一下子就顶到脑门了。“去，把你们队长叫来。”他沉着脸，看看被挖开的断面，然后又看看工头，紧锁双眉半天没吭声。老付本身长得就很威严，这一绷着脸，脸色更是严肃得吓人。工头因为心虚，再看着老付这副脸色，心里就明白了八九。他笑着对老付说：“呵呵，付经理，找我有什么事吗？”笑的那叫一个不自然，就甭提多难看了。老付盯着他，满是怒火地说：“这活儿是你组织干的呀？在工地也这么多年了，我看你这活儿是越干越抽抽了！”此话一出，把个包工头脸臊得通红，“啊——嗯——啊——啊”，工头自知理亏，张口结舌，半天也没有说出一句话来，只想蒙混过关。过了片刻，便硬着头皮说：“付经理，你看这活儿都干完了，表面上也看得过去，再重新返工，我这材料、人工的，也……要不然这样，这事咱们下不为例，我以后一定注意，晚上我请您喝酒，呵呵。”老付听到这儿，眉头锁得更紧了，正色道：“别人为什么把活儿给我们住总，还不是冲着我们住总的信誉，冲着我们是大型国有企业，建筑工程质量有保证。越是表面看不到的地方，我们越是要做得实实在在。可你这样干，那就给我走人。”工头听后还不死心，强辩道：“这甲方和监理都签字了，您何必这么较真儿。”说到这里，工头的话里也多少有点火药味，气氛骤然紧张，矛盾一触即发。老付似乎看懂了工头的心理，压了压火气，拍拍那个工头肩膀：“我们盖的楼，大多数还是卖给普通的老百姓，很多人要用大半生的积蓄去买房子。买套房子不容易啊！如果房子质量有问题，谁愿意啊！就这么说吧，如果这房子给你住，这活儿你还这么个干法吗？”工头知道理亏，低下了头，不作声了。于是，当天就开始重新挖土，按规矩按步骤，重新回填。

北京住总人就是这样用他们扎扎实实的一言一行，一丝不苟地塑造着北京住总的企业形象。

下面一首小诗，是反映他们如何诚信搞建筑的：

一生盖楼信为本，
切记诚信方有根。
小处着手不厌烦，
切实把好质量关。
精算精做重落实，
严格不差半毫分。
细心同时要记牢，
做个实在住总人。

（阮兰庆）

点评：建筑质量，人命关天。诚信管理，特别是对于建筑行业的企业来说，主要表现在抓好建筑施工的质量上。北京住总一公司项目部经理付炳臣坚持像给自己盖房子那样，质量关把得好！这些年来，工程建筑出现的豆腐渣工程，都是一些企业缺乏诚信，质量把关不严造成的。

118. 湖北老板姚何刚“说话算数”的故事

2007 年，27 岁的姚何刚从部队退伍回到家乡湖北省襄阳后，就决定自己创业。他想自己在部队是干厨师的，不能荒废了一手好厨艺。于是，姚何刚当年就在丹江路租了一间 20 平方米的门面，开了一家经营干锅排骨的饭店。为此，姚何刚招了 3 个徒弟，把自己厨师的手艺倾囊相授，那几个徒弟当时学习得也很勤奋，但问题是学会后就走了。看着自己手把手教的徒弟一个一个离去，姚何刚意识到，厨师这行人员流动性很大，想要留人，必须有留人的措施和政策。

姚何刚

2004 年，从电大毕业的张德忠应聘到姚何刚饭店当服务员。由于后厨非常缺人，姚何刚觉得张德忠人比较老实，就传授给他厨艺。有了以前徒弟学会手艺就跳槽的经历，姚何刚这次向店员立下了如下承诺：谁要是在饭店跟他干 10 年，10 年后他就会奖励这个人一辆汽车。因为姚何刚的承诺并没有写在合同上，很多员工并没有当真，都是干得开心就继续干，干得不开心就走了。而张德忠不，10 年来一直坚持刻苦学习厨艺技术，踏踏实实地干活。到了 2014 年 10 月，张德忠在店里整整干了 10 年的时候，姚何刚便带着张德忠到4S 店看车，直到这时，张德忠才相信姚何刚说的话是真的。当姚何刚将汽车开到饭店门前把钥匙交给张德忠时，张德忠还是有点惊呆了。年底，是饭店最忙也是开销最大的时候，没想到老板竟然在这种情况下亲自把车给提了回来。看着崭新的汽车，张德忠一时激动得说不出话来，其他员工也非常羡慕。因为老板一诺千金，饭店人心一下子就凝聚起来了。

（来源：百度网）

点评：一诺千金，吐地为钉。作为一个老板讲出的话就要算数。特别是在老板与农民工还很少实行书面契约的情况下，老板就应该把口头承诺当成契约对待。故事中的老板一诺千金，说了到时真的就兑现。这样做，不但树立了老板的信誉，关键是凝聚了员工的心，增强了企业向心力与竞争力。

119. 曾宪梓以信立人的故事

曾宪梓，汉族客家人，宗圣曾子后裔，1934 年出生在广东省梅州市梅县区一个农民家庭。现为金利来集团有限公司董事局主席、中华全国工商业联合会副主席。曾经在香港担任香港特区筹委会委员、港事顾问、香港中华总商会会长、贸易发展局理事等职。

曾宪梓幼年丧父，母亲挑着一副担子，一头是曾宪梓，一头是他的哥哥，半是乞讨，半是劳动糊口。1963 年，他投奔哥哥，一家人去了泰国。后来，因为和哥哥矛盾激化，被哥哥一家赶了出来。开始，制作领带，数月内过着有上顿没下顿的生活。

曾宪梓

同在泰国做生意的叔叔知道他的情况后，便拿出 5000 泰铢资助他，他坚决不要。他要凭着自己的本事养活一家人。过了不长的时间，叔叔把他叫去，说：“我有一匹料子，要做成黑色的领带，你帮我加工，我付给你工钱。”曾宪梓很高兴，愉快地接受了这批活儿。夫妻俩昼夜不停地设计、裁剪，异常地用心制作，千方百计地保证质量。他们用这匹英国黑丝做了60打领带（每打12条），整整齐齐地送到了叔叔的公司。叔叔仔细地检查了每条领带后，十分满意曾宪梓的做工，夸奖一番后，给他相当于1万港元的工钱。

曾宪梓接过工钱数了数，数到900元的时候停止了，将其余的全部退给了叔叔，说：“叔叔，加工这批领带的加工费是每打15元，60打共900元，剩下的退给您。”叔叔听了很不高兴，一定要他都拿着，说是工钱，不收不行。叔母也不高兴了，说：“宪梓，你教我们怎么帮助你呢？我们知道你的脾气，才采取这种办法的……”

曾宪梓说：“谢谢叔父、叔母的好意，但也请你们理解我，你们给我一个机会就已经很难得了，就已经帮了我的大忙了。”

点评： 著名谈判专家路孟曾说：“在外行人眼里，做生意的人是狡诈的，而明智的商人绝不能愚弄对手。从长远的观点看，坦诚、信誉是一笔重要的资产。”曾宪梓先生就是这样一个明智的商人。这也是曾宪梓能够从一个“乞丐”变成香港“领带大王”的一个根本原因。

120.《可信中关村公约》诞生的故事

一天，有一个从美国归来的企业家一进协会的门就哭了。原来，不久前美国归来的企业家招聘了一个研究生。这位高才研究生信誓旦旦地表示要在他的企业大干一场，还主动地交了5万元的保证金，以示自己的决心和诚意。这位海归老板被他的行为感动了，很快就与他签订了3年劳动合同，并专门给他争取了一个进京指标，帮助他办理了进京户口，同时砸了4万元钱送这个高才生参加专业培训，让他接手企业的核心技术，等于把最重要的岗位交给了他。可是他万万没有想到的是，这位高才生办理进京户口的第二周，就向企业提出辞职，原因很简单，他想跳槽去另一家挣钱更多的公司，还到法院起诉公司，要回了5万元的保证金。老板费尽周折争取到的一个进京指标付之东流，4万元的培训费打了水漂，更糟糕的是企业的核心技术也随之消失。想到这些，这位海归老板不由得发出这样一句感叹：“中关村还有诚信吗？”

海归老板的遭遇，让于滨陷入了深深的思考。为了建立诚信机制，他先后走访了350多家企业，花费了1个多月的时间，废寝忘食，不分昼夜地工作，终于编写完成了《可信中关村公约》。《可信中关村公约》设立了“可信员工”“可信实习生”“可信企业家”“可信高管”和“可信产品”五个方面认证。同时，建立了可担责任的诚信机制，一是违约处罚，二是行业黑名单。

目前，已有950名职工、106名企业家和上千家企业加盟了《可信中关村公约》。如今的中关村人已经认识到，诚信是人际交往的名片，也是立足市场的基石。

（根据《北京晚报》“可信中关村人于滨”文章编写）

点评： 企业呼唤诚信。我国实行市场经济时间不长，而诚信机制的建立有一个过程。《可信中关村公约》的制定和落实，无疑对于中关村诚信机制的建立是一个有效的推进。随着国家最高人民法院等《关于公布失信被执行人名单信息的若干规定》的陆续出台，相信我国诚信的社会环境、市场环境会很快得到改变。

121. 刘伯承“以身作则、率先垂范”的故事

刘伯承（1892—1986），曾用名刘伯坚，男，四川省开县人。中华人民共和国元帅，中国人民解放军缔造者之一，伟大的无产阶级革命家、军事家、马克思主义军事理论家、军事教育家。

刘伯承元帅一向以治军严格出名。在一次大规模战术演习过程中，天空忽然乌云密布，不一会儿就下起了瓢泼大雨。指挥员向刘伯承请示：“院长，演习是不是可以暂时停止？”刘伯承坚定地回答：“演习就是打仗，

刘伯承

打仗还能挑天气？”于是，演习按原计划进行。

看着刘伯承站在风雨中继续指挥演习，大家都很担心他的身体，一个60多岁的老人怎么经得住这么大的雨淋呢？指挥部的同志都劝他暂时避避雨，但都被他拒绝了。一位同志把一顶草帽戴在他头上，他严肃地说：“我们是带兵的，要以身作则，应该带头信守军规，不然谁会相信你讲的那一套。”就这样，他一直在风雨中站到演习结束。

点评：以身作则、率先垂范是我军带兵的一个传统。刘伯承元帅作为一个60多岁的老军人以身作则、率先垂范的精神，让人感动。什么是诚信管理？这就是诚信管理！要求下面做到的领导首先做到。这是我军之所以从小到大、从弱到强能够战胜敌人的法宝。徐才厚、郭伯雄等腐败分子，高高在上，作威作福，大搞行贿受贿，买官卖官，完全丢掉了我军的这一光荣传统，他们是人民军队的罪人。要恢复我军的光荣传统，就要把我军光荣传统找回来。

122. 三十八军“万岁军”的故事

梁兴初（1912—1985），男，江西吉安人。中国共产党党员，中国人民解放军高级将领，中将军衔。解放战争时期，曾任东北民主联军第十纵队司令员，中国人民解放军第38军军长等职。中华人民共和国成立后，曾率部参加抗美援朝战争。抗美援朝战争结束后，曾任海南军区司令员，广州军区副司令员等职。中国共产党第九届中央委员会委员。党内，曾任中共四川省委、成都军区党委第二书记等职。1955年，被授予中将军衔，获二级八一勋章、一级独立自由勋章、一级解放勋章。

抗美援朝，为了打好出国作战第一仗，彭德怀要第三十八军于 1950 年 10 月 31 日晚或 11 月 1 日拂晓前攻占军隅里，向新安州突击，截断进占云山、泰川美军退路，并同另三个军对敌实施全歼。

梁兴初

但在第一次战役中，因三十八军在与美第 1 骑兵师步兵第 5 团遭遇时，动作迟缓，贻误了战机，致使彭德怀入朝第一仗的作战计划没能很好实现。

11 月 13 日，志愿军党委召开高级作战扩大会议。会前，彭德怀和每个人都握手，就是没有和三十八军军长梁兴初握手。开会时，志愿军党委副书记邓华在总结中讲到第一次战役由于三十八军对敌情估计过高、不敢大胆穿插，致使敌人乘机逃跑的情况时，彭德怀怒气冲冲地站起来，用拳头猛地向桌子一击，吼道：“梁兴初！你真是胆大包天，竟敢违抗军令！……这是犯罪的行为！什么战将，我看是鼠将！老鼠的鼠。我彭德怀别的本事没有，斩马谡的本事还是有的！再贻误战机，我要送你上军事法庭！”

在随后部署第二次战役时，彭德怀对梁兴初说：“这次你对敌情不熟悉，我就不追究你的责任了，下次再打败仗，可别怪我撤你的职，撤掉三十八军的番号！”

响鼓也要用重锤敲。有血性的打铁出身的三十八军军长梁兴初是一个能打硬仗的战将，早就因为第一次战役时一仗没有打好而自责，这次又被彭老总骂了个狗血喷头和奚落了一顿，心里更是羞愧难当，决心在第二次战役要用行动洗掉这奇耻大辱，他立下承诺说：“请您放心，三十八军拼命也要打好下一仗。我们一定要打出三十八军的本色，不愧对三十八军的历史！”彭德怀的这一次震怒对部队上下都震动很大。

第二次战役——1950 年 11 月 25 日，抗美援朝著名战役——德川战役打响了。面对美国的王牌军队，一个是美国的“开国元勋师”，一个是第二次世界大战时期跟随艾森豪威尔将军征战欧洲的主力师。武器装备非常现代化，飞机、坦克、大炮，什么都有。三十八军不忘承诺，吸取了第一次战役经验教训，一仗就废了韩7师。接着向军隅里、价川方向穿插，大迂回到美第9军后面，切断敌人退路。在戛日岭，三十八军将士和土耳其旅刺刀对刺刀，硬把这帮突厥人的后裔杀得心惊胆寒。三十八军一一三师为抢占三所里和龙源里，在14小时里跑了145里，卡住了美第9军的南逃之路，使南逃北援之敌无法会合，打得英勇顽强，在整个战役中起到了关键性的作用。

特别是三十八军一一三师三三五团像一颗钢钉，钉在了松骨峰，坚决堵住敌人的退路，保证了整个西线作战的胜利。一幕幕悲壮惨烈的战斗情景，被魏巍写在《谁是最可爱的人》那篇著名通讯中。在整个第二次战役，志愿军歼敌1.1万，三十八军立下了奇功。

彭德怀为此亲自起草了一个嘉奖电报，电报写道：梁、刘转三十八军全体同志：此战役克服了上次战役中个别同志某些过多顾虑，发挥了三十八军优良的战斗作风，尤以一一三师行动迅速，先敌占领三所里、龙源里，阻敌南逃、北援。敌机、坦克各百余终日轰炸，反复突围，终未得逞。至昨（三十日）战果辉煌，计缴仅坦克、汽车即近千辆，被围之敌尚多。望克服困难，鼓起勇气，继续全歼被围之敌，并注意阻敌北援。特通令嘉奖，并祝你们继续胜利！最后，又加上“中国人民志愿军万岁！三十八军万岁！”

从此，“万岁军”名扬天下，成就了三十八军“万岁军”让敌人闻风丧胆的威名！

（来源：百度网）

点评：军无戏言，说到就要做到。三十八军知耻而后勇，言必信，行必果，成就了“万岁军”的威名，为志愿军赢得了“最可爱的人”的赞誉。

123. 冯玉祥带头“戒烟”的故事

冯玉祥（1882—1948），字焕章，原名基善，中国国民革命军陆军一级上将，爱国民主人士，一生充满传奇色彩。

下面，是冯玉祥带头戒烟的故事：

冯玉祥

冯玉祥将军作战勇猛，素以治军严格著称。为了把他统率的西北军练成一支有教养的军队，冯玉祥制定出许多军令，其中一条就是“戒烟”令。有一次，他当众宣布全军戒烟，如果有违纪者，就罚其吃烟头。

后来，在一次惩罚一名吸烟的士兵时，士兵顶撞说他也吸烟了。原来，冯玉祥在与友邻部队长官会面时偶尔也吸过几口烟，让下面当兵的看到了。听了这个士兵的话，冯玉祥猛地摔下军帽，大声说：“我冯玉祥上梁不正下梁歪。我是吸烟了！”说着从士兵手里抢过烟头，塞进自己嘴里。违纪的士兵见此情景，吓得目瞪口呆，慌忙下跪。冯玉祥咽下烟头后又说：“以后待客，我也不吸烟了。把我屋里留的待客的烟卷，全搬出来烧了。”于是，一箱上好的香烟顷刻间化作熊熊烈火。

由于冯玉祥身先士卒带头戒烟，遂使西北军成为一支称雄当时的“无烟铁师”。1947 年，冯玉祥在美国考察，让会场上的卷烟熏得头痛多日，于是愤而作诗一首。诗云：大会礼堂，又熏又臭，又臭又熏。既熏且臭，既臭且熏，熏而又臭，臭而又熏。熏熏臭臭，臭臭熏熏。亦熏亦臭，亦臭亦熏。此诗被美国一禁烟协会译成英文，载于著名的《纽约时报》上，并印成传单四处张贴。

冯玉祥不仅在军中禁抽卷烟，更禁抽大烟。他下禁烟令，取缔大烟馆，捉拿烟商，设收容所，办造林队，把抓到的大烟鬼送到泰山造林队强制进行造林劳动，一时传为佳话。他还写诗《戒烟与造林》。

诗云：多栽树木，莫抽大烟。林木长大能成材，大烟送你早进鬼门关。好男儿当做栋梁材，为国家建功立业作贡献。

点评：诚信带兵，就是领导要以身作则，率先垂范。不管是历史上，还是现在都是一样。冯玉祥将军说的好，做的也好。他说：“对人以诚信，人不欺我；对人以诚信，事无不成。”真可谓至理名言。

124. 汉文帝坐马受惊的故事

据《汉书》记载：

一次，汉文帝马队经过中渭桥时，一个人从桥底下走出来，惊了汉文帝所乘的马。于是，汉文帝手下就把这个人抓了起来，交给法官张释之处理。那人解释说，因为看见马队过来，就在桥下躲了起来。后来以为马队已经走了，就出来了。结果看见马队还在，吓得就跑，于是就惊了马。张释之依照当时的法律，判此人罚款。

汉文帝听了很生气，责问张释之：“这人惊了我的马，好在我的马性格比较温和，换其他性格暴躁的马，不就摔伤了我吗？你怎么只是罚款？”

张释之说：“法律是天子与天下人共同遵守的。法律就是这样规定的，陛下如果加重处罚，这样法律就不能取信于民了。”汉文帝思考后说：“你说得对。”汉文帝想加重处罚，但最后不得不依法办事。

点评：法律面前人人平等，必须要做到公平、公正。只有这样才能取信于民。古时皇帝尚能做到这一点儿，现代人不是应该做得更好吗？我们现在正在全面建设法制社会，各级领导要自觉地做到知法守法，坚持法律面前人人平等，这样，一个现代的法制社会才能建设起来。

125. 曹操“割发示三军”的故事

曹操（155—220），字孟德，一名吉利，小字阿瞒，沛国谯县（今安徽亳州）人，汉族。东汉末年杰出的政治家、军事家、文学家、书法家，三国中曹魏政权的奠基人。曹操在世时，担任东汉丞相，后为魏王，去世后谥号为武王。其子曹丕称帝后，追尊为武皇帝，庙号太祖。

曹操

一次麦熟季节，曹操率领大军去打仗，沿途的老百姓因为害怕，没有一个敢收小麦的。

曹操得知这种情况后，立即派人告诉沿途的老百姓和地方官吏，他是奉皇帝旨意讨伐逆贼的。现在正是麦收季节，士兵如果有践踏麦田的，立即斩首示众，请父老乡亲们不要害怕。

曹操的官兵在经过麦田时，都下马用手扶着麦秆，小心地蹚过麦田，这样一个接着一个，相互传递着走过麦地，没有一个敢践踏麦子的，老百姓看了，没有一个不称颂的。有的望着官军的背影，还跪在地上拜谢。

曹操的马正在走路，忽然，田地里飞起了一只鸟，惊吓了他的马，马一下子蹿入地里，踏坏了一片麦田。

曹操立刻叫来了随行的官员，要求治自己践踏麦子的罪行。官员说：“怎么能够给丞相治罪呢？”

曹操说：“我亲口说的话自己都不遵守，还会有谁会心甘情愿地遵守呢？一个不守信用的人，怎么能够统领成千上万的士兵呢？”说完抽出腰间的宝剑就要自刎，众人连忙上前阻拦。

这时，大臣郭嘉走上前说：“古书《春秋》上说‘法不加于尊’，丞相统领大军，重任在身，怎么能自杀呢？”

曹操沉思了好久之后说：“既然古书《春秋》上有‘法不加于尊’的说法，我又肩负着天子交给我的重要任务，那就暂且免去一死吧。但是，我不能说话不算话，我犯了错误也应该受罚。”

于是，他就用剑割断自己的头发说：“那么，我就割掉自己的头发代替我的头吧。”

曹操又派人传令三军：丞相践踏麦田，本该斩首示众，但因为肩负重任，所以割掉头发替罪。

现在的人可能觉得割掉头发没什么，可古代人认为，头发是从自己父母那里继承来的，随便割掉不仅大逆不道，而且还是不孝的表现。

点评：曹操“由于自己的马践踏麦子，抽出腰间的宝剑就要自刎”，这当然是做给下面看的。但他讲：“我亲口说的话自己都不遵守，还会有谁会心甘情愿地遵守呢？一个不守信用的人，怎么能够统领成千上万的士兵呢？”这倒是个理儿。即军法面前人人平等。

126. 诸葛亮“以信为本”治军的故事

诸葛亮，字孔明，号卧龙（也叫伏龙），汉族，琅琊阳都（今山东临沂市沂南县）人，三国时期蜀汉丞相，杰出的政治家、军事家、发明家、文学家。在世时，被封为武乡侯，为匡扶蜀汉政权呕心沥血，鞠躬尽瘁，死而后已。其代表作有《前出师表》《后出师表》《诫子书》等。曾发明木牛流马等，并改造连弩，可一弩十矢俱发。后世受到历朝历代极大尊崇，死后追谥忠武侯。后来，东晋政权推崇其军事才能，特追封他为武兴王，成为后世忠臣楷模，人类智慧的化身。

魏明帝曹睿（204—239）亲自率领大军征讨蜀国，驾车来到长安，便任命司马懿担任魏军主将，督领张郃的雍州、凉州劲旅20多万，秘密行军，直奔剑阁。当时，诸葛亮屯兵祁山，手下所带兵马只有10万，其中，有4万人因为服役期满，需要退伍还乡。在这一关键时刻，一旦这4万人要按时退役，将会使原本就处于劣势的蜀军雪上加霜，处于更加艰难的困境。

当时，两军对峙，战争一触即发。

蜀军这边，参佐以下的将领都认为敌人兵力强盛，我军力量太弱，假如没有一定兵力增援的话，肯定难以制胜。因此，有些将领便向诸葛亮建议，延期服役一个月，等到战事结束后再让老兵退役还乡。但被诸葛亮果断地拒绝了，说："我率兵作战，向来以信为本，获得土地失去信用，这是古人常犯的错误。那些很早就背井离乡在外征战多年的人，早就归心似箭，期待着和家人的重逢。他们的亲人也早已计算着归期，盼望早日相见。如今，就算大敌当前，战事严峻，我们也没有理由耽误行程，道义岂可偏废！"于是，下令各部让服役期满老兵速速还乡，早日和家人团圆。

精诚所至，金石为开。这些老兵们知道这种情况之后，不但没有走，反而被诸葛亮的诚心所打动，愈加坚定地留了下来，并感慨道："丞相的大恩大德，我们铭记于心，虽死也不忘啊！"那些本不该走的年轻士兵也被诸葛亮的信义所打动，都愿意以死相报，战斗到底！

临战时，士兵们士气高昂，以一当十，誓死拼杀，先是杀掉了魏将张郃，后击退司马懿，打得魏军落花流水，最终取得了胜利。

点评： 诚信治军，士气高涨；失信于人，怨声载道，士气低落。弄得不好还会引发兵变，仗没打自己内部先乱了阵脚。故事说明，以诚为本治军可以出凝聚力、战斗力。治军是这样，经商、治国以及从事其他行业的管理，也是一样。

127. 宋太祖独用忠于职守之人的故事

宋太祖赵匡胤（927—976），中国大宋王朝的建立者。960 年，他以"镇定二州"的名义，谎报契丹联合北汉大举南侵，领兵出征，发动陈桥兵变，废去柴宗训，称帝，建国号为宋，定都汴京，史称北宋，建年号为"建隆"，定都开封，在位 16 年。在位期间，加强中央集权，提倡文人政治，开创了中国的文治盛世，是一位英明仁慈的皇帝，是推动历史发展的杰出人物。

赵匡胤在陈桥驿黄袍加身后，便挥戈返京夺权。陈桥驿在陈桥门与封邱门之间，他们先奔陈桥门，陈桥门守卒拒不开门，他们又奔向封邱门，封邱门守卒望风开关。待赵匡胤夺权当了皇帝后，立即将封邱门守卒斩首，而提拔陈桥门守卒当了官，"以旌其忠于所事"。

赵匡胤

曹彬，在跟随赵匡胤统一中国的战争中，南征北战，屡立奇功，屡受褒奖，对赵宋江山大一统功不可没，最后官至枢密院使，同平章事，位兼将相。他之所以能够得到赵匡胤的如此信任和重用，是因为赵匡胤在周世宗帐下时，曹彬是周世宗的供奉官，为世宗掌茶酒。赵经常到曹处求官酒，曹说："这是官酒，不能给你。"便自己掏钱到市井沽酒给赵喝。赵匡胤对这件事感触很深，所以赵登了皇位后话及世宗旧臣时说："不敢负其主者，独曹彬耳。"

另一位人物是窦仪，后周显德年间，赵匡胤攻克滁州，周世宗派窦仪前往清点府库财务。清点登记后，赵派人要取库中绢匹准备分配给部下，窦仪说："若是太尉（赵）打下州城之时，把所有财物都给部下，也没有人敢说什么。现在，已登记造册，属于国家财物，没有诏书不敢轻取。"虽然，赵在窦仪那里碰了钉子，但对窦仪的忠于职守、不徇私情的官风，钦佩至极。

点评：试玉要烧三日满，辨才须待七年期。讲的就是识人用人之难。宋太祖赵匡胤独特的用人原则概括起来就是：忠于己者未必用，忤于己者未必不用；忠于职守者必用，失于职守者不用。其本质是独用忠于职守之人。

128. 新加坡某位经理人跳槽的故事

上海华东政法学院教授董保华在上海企业联合会聚会时，讲了新加坡某位经理人跳槽的故事：

新加坡某位经理人想从一家企业跳槽，与第二家企业已经进入聘用合同的准备阶段。但这个人正在这时又发现第三家企业待遇更好，就有点“这山望着那山高”了，心思又开始活动了，准备再次更换门庭投靠新主。第二家企业闻讯后，深知对付这类人，打官司是没用的，于是就向新加坡企业协会进行投诉，由企业协会出面将这几家企业召集在一起，让他们自己协商解决的办法。结果，没有一家企业再愿意聘用此人。理由是因为此人已经失去做人的基本标准——诚信。估计此人在新加坡的企业圈里要想谋得一个好差事，怕是比较难了。

董保华

（《安全风》2005 年第 4 期）

点评：“一处失信，处处制约”，使失信人如“过街老鼠，人人喊打”。新加坡这个机制好！我们国家也要建立这样一个机制。人才都是存在于一定的“圈子”里。诚信度如何，直接关系到这个人在这个“圈子”里能不能混下去、混得开和混得好，一旦不诚实守信，在“圈子”里曝光，留下痕迹，就失去了生存的市场。现在，上海在国内已经率先建立了个人信用联合征信服务系统。上海市民现在知道只要自己不小心发生拖欠水电煤话费，信用卡透支消费等还款逾期行为，这辈子就别想贷款买房子买车了。希望这种机制不仅在上海有，全国都要有，这样才能形成人人讲诚信的环境和氛围。

129. 拿破仑发现哨兵睡觉后的故事

拿破仑·波拿巴（1769—1821），即拿破仑一世，出生于科西嘉岛，19世纪著名军事家、政治家，法兰西第一帝国的缔造者。他不仅创造了法国历史，而且也创造了所有欧洲各国的历史，是欧洲史上最伟大的人物之一。

他于1804年加冕为法兰西皇帝，从此他的名字就和他无数战争的胜利联系在一起……拿破仑于1814年和1815年两度战败并被流放。1821年，拿破仑病逝于圣赫勒拿岛。1840年，他的灵柩被迎回法国巴黎，隆重安葬在法国塞纳河畔的巴黎荣军院。

拿破仑

一次，拿破仑在夜间查哨时，发现执勤哨兵上岗时竟然睡着了。对此，拿破仑并没有发作，而是拿起他的枪在他的哨位上站了半个多小时，一直等到那个哨兵醒来，惊慌失措的哨兵吓得立刻跪地求饶。拿破仑为此并没有责备和处罚这个士兵，反而亲切地对他说："这段时间作战确实非常辛苦，大家困乏也是可以理解的。但是，作为一名哨兵，如果在执勤的时候出现这样的疏忽，可能会葬送全军士兵的生命。所以，你下次执勤可要注意了。"

点评： 拿破仑不愧是欧洲史上最伟大的人物之一，从对一个哨兵站岗睡觉的处理就可以看得出来。故事放到现在，也是一个诚信带兵的典型。不但处理得合情（没有叫醒、批评和处罚这个士兵，还拿起这个士兵的枪在哨位上替士兵站了半个多小时的岗），而且也合理（没有责备和处罚这个士兵，而是对这个士兵说："这段时间作战确实非常辛苦，大家困乏也是可以理解的。"）。处理问题非常客观和实事求是，很能够说服人和打动人，使人很受启发。

经营处事首先以信字，信誉得人。

其次是义，心怀道义，不昧良心。

——乔家大院 乔致庸

七、诚信经营篇

见利忘义，一败涂地。“为人不可贪，为商不可奸，经商只信义，无德不成商。”（胡雪岩）习近平说：“企业无信，则难求发展。”著名犹太商人约翰·皮尔特·摩根说：“我最重视的是人的品德，其重要性远远凌驾在钱或者其它事务之上……只要是我不信任的人，别想在我这儿拿走一毛钱。”

130. 同仁堂“妙手回‘金’”的故事

1993年的一天，同仁堂香港药店来了一对英国母女，妈妈带着一个十一二岁小姑娘来到了药店。姑娘娇小可爱。员工们问明来意，原来是经人介绍慕名来看中医的。原来，小姑娘在一夜之间一头秀发突然全部脱落。这奇怪的病症，使小姑娘的父母一下子急坏了。他们带她走遍欧洲、美国和加拿大等各地，寻访各大医院，看遍无数名医，但均无任何效果，最后辗转来到了当时还是英国殖民地的香港。

教授询问了小姑娘的情况，看了舌苔、脉象，对小姑娘的妈妈说：“问题并不是大问题，但要完全治愈，我就要提一个要求。”

小姑娘的妈妈脸上绽出了笑容，急忙问道：“什么要求？”

“坚持吃药。”陈教授慢慢地、语气坚定地说。

“坚持是多少时间？”妈妈问道。

“至少要坚持一年左右。”陈教授说。

妈妈低下了头，陷入了沉思。过了一会儿，妈妈说道：“她喜欢芭蕾舞，现在也正在学习芭蕾舞，她是多么喜欢舞蹈啊。只要是能治好，不论多长时间，我们都能坚持。”陈教授听了，微微一笑，说道：“我们一起努力吧。”

看着陈教授的笑脸，母女俩似乎又燃起了希望。

那边母女两个人踏下了心，而陈教授这边大家的心可就提起来了。病情古怪，病因不详，又久治不愈，陈教授有把握治好吗？别说治好了，就是见效恐怕都不是容易的事，人家已经看遍欧美各大知名医院都没见效，中医真能更胜一筹吗？大家心中不约而同地替陈教授捏了一把汗。

再看看陈教授，永远都是那么的从容，永远都是那么的耐心。把脉，开方，一丝不苟。一年的时间，转眼即逝，陈教授要回北京了，怎么办？英国母女着急起来。陈教授慢慢地说道：“从目前情况看，治疗方法是正确的，只要坚持，奇迹会发生的。小姑娘的病案我已经写得很清楚了，将来接替我的是北京的医生，他们看了你的病案，会继续为你很好地治疗的。”

最后一次出现在同仁堂的小姑娘，已经神奇地长出一头美丽的金发。小姑娘之前每次来同仁堂看病，都是戴着一个金发的假发套，虽也有些飘逸，但一看就是假的，看了让人同情。母女俩这次来同仁堂，是专程来感谢香港同仁堂和医生的。小姑娘仍然是一头飘逸的金发，但她腼腆而又自豪地揪揪自己的头发，对大家说，现在的金发是真的了。笑容，写在了这对英国母女俩的脸上。

她的妈妈按照对西医的理解，不无担忧地问，吃了这么长时间的中药，头发是长出来了，但服药时间太长，会不会有什么副作用呢？对女儿今后的成长，会不会有什么影响呢？同仁堂医生答道：“‘副’作用是有的，影响也还是比较大的。”

母女俩听到这样的说法，脸上的笑容顿时消失了，急切地问道：“什么副作用？什么影响？”“小姑娘会更加聪明，舞蹈会跳得更好。”医生说。“为什么呢？是真的，还是幽默呢？”孩子妈妈急切地问。“中医讲，肾主骨生髓，其华在发，技巧之官，司智出焉嘛。这一年多来，姑娘一直吃的是补肾的中药，生发嘛。但补肾的中药，不仅帮助人生发，还能提高人的技巧功能和智力。你们说，孩子是不是会变得更加聪明，舞蹈也会跳得更好啊？”陈教授说。

母女俩并没能完全理解教授所讲的中医理论，但对教授所给的结论则是完全明白和接受的。母女俩又一次开心地笑了。

（北京同仁堂宣传部）

点评：“妙手回‘金’”（金发）无疑要靠精湛的医术，但更靠“诚待天下客”的精神。否则，谁又肯担此风险，为此捏把汗呢？故企业最大资本不是资金，而是一个“信”字。

131. 范海涛为了“履行承诺”的故事

范海涛，男，汉族，1964 年 7 月生，中共党员，河南省辉县市孟庄镇南李庄村党支部书记，河南孟电集团总经理，全国劳动模范、全国五一劳动奖章获得者、河南省优秀共产党员，2015 年荣获全国诚信道德模范称号，入选“中国好人榜”。

2015 年 10 月 26 日，一声巨响，八个高耸的烟囱和巍然挺立的凉水塔轰然倒地。范海涛的眼睛满含热泪，为支持政府生态建设计划和群众对清洁环境的期盼，孟电人 20 年心血、巨额的资产一瞬间化为乌有。此前，范海涛在 2015 年已经关停了三条污染严重的立窑水泥生产线，为此企业损失 6000 万元。8 台机组爆破后，1000 多名电厂职工顿失生活来源。范海涛向所有职工做出承诺，对所有职工进行内部分流安置，停产期间一切工资、福利照发。孟电集团开发孟电花园小区时，曾向住户承诺双气入户。可是当年冬天，由于 2 号机组设备不到位，无法为小区供暖。为了兑现承诺，范海涛决定从水泥公司供热锅炉往小区架设临时供热管道，准时向居民供

范海涛

暖，设备到位后，再拆除临时管道，为此，为了兑现承诺企业额外损失 400 万元。

2015 年 2 月，范海涛当选南李庄村党支部书记。他向村民承诺，用 3 年时间让村民过上和城里人一样的生活。2015 年，他从企业挤出 1.6 亿元，不要村民出一分钱，为全村 351 户村民每户建造一套 270—290 平方米的新式别墅。2015 年再次筹集 3000 万元，在建新社区节约下来的土地上，建设家居建材城和服务中心，为村民提供 500 个就业岗位，每年为村集体增收 300 多万元。2015 年 3 月，他又挤出 160 多万元建设 1100 多平方米的老年中心。

每年，范海涛都拿出 30 万元帮助全市的困难党员；拿出 50 万元为全市的贫困职工贴补生活；设立 200 万元的教育专项基金资助数百名寒门学子圆了大学梦；出资百万元，为南村镇南东村修建蓄水池，解决了 2000 多人的饮水问题；捐赠一部价值 10 万元的汽车，注入 10 万元启动资金，在新乡市社会福利院建立“海涛爱心屋”，让特殊群体感受社会的关爱。

（来源：百度网）

点评：习近平总书记说：“人民对美好生活的向往，就是我们的奋斗目标。”河南省辉县市孟庄镇南李庄村党支部书记、河南孟电集团总经理范海涛就是践行党的这一奋斗目标的典范。他自觉的“看齐”意识，“还给家乡群众碧水蓝天”的环保意识，以及诚实地履行承诺和奉献精神非常值得人们学习。

132. 电影《农民工》马虎的故事

马虎，男，汉族，1968 年 12 月生，中共党员，安徽省阜阳市嘉安建筑劳务有限公司经理。马虎获得全国五一劳动奖章、全国道德模范提名奖等荣誉称号，入选“中国好人榜”。以马虎为原型拍摄的电影《农民工》，成为纪念改革开放30周年献礼影片。

马虎

17年前，28岁的他还只是一个普通的农民工，几年后就成了200多人的包工头，现在已经是上万名员工的公司掌舵人。回想17年，他最大的体会就是本分做人，诚信做事。

有一年，眼看春节就要到了，马虎和他的一个同伴冒着大雪，从朝阳区西坝河到海淀区六里桥去讨工钱，两人深一脚浅一脚地足足走了4个多小时。最后对方只给了8000元钱，而这只够大伙回家过春节的路费。这下，可让马虎犯愁了，心想，“大家干了一年了，怎么也不能让工友们空着手回家过年呀！不管多么难，也不能辜负大家对我的信任。”于是，他背着父母找亲戚、求朋友，硬是自己借了五六万元钱，给工友们发了工资，让员工过上了团圆年，而自己却因此背了一身的债。为此，还借了高利贷，让急需用钱的农民工拿着工资回家过年。对可以缓一缓的工友，马虎承诺：只要我活着，就不会欠大家一分钱，直到1999年将债务全部还清。

1997年6月，马虎承接了密云一个2万多平方米的建筑工程，合同金额300多万元。可是，工程款也是一拖再拖，工友们只好到外面去赊饭吃，可账都记在马虎账上。直到1999年，马虎的事业有了起色，才把欠小卖铺、小吃店的赊账还清。马虎还账时，对方都感到很惊讶。因为工地早转场了，这笔钱早就没有了，没有想到几年后，马虎还会主动地去登门还钱。马虎说：“做人就要诚实守信，做人不守信，还算人吗?”

2015年，面对金融危机给建筑市场带来的严峻挑战，马虎在施工队中提议“不裁员、不减薪”，积极组织了境外劳务输出，不仅让跟着自己的8000多名农民工有活干，还从安徽、四川、河南等地新招了2000多名农民工。这一年，施工队产值达 1.4 亿多元，人均工资收入达 2 万多元。2015 年，利比亚局势出现动荡以后，马虎积极协助有关部门迅速安全地将 100 多名工友撤回国内，并在总包资金未到位的情况下，自己垫资 200 多万元给工人结清了工资，并发放了安抚费。

秉承“干良心活，盖放心房”的理念，马虎从一名普通建筑工人成长为首都建筑市场优秀施工队队长，带领着安徽、四川等地近万名农民工活跃在京城建筑市场，在北京多项重大工程建设中树立了诚信形象。

在马虎施工队有一条铁的纪律，那就是谁触动了工程质量这条“高压线”，谁就将被立即清除出队。即使在工程利润难以保证的情况下，他也毫不含糊，坚决不允许在任何一项工程、任何一道工序上偷工减料。十多年如一日，马虎始终坚持亲自带领技术骨干奋战在一线，先后参加了国家大剧院、奥运场馆等多项重点工程的建设，累计施工面积达 600 多万平方米，未发生一起质量问题和安全事故，先后荣获“长城杯”奖 16 项、“北京市安全文明工地”奖 18 项、“詹天佑大奖”6 项等荣誉。2015 年汶川发生特大地震后，他带领施工队奔赴灾区参加援建工作，和工人们一起冒着高温酷暑、克服蚊虫叮咬等困难，连续奋战 70 多个昼夜，保质保量地提前完成了 980 套安置房的施工任务。2015 年，马虎承接家乡阜阳市 10 多万平方米安置房的施工任务，施工期间甲方资金短缺。他想，一边是自己对政府的承诺，一边是安置居民盼着早日搬进新居的期待。于是，马虎自己筹集资金，按时保质完成了建设任务。

（来源：百度网）

点评：农民工马虎的事迹，最大的亮点是体现一个“诚”字。在对待员工上，在金融危机资金困难的情况下，坚持“不裁员、不减薪”，坚持“不缺农民工一分钱”的承诺；在建筑施工上，坚持“干良心活，盖放心房”，不允许在任何一项工程、任何一道工序上偷工减料。正因为一个“诚”字，使他赢得了信誉，不但在京城立下了脚跟，而且企业也越做越大。

133. 诚信夫妻李继林、刘平贵“还粮之路”的故事

2010年8月，李继林、刘平贵夫妇在本村经营的面粉加工厂突遭强降雨，损失高达80万元，债务涉及18个村庄200多农户。5年来，夫妇二人克服困难，信守承诺，义无反顾走上了还粮之路。诚信还粮夫妇，在2015年全国道德模范评选中感动中国，获得荣誉称号。

一场暴雨毁了10多年心血

见到刘平贵是8月24日，在她的面粉厂办公室，她孤零零一个人守着，丈夫李继林打工去了。和我们谈起2010年8月遭遇的那场灾难，刘平贵话语凝噎，泪水盈眶：“到今天已满5年了，我们还没有还清乡亲们的粮呢。”

李继林、刘平贵

在晋城乡村的面粉厂有一种特别的经营模式：每年麦收后，村民将小麦寄存到村子附近的面粉厂。等到家里需要时，就拿着“兑粮本”去面粉厂按一定比例换回面粉，面粉厂从中挣一些加工费和差价。

14年前，刘平贵和丈夫李继林就按照这样的经营模式，投资20多万元，在村里开了一家名为“三晋雪”的面粉加工厂，还注册了“绿缘雪”商标，设计了面粉包装袋，顺利通过了质监部门的QS认证。夫妇二人待人诚恳，又勤劳肯干，新开张的面粉厂很快得到乡亲们的认可，生意越来越好，面粉厂也逐步扩大规模。到2009年，刘平贵家的面粉厂储存着附近18个村庄200多户50多万公斤的小麦，一家四口人也住进村里修建的新楼房。

2010年8月18日晚至19日下午5时，一场暴雨突袭晋城。局部降水量超过200毫米，村西白马寺山上的洪水冲入刘平贵的面粉厂。尽管夫妻二人和附近的村民拼命扛沙袋堵大门，仍未能阻止洪水涌入，储存的大量

小麦渐渐没入1米多深的洪水中。危急之中，女主人刘平贵爬上2米多高的墙头跳入院子里，蹚着没过腰身的洪水进入办公室，把挂在墙壁上的六七本账簿抢了出来。

“大雨停后，村里来了好多人，冒雨帮我们转移小麦，可老天不帮忙，一连5天连阴，水泡的小麦变质不能用了。”刘平贵讲述中连连叹息，“查了账簿后才弄清，库存的52.5万公斤小麦，就有38万公斤板结发霉，完全失去食用和加工价值。按当时每公斤2.04—2.1元的市价算，我们欠下80万元。当时我就觉得天旋地转，连死的心都有。”

10年心血毁于一旦，周围的人们都替这对夫妻惋惜。有好心人给两口子出点子：如果是因为遇到不可抗力的因素，导致无法履行合同的，无经济偿还能力的当事人一方可以放弃履行合同。

对这种好心的说法，刘平贵夫妇也没有去求证真伪，而是暗下决心：“我们多年守本分，讲信用，大伙儿信任咱。咱不能坑人家，做坏良心的事。今后的日子不管有多难，也要咬紧牙关还粮。”

后来的5年里，面粉厂的大门总是开着，不是刘平贵在，就是李继林等，实在忙不过来的时候就老母亲守着。刘平贵说：“如果厂里没人，怕村民们误会我是躲债。”

5年咬紧牙关坚持还粮

2010年8月25日开始，刘平贵、李继林夫妇踏上了漫漫还粮之路。

夫妻二人先是取出家中所有25万元积蓄，又向亲戚借了10万元，全部换成小麦磨成面粉存放起来。刘平贵支撑着面粉厂，李继林外出打工，大女儿李梦霞也放弃了学业，在一家加油站打工赚钱，两人一发工资马上拿回家购买小麦加工成面粉，保证乡亲们不管什么时候来取都能拿到面粉。

5年里，刘平贵一家生活过得十分清苦，馒头就咸菜是家常便饭，夫妻二人一门心思就想着还粮，连件新衣服都不敢买。2013年，二女儿考上了省城一所大学，学费每年1万多元。刘平贵真不想让女儿再念书，可看着女儿祈求的目光，还是咬牙将二女儿送到学校。尽管是哭着到了省城，可为了给父母省钱还粮，懂事的女儿节假日很少乘车回晋城，就是为了能省下 200 元的往返车费。

2013 年，镇政府协调帮助他们取得 15 万元贴息贷款，他们马上购买了小麦。2014 年村里拆迁改造，他们一拿到拆迁老房子补偿的近 17 万元就赶快偿还了贷款。2014 年，他们又把晋城市委、市政府主要领导慰问时给予的经济支持全部购买了小麦。

刘平贵说，市、区、镇三级党委、政府，对我们一家帮助很大，增加了我们还粮的信心。社会上许多人愿意捐助我们，我们十分感谢但没有接受，因为还有很多比我们更困难的人需要帮助。

记者采访中得知，由于小麦价格连年上涨，刘平贵夫妇承受的经济数额远远高于当年测算的 80 万元，他们的还粮在与时间赛跑。到目前，仍有 3.5 万公斤小麦折合约 10 万元的债务背在身上。

“等到还完的那一天，我要蒙住头好好睡它三天三夜。”刘平贵企盼着那一天早日到来。

诚信还粮上了《新闻联播》头条

刘平贵、李继林夫妇诚信还粮的消息，从晋城市传出，迅速传遍三晋大地，风靡大江南北。

从 2011 年 4 月开始，先是《山西晚报》、山西电视台，紧接着新华社、《山西日报》等媒体记者纷纷前往南石店村，对夫妻俩诚信经营的事迹进行采访报道，大力宣传诚实守信的刘平贵夫妇的事迹。2013 年 2 月，夫妇二人的事迹被创作成情景剧《还粮》，搬上了晋城电视台的春晚，观众为之动容。2013 年 3 月，央视新闻频道《真诚沟通》栏目摄制组来到晋城，拍摄出时长 1 分钟的“纪实类公益广告”，在《东方时空》栏目中循环播出，他们的事迹立即传遍大江南北。更难能可贵的是，2014 年 2 月 10 日，中央电视台《新闻联播》头条以《信义夫妻：粮食不在，良心要在》为题，对夫妇二人诚信还粮的故事进行了全景式报道，在全国弘扬他们践行核心价值观的精神。《新闻联播》里，北京大学张颐武教授对此评价说：“他其实是为了守住他自己的一份信誉，人无信不立。”“中国传统文化最讲信义，信义就是诚实守信，坦然地面对问题、面对挑战，然后完成自己道义的责任。今天在市场经济、商业文明中间，其实也是要体现这种传统的价值，把这个价值观发扬光大。”

去年11月4日，刘平贵被山西大学商务学院请去作报告。“我们都是农民，知道粮食对农民有多重要，还粮就是要对得起自己的良心，没有想到后来能得到这么多荣誉……”在向师生们讲述了自己和丈夫从2010年开始向乡亲们还粮的经过时，学生们不时报以热烈的掌声。

诚实守信的刘平贵夫妇得到了社会各界的认可，被各种荣誉所包围：2012年底，夫妻俩被评为“晋城好人”。2013年5月，被国家文明委授予“中国好人”称号；7月23日，跻身首批“山西好人”名单；年底，入选“感动山西”十大人物和央视“感动中国2013年度候选人物”。今年6月初，刘平贵夫妇入围第五届全国模范道德人物评选候选人名单。

近半年来，看着所欠小麦数量在一天天减少，刘平贵心情比以前轻松了许多。两年前，心存感激的刘平贵曾发出肺腑之言：“等还完乡亲们粮后，我要参加志愿者活动，报答社会对自己的关心和爱护。”现在已提前践约。她响应晋城市义工协会的号召，参加市区白马寺山绿道捡拾垃圾，在晋城市区一家超市参加志愿者义卖活动，为贫困学生筹集善款，还现场为贫困家庭学生捐款100元。她告诉记者：“志愿者活动非常好，以后我要更积极地去参加。”

这对憨厚淳朴的农民，在自家面粉厂遭遇洪灾欠下80万元巨债后，历时5年，咬紧牙关，挺起腰杆，节俭度日，艰辛还粮，以实际行动谱写了一曲可歌可泣的诚信赞歌。

（来源：《三晋都市报》）

点评：北京大学张颐武教授对此评价说：“他其实是为了守住他自己的一份信誉，人无信不立。”“中国传统文化最讲信义，信义就是诚实守信，坦然地面对问题、面对挑战，然后完成自己道义的责任。今天在市场经济、商业文明中间，其实也是要体现这种传统的价值，把这个价值观发扬光大。”

134. “良心油条”刘洪安的故事

保定油条经营者刘洪安从 2012 年春节开始，打出了“己所不欲勿施于人”和“安全用油杜绝复炸”的招牌，受到了消费者的热捧，引起了全国多家媒体的集中报道。2012 年 6 月，他受邀以食品从业者代表的身份参加了 2012 中国食品安全论坛并发言，成为全国人民家喻户晓的“良心”代表。他所倡导的“己所不欲勿施于人”的诚信经营理念，也影响着全国各地的餐饮企业和食品经营者自觉回归到了“良心经营”的轨道上。油条哥是食品安全领域道德衰竭的一剂“强心剂”，是恪守诚信经营的标志性楷模人物。

打出良心招牌

2012 年春节，32 岁的刘洪安在经营了几年油条摊后，偶然在电视节目上得知复炸油会产生有害物质，于是开始每天将剩油倒掉，只用新油。还在小摊“刘家豆腐脑”的招牌上打出“己所不欲勿施于人”和“安全用油杜绝复炸”的口号，并贴出了进货渠道明白纸，准备了验油勺供顾客查验。刘洪安的做法受到了周边顾客的热捧，每天来买油条的人排成长队。刘洪安这个名字也逐渐被“油条哥”代替，成了人们对他的一个爱称。

有市民表示，以前吃的油条都是红颜色的，上面还有黑点，吃下去感觉半天都消化不了。而刘洪安炸的油条不但色泽金黄，味道还很好。市民们觉得，这种做法是观念超前，看得远，不图眼前小利，他们把刘洪安炸的油条称为“良心油条”，希望别的商家也都能学学刘洪安。

网友“安文智”呼吁：“商家也好，企业也罢，都应像‘油条哥’倒掉残油一样，将不诚信、昧良心一并倒掉。”

还有网友说：“一个小小的油条摊主，却用他的诚信与良知经营着收入并不可观的摊位，用‘良心油条’为他赚取了金钱所买不到的信誉。凭良心做生意，不但不会赔钱，还会赚钱，‘油条哥’是个很好的例子。”

真心感谢油条哥能给我们的食品安全贡献一份微小的力量，试想，如果我们每个商贩都能坚持这样一颗诚信的心，相信人们吃得安心不再是妄想。希望大家都向“油条哥”学习，用自身的行动来传递正能量，捍卫食品安全。

他的工作是卖油条，对他来说，可能每天倒掉的几斤油就是他守住良心的底线。代价并不高，却很宝贵。

支持油条哥，支持诚信经营，我们也要吃“良心油条”，喝“良心豆浆”，更应该像“油条哥”那样传递正能量。

多几个“油条哥”，少一些“熬皮匠”，让“舌尖上的中国”原汁原味，让“大肠里的中国”干干净净！

作为有良心的经营者，“油条哥”应该受到大家的赞扬。但也希望媒体不要干扰了他正常的生活，别给他太大的压力，让他可以把这种良心持续下去，让更多的经营者以他为榜样，出现更多的“油条哥”！

诚信经营，顾客就会盈门。油条哥，卖的是良心，赢的是真心！

如果每个人都像“油条哥”一样，世界就和谐了！

“油条哥”成为保定名片

2012年5月，包括本报在内的多家媒体对刘洪安恪守职业良心的做法进行了报道。此后，“油条哥”的小店更火了。很多保定人，甚至北京、山西、上海等地来保定的朋友都专程赶到他的小店，想尝一尝“良心油条”的滋味。

5月31日，刘洪安和本报共同发起成立了公益组织“良心油条联盟”，引导更多油条经营者“安全用油杜绝复炸”。6月11日，“油条哥”刘洪安作为食品行业的优秀代表，受邀参加了全国食品安全论坛并讲话，再次成为媒体关注的焦点，也成了一张名副其实的保定名片。

“良心油条”获改良

如今，在保定市政府的政策和资金支持下，刘洪安将原来的小店改建装修，建成了油条哥快餐店，配置了现代化的厨房和干净卫生的餐厅，还装上了暖气。此外，刘洪安还在专家的帮助下对油条进行了“无碱无矾”改良。刘洪安说，平均每斤面要用一个鸡蛋，成本多了，但价格没涨。“我们做的就是老百姓的食品，要照顾顾客的感受。”11月15日，记者来到油条哥快餐店，正巧碰到从山东烟台赶来的王静来找刘洪安“取经”。

王静说，她一直想开一家早餐店，来找刘洪安，就是想取一本良心经，让顾客们吃着放心。

中新网保定2014年第四届全国道德模范获选名单公布，在10位当选的全国“诚实守信道德模范”中，河北省保定市“油条哥”餐饮管理有限公司经理刘洪安名列其中。身在北京的刘洪安在接受中新网记者电话采访时说，这次受到习近平总书记的亲切接见，心情非常激动。“在北京，我见到了郭明义等老一辈道德模范，感觉无论从精神境界还是对社会所做出的贡献，自己和他们都还有很大差距，我是全国道德模范圈子里的‘小学生’，以后要多向他们学习。”

2014年9月25日晚，以“油条哥”刘洪安做良心早餐为素材改编的话剧《油条哥》在河北农业大学礼堂成功首演。

（来源：百度网）

点评：“油条哥”刘洪安以做良心餐饮扬名天下，是全国诚信典型代表。他的工作是卖油条，对他来说，可能每天倒掉的几斤油就是他守住良心的底线，代价并不高，却很宝贵。希望商家也好，企业也罢，都应像“油条哥”倒掉残油一样，将不诚信、昧良心一并倒掉。高扬起社会诚信道德的价值观、主旋律，传播社会正能量。

135. 巨人集团史玉柱“还债”的故事

史玉柱（1962—）在中国商业史上是一个极富个人色彩的职业企业家。从巨人汉卡到巨人大厦，从脑白金到黄金搭档，从一夜之间负债2.5亿，摔倒了又爬起来，再次创业的保健巨鳄、网络新锐，还了欠股民的款，成为中国家喻户晓的风云人物。先后三次被评为2001CCTV中国经济年度人物、2006 IT十大风云人物、2007十大影响力精英等等。

在当初因巨人大厦经营不善轰然倒下的时候，有网友曾经问史玉柱：为何没有在企业倒下时申请破产，以独善其身。史玉柱回应说：申请破产

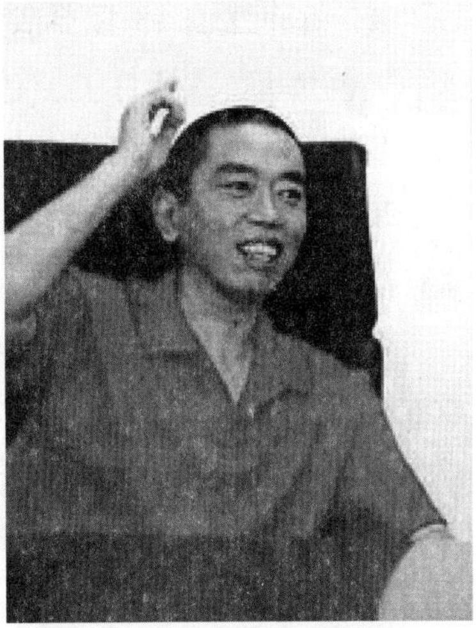

史玉柱

会涉及信誉，“一旦信誉没了，以后也就无法在江湖上混了。”因此，要问人们对史玉柱最佩服的东西是什么？那就是：还债。

珠海巨人集团在1998年倒塌的时候，史玉柱身负2.5亿元巨债。珠海失败后，史玉柱从朋友处获得50万元资助，从江苏江阴起步，然后进军上海，建立根据地。依靠脑白金，史玉柱在长江三角洲长驱直入，迅速打开了市场，并扩展到全国。到2000年，销售额超过10亿元。也就是在这一年史玉柱表示：“欠老百姓的钱，我一定要还!”并定下了2000年底还钱的时间表。在这年的1月，史玉柱以“借钱还债”的形式在媒体露面，理直气壮地从幕后走到台前，再次成为全国人民关注的焦点。

实际上，从1999年下半年移师上海二次创业，成立上海健特生物科技公司，扩展脑白金业务时，史玉柱的最大目的就是“还钱”，把旧债还清。当时，他给自己定下了两边走的战略：第一步就是把老百姓的钱全部还了，只有这样他才能够心安。不还钱“走在路上时，总感觉有人在盯着自己，就像做错事被人盯着一样”。第二步就是再努力做一个稳健发展的企业，根据自己这些年的经验教训，重新起步。

如果史玉柱是个不讲诚信的人，在当时我国法制还不怎么健全的情况下，他可以找出很多不还钱的理由，因为2.5亿元终归不是个小数目。

他说：“这些年很多人问我，将来的目标是什么？我说将来的目标说不上，现在的目标很清楚，就是合法经营，获取利润。获取利润干什么？把老百姓的钱还上，然后才能谈我的发展。”因为他知道自己“将来还是要做大事的，背着污点是做不了大事的。因为谁都会说‘这个人欠老百姓的钱也不还’，这样的话你将来什么事都干不了。俗话说‘得人心者得天下’，假如你把人心失掉的话，你将来再也不可能重新辉煌起来。”

这一年的2月15日，是史玉柱旧债全部还清的日子，对史玉柱来说，这一天也是个特殊的日子。史玉柱“借钱还债”得到了老百姓的信任，也为企业赢得了再次发展的机会。

2000年12月，史玉柱成立了珠海市士安有限公司，收购了巨人大厦楼花。

对于史玉柱还债的举动，好评如潮，不但老百姓佩服，许多业界和非业界人士都称赞和佩服。

时任四通集团董事长段永基说：“史玉柱行为的可贵之处就在于他自觉地、主动地站出来兴建这个道德制度。一个企业最重要的道德制度就是诚信原则。史玉柱还钱表明了他的诚信，表明了他做人的诚信。这对他未来的商业前途是一个非常高的投资。”

联想控股集团总裁柳传志曾经这样评价史玉柱：“当他做脑白金赚了第一桶金以后，忙着要还账。当时，对这点我还真的是认同的，而且觉得也很不容易。摔了跟头的人，甚至饿了肚子，知道钱有多珍贵。拿到了这个钱以后，还想到先把该还的钱还清，然后重新起步。我觉得他就有做大事的潜质。”

央视《对话》主持人王利芬说：“我认识很多朋友，他们对史玉柱人格非常佩服，对于他始终想要还老百姓钱这一点儿非常感动。在这里我想起了一句话：‘当你想好了怎么去赢的时候，整个世界都会为你让路。’我想把这句话送给史玉柱和他未来的事业。”可能与还债有关，2011年史玉柱被评为“中国最具影响力的50位商界领袖”。

点评：史玉柱是诚信民营企业家的代表。“欠老百姓的钱，我一定要还！”史玉柱宁愿身负2.5亿元巨债，也不申请破产，坚持还完股民的钱。因为什么？用他的话说“申请破产会涉及信誉，一旦信誉没了，以后也就无法在江湖上混了。”这就是市场企业经营生存的法则，这就是一个民营企业家的良心！这就是诚信！故事告诉我们，市场经济条件下能够成就大事业的企业家，都是具有战略眼光、讲诚信的企业家。靠坑蒙拐骗、鼠目寸光的人，是成就不了事业的，也是成不了企业家的。

136. 彩票站赵书兵在“500万元面前”的故事

2013年3月3日《北京青年报》报道，今年44岁的赵书兵在北京石景山苹果园街道西黄村经营一家彩票站。两年多前，他代买彩票中奖500万元奖金，在巨额金钱面前，不见利忘义，把中奖彩票给了顾客。事迹在媒体报道后，赵书兵和他的彩票站也因此在全国而知名。

赵书兵

事情是这样的：

2009年9月的一天，彩票站赵书兵替一位老顾客垫付了1024元购买了一张彩票。没想到的是第二天开奖，其中有6张中了500万元头等大奖。其中之一就是赵书兵替一位老顾客代购的1024元的一张彩票。按照彩票“认票不认人”的规定，当时500万元的奖金就等于攥在赵书兵自己的手里，这可是他卖一辈子彩票也挣不来的钱。有了这笔钱，几十万的房贷、下半辈子的生活就有了着落。在500万元的巨额金钱面前，赵书兵丝毫没有动心，他第一时间想到的就是“找电话号码，赶快通知顾客在这里拿彩票去领奖”。当这位顾客得知获奖的消息后心里非常激动，连声道谢，并一再讲要酬谢他，但却被他婉言谢绝了。有人为此说赵书兵这样做有点太傻了，可赵书兵却笑笑说：“已经答应人家了，那就是口头的约定，我不能失信人家，再说了，不是自己的就不能要。”

2011年，这个故事改编成《美好时代》出现了中央电视台的春节晚会上。当年，全国高考作文题《代买彩票》，讲的也是彩票站赵书兵的故事。

点评：“不是自己的就不能要。”彩票站赵书兵不为500万元彩票大奖所动，让人们最佩服他的地方就是“信义”二字。古人云：“苟非吾之所有，虽一毫而莫取”（苏轼）。从赵书兵身上，我们可以看到中华民族的这种精神。希望赵书兵把这种精神进一步发扬光大，也希望大家学习赵书兵诚信做人，做一个高尚的人，一个脱离低级趣味的人。

137. 联想柳传志忏悔的故事

柳传志，1944 年 4 月 29 日出生于江苏镇江，曾任联想控股有限公司总裁、董事局主席，2011 年 11 月 2 日卸任，现任联想集团有限公司董事局名誉主席，联想集团高级顾问，企业家、投资家。

宣传媒体曾披露柳传志这样一件事：

1986 年，刚创立两年的联想集团曾替国外一家公司代理服务器。当时，有一家国外的客户购买的服务器出了问题。因为找不到这一家国外的客户的地址，联想应该赔偿这个客户的 2 万多元钱就一直无法落实，这件事就成了压在联想控股集团公司总裁柳传志心上的一块大石头。几年之后，当柳传志碰到了这家客户的时候，就赶忙把这 2 万元钱还给了人家。这时，压在柳传志心上几年的一块大石头总算落了地。

《柳传志的领导智慧》书影

点评：“信则人任焉。”债一定是要还的！一天没还，就如一块大石头压在心上。柳传志心里的这种感觉，是诚信做人的感觉。企业家在经营债面前，如果都有这种感觉就好了，就不会出现那么多“老赖”了。据讲，由于信用问题我国有一年的经济损失高达 5855 亿元，相当于当年我国财政收入的 37%，使国内生产总值减少了两个百分点。其中，因逃税逃债造成的经济损失达 1800 亿元，因合同欺诈造成的经济损失 55 亿元，因产品质量低劣和制假、售假造成的损失达2000亿元。从此可以看出，我国一些企业诚信缺失的严重程度与建立和完善信用体系机制的重要性和迫切性。

138. 海信退回德国多付货款的故事

海信公司同海尔一样，是我国电器行业内著名的大企业，它的发展与诚信的树立有很大关系。

一次，海信与一家著名的德国公司做生意的时候，接到了一份小数目的订单。可在交货时，发现德方多付了货款，于是，他们在第一时间内送回，使德方十分感动。当德方从别处打听到海信公司打算扩建厂房缺乏资金时，立即给他们1000万元人民币贷款，并且是无限期、无利息，这使海信得以扩大生产，成为电器行业巨头之一。

青岛海信广场

点评：诚信换诚信，五两换半斤。诚信是共同的国际语言。诚信是石，能激发人们心灵的火花；诚信是火，能点燃人们前方之灯；诚信是灯，能照亮人们前方之路；诚信如一泓清泉，能够滋润不分民族、不分种族的人们心中诚信的种子，生根，发芽，开花，结出甜美之果。

139. 50万美元产品主动召回的故事

2005年，宁波瑞宝渔具有限公司把一单价值50万美元的渔线轮产品发往美国，之前这批产品通过了所有的检测，包括美方人员的现场验货。

但在随后进行的一项试验中，瑞宝公司发现这批不锈钢材料有轻微的生锈现象，尽管这个小缺陷不会影响产品的使用功能，短时间内消费者也难以发现，即便事后消费者有反映，责任也已经不在中方，但是最终瑞宝公司还是决定召回这批产品，为此，企业损失了200多万元。经过这件事，美方撤回了验货员，对瑞宝产品一百个放心。

宁波瑞宝渔具有限公司

点评：信誉是企业在市场上的名片。宁波瑞宝渔具有限公司这一关把得好！企业虽然为此损失了200多万元，但企业因此获得的信誉，是多少200多万都买不到的。因为没有信誉的企业是没有市场的企业。一些企业在经营中，最容易犯的错误就是只会算经济账，不会算信誉账，这是中国一些企业始终做不大的一个重要原因。

140. 北京叶氏集团诚信的故事

20世纪90年代初，还是叶氏集团做服装经营生意时，公司的一名负责人从广东订购了一批价值35万元的面料。当这名负责人将样品带回北京后，发现面料有拉丝的现象。于是，他立即电告广东取消这批订货。董事长叶青知道这件事之后，马上叫来这位负责人，对他说："面料有拉丝对方有责任，你更有责任。企业不能因为你看走了

叶青

眼，就为这35万元出尔反尔。你明天就带35万元飞广东，并向对方道歉。”这笔生意使叶氏集团当时赔了近百万元，然而公司却因此赢得了客户的信赖，以后再也没有出现这样的现象。

点评：诚信是企业家必须具有的一种品行。北京叶氏集团董事长叶青的可贵之处在于，在企业经营中出现问题时，不是先找对方的责任，而是首先引导同事从自身上找原因。这种诚实的态度赢得了客户的信赖。从这次生意看是“亏”了，但从长远看因为赢得了客户信赖，以后再也没有出现这样的现象，就“赢”了。这就是做生意的“亏”与“赢”的辩证法。

141. 奥康集团恪守“信用”的故事

一次，温州奥康集团国际贸易部接下了意大利客商的一笔订单，双方谈好产品单价为23美元，并签订了购销合同。但在产品投产时，他们发现在核算成本时将皮料的价格算得过低，若按实际成本计算，出口价格每双鞋至少再增加1美元。

当该部负责人将情况汇报给总裁王振滔并请示是否与外商洽谈加价时，王振滔表示：既然签订了合同，就是亏本也要做。消息传到了意大利客商的耳中，对方主动提出增加1美元，但被王振滔婉言谢绝了。他说：“多赚1美元，少赚1美元并不重要，重要的是要恪守信用。”

听了王振滔的话，意大利客商大为感动，当即将原来的20多万美元的订单追加到100多万美元，并表示以后要和奥康集团建立长期的合作关系，下更多的订单。

点评：合同就是契约。做企业有做企业的原则，“既然签订了合同，就是亏本也要做”。每一个企业都能够如此信守合同，诚信社会就好建了，也不会有那么多“老赖”了。

142. “傻子”经营的故事

2011年第五期《企业管理》刊载了这样一个故事：

我有一个朋友，去一个陌生的城市经营餐饮业。饭店开张时打出了一个醒目的牌子：20元内足以让你在本店吃饱喝足，并享受美味佳肴。所以，本店规定：凡光临本店的顾客，平均每人不得超过20元，违者受罚。“不准顾客多消费，这家伙真是傻得出奇！”人们这样议论着。

没曾想，饭店的生意却好得出奇。每天都是顾客爆满，还有许多人排队等候。没办法，朋友只好赶紧扩大经营规模，开了几家连锁店，生意都十分红火。仅几年时间，朋友的连锁店就占领了这个城市的半壁江山。朋友戏谑说，这叫“傻子经营法”。

点评：“傻子经营法”好！好就好在傻得出奇，傻得可爱，傻得诚实。故事为久违了公正市场吹来了一股清风。故事也再一次告诉人们：生意场上老板的心并不都是一些人想象的那样，都是黑的。见钱眼开赚昧心钱的人是不少，但像故事中那样的“傻子”老板也有。随着党风和社会风气的好转，“傻子经营”的人将会逐渐多起来。

143. 一家汽车维修店的故事

一个顾客走进一家汽车维修店，自称是某运输公司的汽车司机。“在我的账单上多写点零件，我回公司报销后，有你一份好处。”他对店主说。但店主拒绝了这样的要求。顾客纠缠说：“我的生意不算小，会常来的，你肯定能赚很多钱！”店主告诉他，这事无论如何也不会做。顾客气急败坏地嚷道：“谁都会这么干的，我看你是太傻了。”店主火了，要那个顾客马上离开，到别处谈这种生意去！

这时，顾客露出了微笑，并满怀敬佩地握住店主的手说：“我就是那家运输公司的老板，我一直在寻找一个固定的、信得过的维修店，你还让我到哪里去谈这笔生意呢?”

维修店老板面对诱惑，不怦然心动，不为其所惑，虽平淡如云，却质朴如水，让人领略到一种闪光的品格——那就是诚信。

（来源：百度网）

点评： 诚信是一种信仰，它使人坚定正确的经营方向；诚信是一种品质，它使人像金子一样闪闪发光；诚信是翅膀，能使企业飞向更远的未来；诚信是火，它能够融化人与人之间的冰块，为人间带来春天般的温暖。

144. “无人”早餐摊的故事

2006 年 6 月 7 日早晨，宁波城市职业技术学院学生公寓门口出现了一个无人看守、摆满面包和牛奶的早餐摊，买早餐全凭学生自觉投币。早餐摊的摊主是该院学生黄剑锋，他之所以这么做，一是为了方便同学买早餐，另一个原因则是想试探同学的诚信度。令摊主满意的是，这个早餐摊开张一个月，分文未少，同学们交上了一份令人满意的诚信答卷。

（中国宁波网）

点评： 一滴水可以见到太阳的光辉。故事虽小，但使人们看到了宁波城市职业技术学院的学生诚实守信的道德品质。就如网上点赞的那样，故事如同一根小小的火柴，可以燃烧一片星空；如同一片小小的绿叶，可以倾倒一个季节，使人们对未来的“灰心”变成了“希望”。

145. 端午节买菜的故事

端午节那天，女儿女婿回来了，老伴催我去小区附近的熟食店弄几样小菜。当时，有几个人正在排队，轮到我，小姑娘麻利地称好了我要的各样熟肉。

就在我走出熟食店不远时，听到有人喊“大爷、大爷”，我回头发现，是刚才给我称熟肉的小姑娘。她追上我说：“大爷，对不起，今天打7折的优惠规定出来的时间晚，您前面的几位顾客没来得及赶上，这是刚才多收的13.5元，您收下吧。”说实话，这事她不说，我肯定不知道。拿着钱，我想难怪她们店的顾客总是那么多。

点评： 诚信经营，门庭若市；失信经营，门可罗雀。钱虽然不多，但小姑娘的诚信，看了后给人一种很温馨的感觉。这个店的顾客总是那么多也就不奇怪了。

146. 广州陈李济药厂诞生的故事

陈李济制药厂创办于明朝万历年间，至今有近400年的历史，是广州尽人皆知的中药老字号，驰誉省港澳及东南亚。陈李济中药博物馆，浓缩了这个老字号400多年崎岖和辉煌的历史。陈李济现在是一家现代化的中成药生产企业，是在沪、港两地上市的广州药业股份有限公司的全资子公司。现有员工近600人。

1600年岁末的一天，南海县商人陈体全，收得货银坐船回广州。因为匆忙上岸，把一包货银丢在了船上，被同船旅客一个叫李升佐的人拾到。李也是南海县人，此人颇谙医道，在广州开设了一间中草药店。李不见利忘义，整日在码头等候，终将捡到的货银还给了失主。商人陈体全深感李的诚信为人，意欲酬报，但被李婉言谢绝。于是，陈提出拿出遗金一半，投资李的中草药店。李升佐谦让再三，终不能却，只好应允。于是，两人用红柬写下合伙文书。文书曰：“本钱各出，利益均沾，同心济世，长发其祥”。在经营中，他们始终坚持“选料必须上乘”“制药务求精工”，并将其店定名为“陈李济”，意为陈李二人合伙经营，同心济世。从此，广州陈李济药厂诞生了，后改为“杏和堂”。

（《贾春峰说企业文化》，第48—49页）

点评：陈李济药厂是在诚信中诞生的，因此坚持“选料必须上乘”“制药务求精工”的经营管理方针也就不足为怪了。从故事我们可以看到陈李济药厂创始人的诚信品质。今天，我们学习中华民族传统文化，不仅是学习知识，更重要的是掌握中华民族传统文化之魂，诚信做人。

147. 杭州胡庆余堂“真不二价”的故事

相传，在我国古代有一个叫韩康的人。此人深懂医道，以采药卖药为生。他每天上山采药，然后把采来的药拿到市上去卖。因为在市场上，有很多卖药者见利忘义，以次充好，以假乱真，所以，顾客在买药时往往讨价还价。韩康卖药因为货真价实，从不以次充好，所以，也就不进行讨价还价。用韩康的话说：“我的药值这个价，就卖这个价。这叫作‘真不二价’!”病人吃了韩康的药一两副就好。于是，“韩康卖药不二价”的说法很快就传开了，韩康的生意也因此越做越好。

杭州胡庆余堂是1874年创办的。在胡庆余堂的大门口挂着一块金字招牌就是“真不二价”。这“真不二价”，反映在其“求实、戒欺、团结、创新”的企业精神中。这里的“戒欺”是讲“凡百货贸易均不得欺字，药业关系性命，尤为万不可欺。”“采办务真，修制务精”，“势不以劣品牠取厚利”。

点评：针对市场“见利忘义，以次充好，以假乱真”问题，老字号杭州胡庆余堂旗帜鲜明地打出“真不二价”的牌子，做到“药值这个价，就卖这个价”，很快成为企业经营的一块金字招牌。希望我国企业都应该学习老字号杭州胡庆余堂“真不二价”的精神，做到诚信经营，货真价实，从源头上杜绝假冒伪劣产品。

148. 日升昌等票号的故事

在中国近代商业文明史上，晋商无疑占有重要的一席之地。18世纪中叶至19世纪末，以祁县、太谷、平遥等为代表的山西商业票号曾经“汇

山西日升昌

通天下”“富甲华夏”，创造了中国金融业发展史上的奇迹。中国近代史上著名的戊戌变法代表人物梁启超，在山西商人为他流亡海外回来举行的欢迎会上说：“鄙人在海外十余年，对于外人批评吾国商业能力，常无词以对，独至此，有历史，有基础，能够继续发达之山西商业，鄙人常自夸于世界人之前。”

下面，就是山西日升昌等票号诚信的一个故事。

1900 年，英法等八国联军攻占北京，清朝政府的王公贵戚、豪门望族，只顾逃命，来不及带走家中的细软，只带着山西的票号存折，坐着车子往山西竞相逃窜。他们一到山西，第一件事情就是急急忙忙把手中的存折票号兑换成银两。而实际上山西日升昌等票号在八国联军攻占北京的过程中，经济上也损失惨重。在战乱中，不但设在北京的账簿被付之一炬，就连票号也被人洗劫一空。在这种情况下，日升昌等票号也无法知道设在北京的票号还有多少银两，完全可以缓兑，待战乱过后再进行处理。但他们没有这样做，而是一律兑现。日升昌等票号面临危难之机表现出来的信义，向世人昭示了他们在票号中至高无上的地位。当战乱过后，在北京的票号重新开业的时候，不仅北京普通的平民百姓能够放心地将积蓄存入日升昌等票号，就是清政府的大笔官银也到票号收存、汇兑。山西票号能够从无到有，从小到大，从南到北，从东到西，东到日本，西到东欧列国，南至南洋群岛，辉煌五百年，“名誉著于全球”，应该说与严格恪守“诚信”二字有很大关系。

点评：“商信则盛，大信大盛，无信则衰”。日升昌等票号之所以被梁启超“自夸于世界人之前”，就是因为向世人昭示了这样一个道理。

149. 乔家大院“诚集优质货，诚待天下客”的故事

电影《乔家大院》引来了乔家大院旅游热，使游人每天上万人，“日进斗金”。实际上，山西乔家大院的真正出名，还在于它“诚集优质货，诚待天下客”，要不也就没有今天的电影《乔家大院》了。

下面，就是乔家大院“诚集优质货，诚待天下客”的一个小故事。

一次，乔家大院在包头的复盛油坊经营时，在把胡麻油往老家山西运回路上销售的过程中，有的手下员工为了谋取厚利，就在油中进行掺假。这件事情被掌柜发现了，立即命令这个员工把已经装进去的油全部倒掉，然后重新装上了优质油。这件事情，虽然使乔家大院当时蒙受了一定的经济损失，但因此也使之信誉大铸，诚信的形象一下子传播开来。

点评： 君子爱财，取之有道。故事虽小，但它反映了乔家大院“诚集优质货，诚待天下客”的经营方针。历史上的乔家大院之所以久负盛名，与其恪守诚信经营不无关系。

150. 乾隆与“万货全”的故事

清高宗爱新觉罗·弘历（1711—1799），清朝第六位皇帝，入关之后的第四位皇帝。年号乾隆，寓意“天道昌隆”。25 岁登基，在位 60 年，禅位后又任三年零四个月太上皇，实际行使国家最高权力长达六十三年零四个月，是中国历史上实际执掌国家最高权力时间最长的皇帝，也是中国历史上最长寿的皇帝。

乾隆皇帝画像

弘历在位期间，清朝达到了康乾盛世以来的最高峰，汉学在此期间得到了很大的发展。他在康熙、雍正两朝文治武功的基础上，进一步完成了多民族国家的统一，社会经济文化有了进一步发展。弘历重视社会的稳定，关心受灾百姓，在位期间五次普免天下钱粮，三免八省漕粮，减轻农民负担，并且重视水利建设，起到了保护农业生产的作用，使得清朝的国库日渐充实。弘历武功繁盛，在平定边疆地区叛乱方面做出了巨大成绩，维护了国家的统一，并拓广了领土，并且完善了对西藏的统治，占领了新疆，正式将新疆纳入中国版图，清朝的版图由此达到了最大化。弘历在位期间，民间艺术有了很大发展，如京剧就形成于乾隆年间。但是在位后期奢靡，吏治有所败坏，多地爆发起义。闭关锁国达到了最高峰，拉大了和西方的差距。文字狱之风比康熙、雍正时期更加严酷。

一次，乾隆皇帝到江南私访。这一天，他扮成一个庄稼人来到了镇上，街面上有买有卖，好不热闹。十字路口有一家买卖，字号是“万货全”。

乾隆看了，心想，好大的口气！我倒是要看看你是不是“万货全”，就进了铺子。铺子里的货是挺齐全，大的有箱子柜子，小的有扣子簪子，吃的用的穿的戴的都有。

乾隆顺着柜台转了两圈，叫小伙计：“我买把粪叉子。”小伙计连忙拿了几把粪叉子说：“老客，管挑管拣。”乾隆摇了摇头说：“我要的是金粪叉子，不是铁的。”小伙计愣了，定了定神，才说：“老客，请等一下。”

小伙计急忙跑到后面找掌柜的，掌柜的一听有人要买金粪叉子，连忙来到前柜点头哈腰地说：“老客，粪叉子是捡粪用的，只能用铁打，不能用金子。”乾隆说：“我就用金粪叉子捡粪。”

掌柜一想，不对，庄稼人还能够用金粪叉子捡粪？再一打量这位老客，不像庄稼人。来者不善！他急忙赔着笑脸说：“老客，这金粪叉子，小店里确实没有。”乾隆说：“你不是‘万货全’吗?”

掌柜一下子就明白了，叫小伙子赶快把招牌摘下来，又请这位老客给起个字号。乾隆说：“叫‘百货全’吧!”于是，这家“万货全”就改成“百货全”了。

以后，掌柜听到乾隆皇帝到江南私访时来过他的小店，认定买金粪叉子的人就是乾隆。他告诉子孙说：“买卖再大，货再全，只能叫‘百货全’，口气不能大了!”打那以后，商店只有叫“百货店”的，没有叫“万货店”的了。

（王荷青）

点评：商家字号要名副其实。现在，有的企业名字大得邪乎，从企业名字就使人感到是个“牛皮”公司。所以，企业名称要和企业规模、经营种类等相符。不要一听店名，就给人逆反心理，给人虚假的感觉，影响客流量。

151. 郑板桥题写店名的故事

郑板桥，原名郑燮，字克柔，号理庵，又号板桥，人称板桥先生。江苏兴化人。“扬州八怪”的主要代表，以三绝“诗、书、画”闻名于世的书画家、文学家。

郑板桥

清代乾隆年间，南昌城有一个点心店主李沙庚，最初，以货真价实赢得顾客满门，但其赚钱后便掺杂使假，对顾客也怠慢起来，生意日渐冷落。

一日，书画名家郑板桥来店进餐，李沙庚惊喜万分，恭请题写店名。郑板桥挥毫题定“李沙庚点心店”六字，墨宝苍劲有力，引来众人观看，但还是无人进餐。原来“心”字少写了一点儿，李沙庚请求补写一点儿。但郑板桥却说：“没有错啊，你以前生意兴隆，是因为‘心’有了这一点儿，而今生意清淡，正因为‘心’少了这一点儿。”李沙庚感悟，才知道经营人生的重要。从此以后，痛改前非，诚信经营又一次赢得了人心，赢得了市场。

点评：郑板桥不愧是一个文学家，一“点”救了一个店。故事使人们看到了书画家、文学家郑板桥的智慧，也使人悟出了商店经营之道。那就是：企业经营实际上经营的是人品和人心。人心正，诚信经营，企业兴隆；人心不正，离开诚信，生意就会冷淡。真可谓“店名题写传真经，小店衰败又兴隆”。

152. 犹太人“买驴退钻”的故事

一个犹太商人在集市上买了一头驴回家，家里人非常高兴，把驴牵到河边洗澡，恰好，此时从驴脖子上掉下一颗很大的钻石，光芒四射，家里人欢呼雀跃，认为这是上天赐予的礼物。当家里人兴高采烈地把这颗钻石带回家时，犹太商人却平静地说：“我们应该把这颗钻石送回去！”

家里人都吃了一惊。犹太商人严肃地说：“我们买的是驴子，不是钻石。我们犹太人只能买属于自己的东西。”于是就把钻石还给了那个卖驴子的人。而那个卖驴子的人很惊奇，对犹太商人说：“你买了这头驴子，而钻石在驴子身上，那你就拥有了这颗钻石。你可以不必还我了。”

那位犹太商人说：“这是我们的传统，我们只能拿给支付金钱的东西。所以，钻石必须还给你。”

（刘江川编著：《老人言》）

点评：“苟非吾所有，虽一毫而莫取。”苏轼《前赤壁赋》这句话与故事中的犹太人“我们只能拿给支付金钱的东西”有异曲同工之处。从中可以看到，诚信是人类共同的优秀道德品德。很多人会认为，故事中的那个犹太商人“太傻了”，用网络语言是不是有点“二”。有的甚至怀疑故事的真实性。实际上这正是犹太人的经营智慧和经营之道。否则，犹太民族就不可能成为世界上最会经商的民族和最富的民族。

153. 犹太人信守“合同”的故事

犹太民族是契约民族，犹太人被称为“契约公民”。下面，就是犹太人守约的一个故事。

某出口商与犹太商人签订了1万箱蘑菇罐头合同，合同规定：“每箱20罐，每罐100克。”但出口商在出货时，却装运了1万箱150克的蘑菇罐头。货物的重量虽然比合同多了50%，但犹太商人拒绝收货。在这种情况下，出口商甚至同意超出合同重量的那部分不收钱，而犹太商人仍然不同意，并要求索赔。出口商无可奈何，只得按照合同赔了犹太商人的全部损失，还要求把货物另作处理。

点评：看了故事，你可能感到犹太商人执行合同是否太死性了，或者是得便宜卖乖。故事告诉我们，走出国门的企业一定要了解走出去的国家的经营文化。在有些国家毁约是经常发生的，但对犹太人来说，合同即是契约。合同一经签订，无论发生什么情况和问题，都是不可毁约的，是受法律保护的。对于不遵守契约的犹太人，他们会把其驱出商界。

154. 罗迪银行偿还“信用上的债务”的故事

1915 年圣诞节的一天，3 个蒙面歹徒持枪将美国罗迪银行 22000 美元洗劫一空。20 世纪初的罗迪银行，还是佛兰普科斯·罗迪用来吸储移民的小额存款成立的一家小银行。

消息传开后，储户们蜂拥而至纷纷要求提款。虽然罗迪尽了最大努力兑付，但仍然无法支撑，最后只得宣告破产。250 个储户共损失 18000 美元。

一位银行家对罗迪说，银行遭劫按规定可以免债，既然已经宣布破产，存款也就不用还了。可罗迪说，法律也许是这样的，不过我个人还是认账的，这是信用上的债务，我一定要归还的。

为了还债，罗迪白天杀猪，晚上为人补鞋，让年龄大一点儿的小孩在街上卖报。就这样，一家人省吃俭用，慢慢积累，一笔一笔地偿还。听说一位储户患了重病，生活困难，他就通过邮局把那位储户多年前存的 177 元钱寄去。从这以后，罗迪立下了一个规矩：有一点儿钱总是先还最困难、最需要的储户。

由于时间太长，有的储户因地址变更联系不上了，罗迪就在当地报纸上刊登广告，寻找存款人。有一次，他从一篇新闻报道中发现了加利福尼亚的 3 位储户，便把存款寄给了他们。这 3 个人收到钱后非常感动，其中有两个人还把钱退了回来，请他转赠给穷人或他们的孩子。

1946 年圣诞节前夕，罗迪银行被抢 31 年以后，他们终于还清了 250 个储户 18000 美元的存款。罗迪带领一家人决定重操旧业。经过 31 年艰难的还款路程，罗迪银行又重新开始营业了。为此，罗迪的孩子们向过去所有的储户或他们的孩子寄出一张圣诞贺卡，贺卡上这样写着：“家父佛兰普科斯·罗迪经营的银行 1915 年遭劫以后，被迫停业，但当时家父曾向各储户保证日后必将存款归还。经过多年的奋斗，我们兑现了当初的承诺，已还清了全部存款和利息，现罗迪银行重新开业，欢迎你们再次光临。祝大家圣诞快乐！”

贺卡发出后，散居在美国各地的老储户，不管道路有多远，都很快特地来到纽约，把钱存到罗迪银行里，同时，他们还把自己的亲戚和朋友也都介绍到这里来存款。

多年以后的一个阳光灿烂的清晨，在罗迪银行大厦前的广场上出现了这样的一幕：一个英俊的青年，搀扶着一位白发苍苍的老人在慢慢地散步。望着面前雄伟的银行大厦，那个青年问：“爷爷，你讲的故事是真的吗?”老人微笑着点了点头。然后，用手指着从银行大厅里进进出出的人们，向他的孙子问道：“你知道是什么东西在支撑着我们罗迪家族这座银行大厦吗?”“钱呗!”孙子不假思索地回答说。老人摇摇头说：“不，孩子。要记住，诚信和信誉才是我们家族的唯一的支柱!”

（《中外企业文化》2006 年第 2 期）

点评：信誉是无价宝。人世间什么都可以买到，但唯独信誉用钱买不到。广告有的时候可以宣传企业形象，但真正树立信誉还得靠行动。美国罗迪银行感人之处在于，遭劫以后按法律规定可以宣布破产免债，但他们没有这样做，而是用 31 年的时间辛苦挣钱归还了“信用上的债务”。是诚信信誉使罗迪银行重操旧业后很快走向了辉煌。

155. 巴菲勒退回 100 万美元的故事

世界第二巨富、美国石油大王巴菲勒一次与外商做生意，由于电脑出现故障，外商向巴菲勒公司银行账户多汇了 100 万美元，这件事直到晚上公司做财务总结时才查出。巴菲勒得知这种情况后，即命令职工快速与外商取得联系，把情况告诉对方，然而秘书说：“今天太晚了，明天早上吧。”可巴菲勒没有耽搁，自己亲自拿起电话与外商联系，并将多出的钱款全部退了回去。从此，巴菲勒诚信的美名广为传颂，与他进行商业合作的人越来越多。

点评：诚信铸形象，美名传四方。不管国内还是国外，著名的成功企业和有眼光的企业家都非常在意企业的形象。所以有人说，经营企业就是经营信誉，经营人生。不讲诚信的企业，必然是没有前途的企业；不讲信用的“老赖”，必然行之不远。

156. 美孚“合同就是生命”的故事

美孚石油公司是世界最大的石油公司之一。它的雇员很多，因此，除了生产方面的设备之类的以外，也会采购一些与设备无关却与生活或与其他方面有关的商品。

一次，这家公司老板需要订购一批餐具，即3万把餐刀和叉子，公司找到犹太商人乔费尔。乔费尔对这笔合同非常重视，很快就与厂家取得了联系，他尤其希望厂家能够按时交货。厂家接到这笔合同以后，自然非常高兴，对乔费尔提出的要求满口应承下来。可是，谁知道事情竟不能遂人心愿。厂家接了合同后，由于在管理等方面出现了问题，竟不能按时将餐具生产出来，乔费尔急得如热锅上的蚂蚁，打电话也好，上门去催也好，眼看着交货日期就要到了，临时更换生产厂家时间更不容许，只得自己认栽了。于是，请求生产厂家尽可能不要将日期拖得太晚。好在厂家紧急关头尽力赶货，终于在最后交货期限的前几个小时将货物赶了出来。货物是出来了，可是要在几个小时内将这些货物从生产地运送到交货地，按照常规怎么都来不及了。这时，乔费尔心中第一位不是打电话与美孚石油公司讨价还价，也不是将责任推到生产厂家头上，而是如何尽快将货物按既定时间运抵芝加哥。终于，他想出了一个在别人来说是既傻又笨的方法，那就是用飞机将货物运到芝加哥去。

用飞机运这批餐具，比起正常的运输费用要高出 6 万美元，也就是说，平均每副刀叉需增加运输成本费 2 美元，而这比他从中挣取的利润还要高出许多。有人说，你这样做是不是疯了？可乔费尔想的是，我宁可多出 6 万美元，也要遵守当初与美孚石油公司签下的协议！当这批餐具运送到美孚石油公司指定的交货地点时，正是合同签订交货的最后一天。

（来源：百度网）

点评：“宁可多出 6 万美元，也要遵守当初与美孚石油公司签下的协议!”有人说什么叫诚信经营？信守合同就是诚信经营。故事让我们领略了“犹太民族是信守契约民族和犹太人被称为‘契约公民’”的内涵。

157. 诚信价值不仅 99 万美元的故事

门铃响了起来，正在沙发上看报纸的约翰先生起身开门。门口站着一个年约十七八岁的男孩。他的胸前有一个纸箱子，上面写着：“为诧异募集基金”。男孩说：“先生，您好，我是来募捐的……”

约翰先生是一个企业家，他从口袋中拿出 100 美元，递给男孩。约翰准备关门的时候，男孩说道：“先生，您稍等一会儿，行吗?”

男孩把胸前的那个募捐箱子放下，然后开始数钱。他数了好一会儿，然后将一摞纸币递过来说：“先生，这是退给您的 99 美元。”看到约翰先生大惑不解的样子，男孩解释起来。

男孩叫肖恩，从小就立志经商，可是父亲却不同意。高中毕业后，他就跟父亲商量要开公司，父亲与他大吵了一架。最后父亲说：“你做生意也行，但是你必须答应我一件事，只要能登 1 万户家的门，每 1 户捐上 1

美元，凑足 1 万美元，你就可以经商，否则你只有乖乖地去上学！”

原来如此。约翰问：“既然我给了你 100 美元，你就可以少去 99 户人家，可你为什么又退钱给我呢？”

“我答应过父亲每 1 户只讨 1 美元，我就一定要做到！”

约翰对这个男孩肃然起敬起来。他又问：“你已经讨了多少钱？”

肖恩说：“加上您的这 1 美元，我已经讨到了 150 美元！”

“这样吧，余下的 9850 美元我给你，算是我借给你的，这样你就可以早点实现自己的理想！”

“谢谢，但是我不能接受您的钱，因为我要实现自己的诺言！”说完，肖恩就告别了约翰，向下一户人家走去。

从此，约翰就一直关注着肖恩的一举一动。两年之后，当约翰听说肖恩已经讨到 1 万美元准备开一家商贸公司时，就上门找到了他，准备给他的公司投资 100 万美元。肖恩激动地说：“我只有区区 1 万美元，您却投了这么一大笔钱，您不会觉得吃亏吗？”

约翰说：“孩子，不要有顾虑，只管放手去干，我相信你一定能够在商海打出一片天地。而且你也投资了 100 万美元呀！”

看着肖恩疑惑的样子，约翰说：“你的诚信至少价值 99 万美元！”

（摘自《上海故事》）

点评：信誉就是生命。信誉是人生成功的阶梯。诚实的人最能赢得人心、人缘、人脉。人什么都可以没有，但不能没有诚信。故事告诉人们，一个人也好，一个企业也好，有了信誉，没有资金，可以有资金。某机构在天津的一所小学进行了一次测验，测验内容是“讲诚信究竟有没有用？”结果超过 90% 的小学生都认为讲诚信吃亏。这说明我国的诚信教育应该从娃娃抓起。

158. 面对“无赖”可以破例的故事

《塔木德——犹太人经商秘籍》有这样一个故事：

梅西克是个服装商，向布商克罗扬批发了1200马克的布料，却一直没有付钱。克罗扬叫伙计去收了几次钱，梅西克每次都溜掉，避而不见，给他寄催款单，梅西克又不理不睬。为此，克罗扬束手无策，唉声叹气。

这时，一个新来的店员对他说：“我有一个讨债的秘方。您不妨先写一封催款信给梅西克，叫他尽快还1800马克的债，瞧瞧他有什么反应，再作打算。”

克罗扬采取了这个店员的办法，给梅西克去了一封信。果然，才两天，梅西克就回信来了。信中说：“克罗扬，你怎么诈我1800马克？随信附上1200马克，以后再也不到你那里批货了。要打官司吗？你准输。”

店员的这则讨债的秘方，实际上是相当巧妙的以攻为守的攻心战术。本来克罗扬在讨债的问题上处于守势，主动权在梅西克那里。梅西克只要避而不见，克罗扬就拿他没有办法。

但反过来，从梅西克来说，他对这笔债还是承认的，只是想拖着不还，而不是彻底赖账。这就使得店员的讹诈之计有了思想基础：拖欠1200马克不还的梅西克，可以高枕无忧，让克罗扬一个人着急。要打官司也可以先让他一个人忙乎，大不了到时候还给他，并没有额外的损失。而现在1200马克突然变成了1800马克，这就不得不使梅西克出来辩解了。因为仍然向对待催款单那样置之不理，就意味着默认了对方开出的债单子，次数多了，日后再打起官司来，再要证明只拖欠1200马克就麻烦了，何况，就是拖欠1200马克也是好做不好说。原先是想占人家的便宜，哪能让别人把便宜占了去？占了理的梅西克不能不说个清楚。可这样一来，原来主动权的梅西克变成被动的了，他不能再采取避而不见的策略了。而只要他一露面，1200马克也就该露面了。因为犹太商人一般很少有空口白舌说谎的习惯。

点评：犹太人主张的是对正常的客户要诚实守信，而对待那些不讲信用的人，方式方法上也可以灵活一些，有时会起到“歪打正着”的效果。

真诚到永远。

——海尔服务理念

八、诚信服务篇

最好的服务，就是心的服务，即诚心诚意的服务；就是一切为客户着想，一切为顾客的服务；就是海尔“忠诚到永远”的服务。随着经济全球化和创新时代的到来，以及市场竞争的白热化，商品将越来越丰富，各种商品的相似之处又大于不同之处，企业和商家拼的将是更诚心诚意的服务。

159. “药钱不够，同仁堂给补上”的故事

一天中午，天气很热，一位衣衫褴褛、满身灰尘还有些残疾的老人走进了北京同仁堂的店门。店里的杨师傅热情地迎了上去，“您好？您需要什么帮助吗？” “我——我头疼，晕，嗓子疼，还咳——咳嗽，不——不——不舒服。”顾客费力地说。

杨师傅说：“您是不是感冒了，是不是这两天天气不好导致的，您住的地方空气流通好吗？”“我住在火车站。”

“啊？那里人多又杂乱，是传染性疾病的多发地，您有没有全身疼痛乏力？”“对，对，我全身没力气，疼，还热，嗓子也难受。”“您不用太担心，您这是流行性感冒的症状，我帮您拿盒药吃，您很快就会好的。”

老人掏了掏口袋说：“有——有——有没有便宜点的药？”

“我给您拿的这个就是又管用又便宜的药。”

老人把兜里所有钱都拿了出来，不好意思地说："今天就只讨到这些了，不——不——不知道够不够这盒药的钱！"杨师傅看了看他手里的钱，又看了看他不好意思的表情，微笑着说："没关系，我先给您数数您这是多少钱，看您也不容易，一个人生病也没人照顾，如果实在不够，我帮您补上！"

就这样，杨师傅一角一元地帮老人数清了钱。"您好，您这一共是 17.4 元，这盒药是 19 元，还差 1.6 元，这 1.6 元我帮您补上了。""看您走路不方便，要不我就帮您去交钱拿药吧！您就别来回来去地走了。"杨师傅叮嘱说。

说着，杨师傅帮着拿回药，对老人又叮嘱说："您回去一定要记着不能吃生冷辛辣油腻的食物，多喝点水。"细心地告诉老人药的用法用量。老人感激地看着杨师傅，深深地鞠了一躬说："真是谢谢您，谢谢同仁堂，真是太感谢你们了！"

（北京同仁堂宣传部）

点评：对一般顾客热情服务能够做到，对衣衫褴褛的乞丐能够不能够做到就很难说了。北京同仁堂人的服务好！好就好在对乞丐都能够做到无欺，不鄙视，"药钱不够，同仁堂给补上"，超过对一般人的热情真诚的服务。这就是 300 多年北京同仁堂历久弥新、金字招牌越来越辉煌的一个重要原因。

160. 海尔冰箱"坐轿子"的故事

故事发生在 2012 年 4 月 18 日。

四川省三台县境内有一座海拔 1800 米的南瓜山，该县的古井镇心妙乡的四村八组就处于其海拔 1500 米的位置上，是南瓜山上的最高处的一个小山村。由于山高路陡，大的物件往上弄特别难，现代化的冰箱、冷柜都好像与这里的住户绝缘似的。海尔冰箱“坐轿子”的故事，就发生在这里。

南瓜山古井镇心妙乡的四村八组的村民李秀林想买台冰箱，可一想到怎么往家里弄就打了怵，犯了难。他曾经试着问了几家商场，可人家一听是南瓜山上心妙乡的，就直截了当地说：买欢迎，但不送货。因为从哪家商场到心妙乡的四村八组都要经过一处险峻的悬崖。所以，没有哪个商家甘愿冒这个风险。

说巧也巧，这事恰巧让四川三台潼川售后服务部经理许美智知道了。他和李秀林说：别人不送货，我们送。为了给客户李秀林送货，经理许美智专门找人做了一顶“轿子”，然后把冰箱牢牢地固定在“轿子”上，为了防止送货抬“轿子”上山时脚下打滑，他还特意让送货的人每人都穿了一双草鞋。

到心妙乡送货最难走的路，一处有百米深的悬崖峭壁。一不小心掉下去，不要说冰箱保不住，就是人也会被摔得粉身碎骨。崖上的小路，是在一块块巨石上凿出来的，弯弯曲曲大约有150米左右，上面有一条铁索供过往的山民过崖用的，最宽处只有40厘米，最窄处平常一个人空手走过去还可以，但要抬着一个大冰箱其危险和难度就可想而知了。在这里，你就真知道什么叫“蜀道难，难于上青天”了。

蜀道再难，由于海尔人有一颗对顾客“真诚到永远”的心也变得不难，就这样，海尔冰箱“坐轿子”，翻山越岭，终于被送到客户李秀林家里。从此，海尔人对顾客“真诚到永远”的理念，也就走进了四川南瓜山人的心田。

（《海尔企业文化手册》）

点评：诚信服务，就是无条件、不怕苦、不怕累、不怕险，实打实解决客户困难的服务；就是“一切为客户着想、一切让顾客满意”的服务。故事用具体事实为我们诠释了海尔“忠诚到永远”服务的内涵，诠释了什么叫“顾客是上帝，顾客是衣食父母”。

161. 海尔“真诚到永远”的故事

一年夏天，由于正值盛夏，天气热得像个蒸笼。一位邳州建设银行的客户给海尔售后服务部打来电话说，用了10多年的一台海尔冰箱突然不制冷了，要求他们半小时之内去修理，否则，冰箱里放着的许多食品就该坏了。当时，客户着急的心情是可以理解的。对海尔人来说，客户的需要就是命令。售后服务部的同志告诉她，半个小时内准到。客户放下电话后，两眼不停地从住宅楼上往下看。果不其然，不到半小时海尔的服务车就到了。接着，就从车上跳下两个人，从车上抬着一个冰箱下来。客户就想：是不是海尔的人搞错了，认为我还要买台冰箱呀！没有来得及细想，这位客户就往楼下去跑，等撞了一个对面一问才知道，原来是海尔维修人员怕冰箱里的东西因为修理时间长坏了，就顺便带来一个冰箱，让她把那个冰箱的食品先放在这个冰箱里，等她家冰箱修好了再把食品挪过去。这位客户听海尔维修人这么一说，激动得半天说不出话来，感到海尔售后服务部人想得比客户自己想得都周到。

点评：“真诚到永远”的服务，就是“想客户所想，比客户自己想的更周到”的服务，就是赢得客户之心的服务。海尔人把“真诚到永远”的理念虔诚地像西方人对待“圣经”一样，融化在自己的血液中，具体地无微不至地落实在为客户的服务上。

162. 北京住总送货历险的故事

2008年4月，北京住总住一公司材料处承接了住二公司位于内蒙古呼和浩特市110工地的快拆任务。按照合同约定，材料处负责把快拆件送到工地现场。为了节省运费，大伙儿一合计，决定找从北京返回呼市的货车，按专业的词叫“空车配货”。这样做运费倒是少了不少，但问题也出来了。一是以前从没往外地送过货，山路崎岖路途遥远不说，关键是从来没有和外单位司机打过交道，几十吨的东西要是出什么闪失谁也兜不起呀！最后，经过大家商议，决定派业务员赵天歧押车去内蒙古呼和浩特市110工地送货。

北京住总大厦

老赵52岁，中等个头，四方脸，古铜色的脸膛，戴一副高度近视镜，整天一副乐呵呵的模样。

4月23日第一批货平安送到工地。5月12日决定送第二批货，货装好刚要出发，老赵的手机响了。

“老赵”，电话里传来妻子焦急的声音。

“我看电视上说四川发生了地震，听说还挺厉害的，我给儿子打电话可怎么打也打不通……”妻子忍不住在电话里哭了起来。老赵定了定神，安慰妻子：“不会出事的，学校应该安全。”说了这话，其实老赵心里也没有底。

“要不——要不咱俩坐飞机去成都看看儿子吧，我实在不放心呀——”

“那怎么行，我这就要去呼市送货了。你放心，不会有事的。”老赵嘴里这么说着，心里也打鼓，因为儿子是爸爸的心头肉，他比谁都担心儿子的安全。

老赵患有高血压，临出门妻子给他准备了药，和他约好每半小时发短信互报平安。他不由得往嘴里塞了一片药。

为了省钱，司机穿过六环路走顺沙路至南口后，准备上八达岭高速。当时，因为迎奥运八达岭高速正在抢修，直到晚上7点半货车才放行。

车在夜色中艰难地行驶着，一个急转弯，又一个急转弯，连续的下坡，老赵用手使劲地抓紧把手，脚下不知不觉也跟着较劲儿。“师傅，慢点儿，慢点儿，危险!”后面一辆大货车居然在拐弯处强行超车，好悬呀，透过微弱的灯光，路边的指示牌上赫然写着，“57 公里”，也就是人们常说的“死亡之谷”，老赵不禁惊出了一身冷汗。

夜 11 点，妻子的短信如期而至：“老赵，路上多注意，现在到哪儿啦?”老赵摘下眼镜，揉了揉红胀的眼睛，回了几个字：“平安。八达岭高速。”

总算有惊无险地到达了河北界。车快没油了，前方等待加油的大货车已经把路堵得严严实实，柴油紧张，老赵也跟着紧张起来。两个多小时后终于加上了油。老赵长长地出了一口气。

这一夜不知是怎么了，在出高速进呼市的路上，一辆大货车翻进了路边的沟里，车辆被摔得严重变形，路过的人看后都吓得魂飞魄散，心惊胆战。

经过 20 多个小时的行驶，货总算平安地送到了工地。地震的种种最新消息在工人中传播开来，十几个四川籍民工活儿都没心思干了，急着要回家，老赵的心被一个接一个的最新消息折磨着。妻子的短信终于来了，儿子平安无事，老赵一颗悬着的心终于落了下来。

工地上的负责人连连道谢：“我们以为你们不来了呢！大家正为这事情犯愁呢。真没想到你们这么守信用，没有受到地震的影响，真是太感谢了!”听到这些话，老赵一路上的辛苦一扫而光，满意地踏上了开往北京的火车。

（万晓娟）

点评：企业无信，则难求发展。北京住总业务员赵天歧为了企业兑现承诺，在四川发生地震儿子情况不明、自己又患有高血压的情况下，不辞辛苦，冒着风险及时地把快拆件送到工地现场，保证了对方工程的顺利进行，从中可以看到北京住总人的诚信精神。

163. 台湾博士在意大利买鞋的故事

台湾一个博士在意大利的一个名牌鞋店买鞋子时，最合脚的鞋子已经卖没了。于是，这个博士就选了一双小一号的鞋子，但一试穿感到有点紧。但他想，鞋子穿穿就会松的，穿穿也就行了。于是，他就准备掏钱去买。但商店的售货员无论他怎么说，就是不把鞋卖给他。为什么呢？因为售货员看他试鞋子的时候表情有点不对。售货员说："我不能让顾客买了以后会后悔的鞋子卖出去。"

点评："我不能让顾客买了以后会后悔的鞋子卖出去。""诚待天下客"，但还没有见到像故事中的意大利商店"诚"到这种地步。谁都买过鞋，见到的多是讲得如何天花乱坠，恨不得一下子把鞋卖出去，哪个还管你买了以后穿着"合适不合适"、"后不后悔"？所以说，意大利这个鞋店已经把"诚待天下客"做到家了。

164. 基辛格与非洲芬克斯酒吧的故事

在非洲宗教圣地耶路撒冷，有一个名叫芬克斯的西餐酒吧，它连续三年被《每周新闻》杂志选入世界最佳酒吧前15名之内。

原大名鼎鼎的美国国务卿基辛格在20世纪70年代为中东和平奔走来到宗教圣地耶路撒冷，想造访知名度很高的西餐酒吧"芬克斯"。为此，他亲自给芬克斯的老板打了个电话。在进行自我介绍——我是美国国务卿基辛格以后说："我有几个随从人员，他们也将随我一同前往贵店就餐，到时希望谢绝其他客人。"

西餐酒吧芬克斯

作为美国国务卿的基辛格满以为这个要求会被对方绝对接受，却不曾预料的是，老板非常客气地对他说：“您能光顾本店，我感到莫大的荣幸。但是，因此而谢绝其他客人，是我所不能做的。因为他们都是我的老主顾。”

第二天傍晚，基辛格又一次打电话给芬克斯的老板，说只有三个随从陪我去，也只订一桌，且不必谢绝其他客人。不料，让基辛格没有想到的还是碰了壁。被告知：“因为明天是星期六，是本店的例休日”。意思是员工休息日，不能侵占。

这则“名人轶事”，后来被美国记者写成《基辛格和芬克斯》的新闻，刊登在当时美国很多新闻媒体上，无意中使芬克斯的知名度有了很大提高，使这个在世界上极为普通的一个小酒吧（当时不足30平方米，仅有一柜台5张桌子）曾连续三年被美国《每周新闻》杂志选入世界最佳酒吧前15名之列。

点评：芬克斯酒吧服务确实好！好就好在“诚”待每一个顾客。不管你职务多高，来头多大，都和一般顾客一样一视同仁。不能因为你是美国国务卿就餐，就谢绝其他客人。好就好在“诚”待员工。不能因为基辛格是美国国务卿来就餐，就破酒吧的制度，不让员工休息。一个“不足30平方米，仅有一柜台5张桌子”的饭店能把诚信做到这个地步，真是让世人刮目相看。这可能就是这家饭店曾连续三年被美国《每周新闻》杂志选入世界最佳酒吧前15名之列的重要原因。

165. 武汉市景阳楼发生的故事

1997年的一天，武汉市鄱阳街景阳楼（六层高的洋楼）的户主突然接到一封国外来信，信是从远隔万里重洋的一家英国设计事务所寄来的。信的内容是这样的：景阳楼是本所1917年设计的，使用期限80年。现楼已经超期服役，敬请业主注意。信在报刊上登出后，无不为这家英国设计事务所那种以顾客为本，真诚对顾客的精神而感动。

武汉市鄱阳街景阳楼

点评： 故事内容只有100多字，但让人看后久久不忘，肃然起敬。像英国设计事务所那样，1917年设计的景阳楼，使用期限已经80年，现已超期服役，还不忘提醒业主，这样诚信对待顾客，作者还是第一个见到。现在，都讲诚信第一，顾客为本，但是不是诚信第一，顾客为本？所以，诚信不诚信，不是靠嘴吹出来的，也不是靠广告做出来的，而是靠企业具体诚信的行动做出来的。这就是故事给我们的一个重要启示。

166. 泰国东方饭店最佳标准服务的故事

泰国东方饭店是个五星级酒店，位于泰国首都曼谷的闹市区，紧靠着湄南河。泰国东方饭店堪称亚洲之最，几乎天天客满，如果不提前一个月进行预定就很难入住。而且，客人大都是来自西方比较发达的国家。

泰国东方饭店是靠什么来吸引客人的呢？从下面的小故事就可以看出来了。

泰国东方饭店地处热带，住店的客人一有空就去游泳池里游泳，一时间游泳池里人满为患。人在池中一不小心就会碰着别人，显得十分尴尬。有人说："五星级酒店变成了大众澡堂。"怎么办？要增扩游泳池，四周都是建筑，已无拓展空间。为此，酒店专门召开了会议，讨论增扩游泳池的问题。最后形成共识，即不管付出多大代价，也要增扩游泳池，以满足客人的要求，维护最佳饭店的形象。然而，在所有的方案之中，效果最理想而代价又最昂贵的方案就是拆掉刚刚使用了10年的四号楼，在四号楼的原址上修建。这里建筑游泳池的优点是：一是与酒店主楼距离最近；二是面积宽阔，足够100多人使用；三是这样也使酒店整体布局显得更加协调。但遗憾的是这样做对东方饭店来说，就是代价太大了。因为四号楼的使用时间刚10年，一共有60间客房。在这里改建游泳池无意将使饭店失去一笔可观的收入，因为作为游泳池客人是免费使用。孰轻孰重，令人很难作出决断。但几经讨论后，东方饭店的领导还是作出了舍客房而扩建游泳池的决定。道理很简单：最佳酒店的一切都应该是最好的，包括游泳池也应该是最好的。恐怕就这一点儿，很多饭店就做不到。

泰国东方饭店

于先生因公务经常出差到泰国，第一次入住东方饭店时，良好的饭店环境和服务就给他留下了深刻的印象。他第二次入住走出房门去餐厅的时候，楼层的服务员恭敬地问道："于先生是要用早餐吗?"于先生感到很奇怪，反问道："你怎么知道我姓于?"服务生说："我们饭店规定，晚上要背熟所有客人的姓名。"于先生高兴地乘电梯下到餐厅所在的楼层，刚刚走出电梯，餐厅的服务生就迎候说："于先生里面请。"于先生更加疑惑，因为服务生并没有看他的房卡，于是就问："你怎么知道我姓于?"服务生答："上面电话刚刚通知，说您已经下楼了。"于先生走进餐厅，服务小姐微笑着问："于先生还是要坐老位置吗?"于先生心想："尽管我不是第一次来这里吃饭，但最近一次也已经有一年多了，难道这里的服务小姐记忆力那么好?"看到于先生有些惊讶，服务小姐主动地解释说："我刚刚查过电脑的记录，您是去年6月8日在靠近第二个窗口的位子上用过早餐。"小姐接着问："老菜单？一个三明治、一杯咖啡、一个鸡蛋?"上餐时餐厅赠送了一碟小菜，由于这种小菜于先生第一次看到，就问："这是什么?"服务生后退两步说："这是我们特制的东方小菜。"服务生为什么要后退两步说话呢？因为是服务小姐怕自己说话的口水不小心落在客人的食品上。后来，由于业务调整的原因，于先生有三年的时间没有去泰国了。在于先生生日的时候突然收到了一封泰国东方饭店的生日贺卡，里面还附了一封短信，内容是："亲爱的于先生，您已经有三年没有来过我们这里了，我们全体人员都非常想念您，希望能再次见到您。今天是您的生日，祝您生日快乐。"于先生无意中瞥了一下信封，上面贴着一枚6元的邮票。

（转自《双成文化》，第110—112页）

点评： 从故事里我们可以感受到泰国东方饭店服务的无与伦比。这里除了热情、周到、温馨外，还有一个就是诚信。他们为解决"游泳池人满为患"的问题，拆掉刚刚使用了10年的四号楼，这样做对东方饭店来说虽然代价太大了，但他们依然这样做。道理很简单，只有这样做才叫实至名归，才能同五星级酒店的硬件相符。用饭店自己人的话说："最佳酒店的一切都应该是最好的，包括游泳池也应该是最好的。"所以，酒店经营，经营的就是诚信。

167. 山本夫人"专机"的故事

1988年末，英国航空公司的008号航班因为出现了机械故障，不能正点飞往日本东京，这样就使从日本东京飞回伦敦的时间比原定计划往后推迟了20小时。

在这种情况下，英国航空公司向该航班的191名乘客建议：为了减少耽误的时间，将为乘客提供另一家航空公司的班机，以便使他们尽早到达伦敦。在191名乘客中，有190名乘客接受了公司的建议，

唯有一名乘客——山本夫人宁愿等20小时，也还是乘原来的班机。

英国航空公司的008号航班排除了飞机故障飞到东京以后，将山本夫人请上了客机，安排她坐在比较舒适的前舱座位。客机上有6部影片、各

种食品、饮料供她任意观看和选用，客舱的15名乘务员和驾驶舱内的6名机组人员都为她一个人服务。山本夫人在飞机上看了一场电影，还舒舒服服地睡了一觉。飞机在伦敦机场着陆以后，公司还为她准备了早餐。

从伦敦到东京，再从东京到伦敦长达13个小时的飞行中，11000公里的航程仅耗油就价值2.5万美元，全部飞行成本将达到12万美元。而从东京到伦敦的一张经济舱机票仅仅1500美元。算经济账英国航空公司是亏大了。用国际航空运动协会的官员大卫·凯德的话说："山本夫人很可能是航空史上受到最佳待遇的普通乘客。"

英国航空公司为什么要这样做呢？是因为公司视信誉为生命，是保持那用多少12万美元都换不来的良好信誉。

事后，世界各国新闻媒体对此纷纷进行了报道，使英国航空公司信誉度和美誉度都得到了大大的提升，营业额也大幅度上升。

（《中外企业文化》2000年5月）

点评：故事反映的就是一个"诚"字。过去，我经常坐飞机到各地讲课，我就想：世界上有哪一个国家的航空公司，专门为了一个旅客，能够做到像英国航空公司那样为了兑现承诺，派原飞机飞行11000公里、13个小时，成本就达12万美元，这样舍得呢？目前，可能也只有英国航空公司。如果只算经济账，这家英国航空公司好像亏大了。但算信誉账，英国航空公司是赢大了。因为此事经过世界各国新闻媒体纷纷报道后树立起来的英国航空公司信誉，是多少个12万美元都买不到的。这也是英国航空公司营业额大幅度上升的一个原因。

168. 在奔驰公司"买车"的故事

一天，一个年轻小伙子来到奔驰公司，对销售员说："我想要买辆小轿车。"于是，销售员领着年轻人参观了陈列厅里100多种型号的小轿车，然后征求他的意见。

年轻人问："还有没有其他颜色的车？"

销售员吃了一惊："先生，这几十种颜色都没有您中意的吗？"

年轻人失望地点了点头。"我想要一辆灰底黑边的轿车。"年轻人说。

销售员不得不失望地告诉他，现在还没有这种车，心想："这个年轻人也太挑剔了！"

这件事被老板卡文知道了。他对那个销售员进行了严厉的批评，对他说："像你这样做生意，会让公司关门停业的！"要求他必须找到那个年轻人，让他两天以后再来取车。

两天以后，这个年轻人再次来到了奔驰公司，果然见到了他希望见到的那种颜色的汽车。不过，他还是不满意！他说："这辆车不是我想要的那种规格。"

这次接待他的是公司销售部主任，他的阅历要比上次那位销售员丰富得多，但也没有见过这样挑剔的顾客，暗想，这人怎么这么不近人情，偌大的一个奔驰公司，专门为他生产一辆车，他竟然还不满意！不过，他不动声色，没有将心里的不快表示出来，而是耐心地问："先生想要什么规格的，我们一定满足您的要求。"于是，年轻人说出了他想要的规格，还把车型、式样都详细地描述了一遍，销售部主任一一记录下来，然后告诉年轻人，三天之后到公司取车。

三天之后，年轻人来了，看到自己想要的车已经摆在眼前，自然十分高兴。不过，开着车试了一圈后，他对销售部主任说："要是给汽车安装个收音机就好了，那样一边开车一边还能够欣赏动听的音乐。"

销售部主任十分吃惊，因为当时汽车收音机刚刚问世，应用不多，而且很多人都反对在车内安装收音机，认为那会分散司机的注意力，导致车辆事故的发生。不过，销售部主任还是没有生气，问："先生想安装一个吗？"年轻人点点头。销售部主任犹豫了一下立刻说："那你下午来取吧。"

这时年轻人有点不安了，因为毕竟要求太过分了。但是，奔驰公司果真为他的轿车安装了收音机，使他十分满意。

自此奔驰公司建立了订购制度：顾客需要什么颜色、规格、座椅、音响、空调、保险门等，都可以提出来。这些要求由电子计算机向生产线发出指令，进行生产，很快一辆完全按照顾客要求生产的小轿车就会出现在顾客的面前。

（来源：百度网）

点评：“顾客是上帝”“顾客是衣食父母”。诚信服务，就是要真正的而不是口头上的把顾客当成上帝，当成衣食父母。“顾客想要什么样的产品，企业就要无条件地生产什么样的产品”。德国奔驰公司这一点儿做得就比较好，很值得我们企业借鉴。

169. 几个中国男人日本餐馆退饭的故事

贵友大厦原总经理高颖维讲了她在日本遇到的一件事：

几个中国人回国前一天，在日本一个饭馆已经订好了早餐，但当他们听说韩国狗肉比较好吃，就想改吃韩国狗肉。于是，他们就抱着试一试的态度到餐馆退饭，结果老板愉快地给退了。当这几个人离开饭店后，一个日本小姐穿着木屐踏追了上来。小姐追，他们就跑。后来这几个人感到这么跑也不是回事，让人看着太坷碜了，就停了下来，感到是不是要扣他们的款呢？等小姐追上来一讲他们才知道，原来这家餐馆老板让小姐告诉他们，在东京哪儿卖狗肉，哪个地方狗肉最好，感动得这几个人眼泪都要流出来。最后，几个人一合计还是到这家餐馆去吃吧！从这件事情中，高颖维受到了很大启发，感到退的是货，留的是客；退的是货，留的是心。从此，贵友大厦在遇到消费者退货时做到使顾客“无遗憾”。不要问人家为什么退，只要在这儿买的就给退。

点评：几个中国人本想去日本餐馆退饭，为什么一合计，还是到这家餐馆去吃呢?!就是因为被餐馆的诚心打动了。日本一个蛋丸岛国，资源又非常匮乏，二战后全国满目疮痍，市场上用一个当时美国记者的话说，连一个竹耙子都买不到的国家，为什么上世纪70年代能够成为世界第二经济大国？一个重要原因就是因为服务好，把服务做到人的心里去了。在这个问题上，我们应该实事求是，要把日本企业和人民与安倍为代表的右翼政府区别开来。

170. 一位日本小姐退衣服的故事

一次，一位日本小姐在日本新窗车站的新式大楼的橱窗里看到一套漂亮的夏季西装，非常满意，就买了下来。可是，第二天穿上这套衣服时却感觉不好。衣服虽然质地柔软，手感也好，但一出汗就与皮肤黏在一起了，还容易出现皱纹，这种布料做夏季衣服显然不合适。因为是花了24000日元买的，若这样忍气吞声就显得太窝囊了，所以，她就拿着西装去商店提意见。

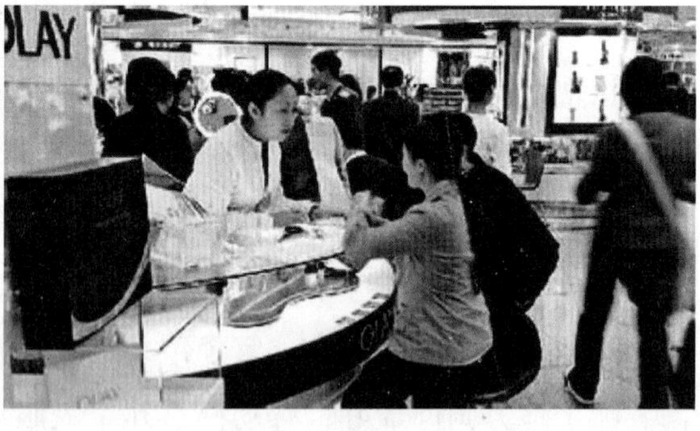

她向售货员说明了使用情况后，说：“这样的衣服不能穿，我要求退货。”她虽然嘴上这样说，但心里却在想：商店不会就默不作声地接受穿过一次的衣服的退货。可是，商店的负责人听了情况以后，又看了布料，很有礼貌地道歉说：“实在给你添麻烦了。”没有丝毫的不满意，马上退还了全部的钱款。这位小姐感到很意外，带着一种歉意感走出了商店。

20 分钟后，这位小姐因故路过这家商店，忽然看到那位售货员正在脱橱窗内陈设的模特穿着的衣服。

几天以后，这个商店直接给这位小姐打来电话，再次表示歉意，说用 80% 的丝和 20% 的聚酯布料做夏装，确实不太合适，感谢她及时提供了信息，使得店里避免了一大笔损失。店家这种诚信的精神使这位小姐很受感动。后来，她就成为这家商店的常客。

（来源：百度网）

点评：这家商店对待顾客退货问题，处理得比较好！好就好在诚实经营。不像我们有些商店往往被一些蝇头小利蒙住了眼，怕企业受损失，找各种理由不退货。这种做的结果，往往是受更大的损失，因为人家再也不买你的了，你还上哪儿挣钱去？这家日本商店的做法就比较好，很值得借鉴。

171. 尼泊尔诚信少年带动国家旅游的故事

早年，尼泊尔的喜马拉雅山南麓很少有外国人涉足。后来，许多日本人到这里观光旅游，据说这是源于一位少年的诚信。

一天，几位日本摄影师请当地一位少年代买啤酒，这位少年为此跑了 3 个多小时。第二天，那个少年又自告奋勇地再替他们买啤酒。这次摄影师们给了他很多钱，但直到第三天下午那个少年还没回来。于是，摄影师们议论纷纷，都认为那个少年把他们的钱骗走了。第三天夜里，那个少年敲开了摄影师的门。原来，他只购得 4 瓶啤酒，尔后，他又翻了一座山，蹚过一条河，才购得另外6瓶，返回时摔坏了3瓶。他哭着拿着碎玻璃片，向摄影师交回零钱，在场的人无不动容。这个故事使许多外国人深受感动。后来，到这个国家的游客越来越多。

点评：故事告诉人们：一个人的素质，诚信不诚信，不仅代表自己的形象，而更重要的是代表国家的形象，代表国家人民的形象。所以，在外国人面前，每一个人都应该做到自尊、自爱，用自己诚实的言行维护国家的形象。

诚信就像万有引力定律一样，适用于一切领域。

——［美］哈特

九、诚信智慧篇

美国哈特说：“诚信就像万有引力定律一样，适用于一切领域。”所以，有人把诚信看作傻，是不对的。一个人诚实守信，就是按照客观规律办事。所以，诚信本身是一种智慧。小诚信是小智慧，大诚信是大智慧。

172. 晏子出使楚国的故事

晏子（公元前578—前500），名婴，字仲，谥平，习惯上多称平仲，又称晏子。夷维（今山东莱州市平里店镇婴里村）人，春秋时期著名政治家、思想家、外交家。

晏婴是齐国上大夫晏弱之子。齐灵公二十六年（前556）晏弱病死，晏婴继任为上大夫。历任齐灵公、庄公、景公三朝，辅政长达40余年。以有政治远见、外交才能和作风朴素闻名诸侯。

晏婴聪颖机智，能言善辩。内辅国

政，屡谏齐王。对外他既富有灵活性，又坚持原则性，出使不受辱，捍卫了齐国的国格和国威。司马迁非常推崇晏婴，将其比为管仲。孔丘曾赞曰：“救民百姓而不夸，行补三君而不有，晏子果君子也！”

下面，是晏子出使楚国的故事。

晏子出使楚国。楚王知道晏子身材矮小，在大门的旁边开一个五尺高的小洞请晏子进去。晏子不进去，说：“出使到狗国的人从狗洞进去，今天我出使到楚国，不应该从这个洞进去。”迎接宾客的人带晏子改从大门进去。晏子拜见楚王。楚王说：“齐国没有人吗，竟派您做使臣？”晏子回答说：“齐国首都临淄有七千多户人家，展开衣袖可以遮天蔽日，挥洒汗水就像天下雨一样，人挨着人，肩并着肩，脚尖碰着脚跟，怎么能说齐国没有人呢？”楚王说：“既然这样，为什么派你这样一个人来做使臣呢？”晏子回答说：“齐国派遣使臣，各有各的出使对象，贤明的君主就派遣贤明的使臣，无能的君主就派遣无能的使臣，我是最无能的人，所以就只好委屈下出使楚国了。”

晏子将要出使楚国。楚王听到这个消息，对左右的人（近侍）说：“晏婴是齐国的熟悉言辞的人，现在将要来了，我想羞辱他，用什么办法呢？”左右的人回答说：“在他来的时候，请允许我们绑一个人从大王您面前走过。大王问，‘这是做什么的人？’我们回答说，‘是齐国人。’大王说，‘他犯了什么罪？’我们说，‘犯了偷窃罪。’”

晏子到了，楚王赏赐给晏子酒，酒喝得正高兴的时候，两个官吏绑着一个人走到楚王面前。楚王问：“绑着的人是做什么的人？”近侍回答说：“（他）是齐国人，犯了偷窃罪。”楚王瞟着晏子说：“齐国人本来就善于偷窃吗？”晏子离开座位回答说：“我听说这样的事：橘生淮南则为橘，生为淮北则为枳，水土异也！现在老百姓生活在齐国不偷窃，到了楚国就偷窃，莫非楚国的水土使得老百姓善于偷窃吗？”楚王笑着说：“圣人不是能同他开玩笑的人，我反而自讨没趣了。”

点评：晏子不愧是春秋时期著名政治家、思想家、外交家。从故事可以看出，晏子的机智、博学、脑子的灵活和答对的有力和巧妙，使本来处于被动的他却由于反击得体变为主动，使对方大受其辱，不但捍卫了本国的国格，而且被历史传为佳话和趣谈。用孔子话说：“晏子果君子也！”

173. 诸葛亮七擒孟获的故事

七擒孟获一词在《汉晋春秋》《华阳国志》出现，《三国志》却没有，所以一直有人质疑此事只是虚构。但裴松之的《三国志注》及司马光的《资治通鉴》，都将七擒孟获载入书中，而且与《三国志》没有冲突或出现史料上的错误，又有二重史料，所以大部分学者都相信七擒孟获。

刘备死后，刘禅继位。刘禅是个只知享乐、不思进取的昏君。于是，朝廷上的大小事情都要由诸葛亮处理。刘备生前一心想恢复汉室的重任自然而然地就落在诸葛亮身上。蜀丞相诸葛亮受昭烈帝刘备托孤遗诏，立志北伐，重兴汉室。就在这时，原来归属蜀国的南方少数民族部落发动了叛乱。

孟获

225 年 3 月，诸葛亮率兵南征，参军马谡送诸葛亮出城。临别的时候，诸葛亮握着马谡的手，诚恳地对他说：“今天我要远征，你还有什么话要嘱咐我的吗？”

马谡说：“南中人叛乱有很多年了，我们很难征服。即使我们这一次用大军把他征服了，他们以后还是要反叛的。您不久还要发动大军北伐征讨魏国，他们如果知道了，必定会趁着我们内部兵力空虚进行叛乱。我听说用兵之道攻心为上，攻城为下。丞相此次南征，一定要叫南人输得口服心服，诚心诚意地归顺我们，只有这样我们才能一劳永逸。”

马谡的话，可以说和诸葛亮不谋而合，连连点头说：“你真不愧是我参军呀！我正是这么想的。”就这样，诸葛亮率领大军一路南下，取得了节节胜利，斩杀了叛军首领高定和雍闿不到半月就平定了南中各路郡的叛乱。但是，南中酋长孟获收集了雍闿的残余部队，继续反抗蜀兵。诸葛亮得知孟获不但作战勇敢，而且在南中少数民族中很有威望，决定采取心攻，让他输得口服心服。于是，诸葛亮制订了周密的作战计划，下令任何人不得杀害孟获，只能活捉。

第一次，孟获就被善于用兵的诸葛亮活捉了过来。士兵被打得四处逃散。士兵们把孟获押了过来，诸葛亮定睛一看，孟获双目圆睁，炯炯有神，正愤怒地瞪着自己，果然是条好汉，不禁走向前去，将他身上的绳索解开了。孟获正在惊异，就听诸葛亮说："孟将军，我们一块儿走一走，也让你见识一下我们军队营垒的阵容。"于是，诸葛亮陪着孟获在军营中转了一圈，然后问他："你看我们的人马怎么样？"

孟获傲慢地说："以前，我没有弄清你们的虚实，才中了你们的计。如果你放我回去，我们再交战，如果输了我就服了你们。"诸葛亮哈哈大笑，说："既然这样，咱们来个约定：如果我能抓到你七次，你就归顺蜀国，怎么样？"

孟获不以为然地答应了。

孟获被释放以后，回到自己的大营，重整旗鼓，准备再一次进攻蜀军。他是个有勇无谋的人，哪里是诸葛亮的对手。就这样，孟获一次次被活捉，一次次又被释放，反反复复地捉了放，放了捉，前后一共经历了七次。

到了孟获第七次被捉的时候，孟获终于输得口服心服，因为他不仅佩服诸葛亮过人的智慧，也为诸葛亮说话算数和宽广的胸怀所折服。诸葛亮以为他心里还不服，准备还放他走，只见他扑通一下跪倒在诸葛亮面前，流着泪说："丞相七擒七纵，信守诺言，说到做到，待我可以说仁至义尽了。我打心眼里佩服，哪里能不遵守当初的约定呢？从今以后，我不再反叛了。"

孟获回去后，说服了其他部落全部投降，重新归顺蜀国。

点评：故事除了反映诸葛亮七捉七放信守承诺的一面，也反映了诸葛亮用兵如神智慧诚信的一面。在中国千百年的历史上，诸葛亮已经成为智慧的化身。

174. 苏东坡巧骂贪官的故事

苏轼（1037 年 1 月 8 日—1101 年 8 月 24 日），字子瞻，又字和仲，号东坡居士，世称苏东坡、苏仙。汉族，北宋眉州眉山（今属四川省眉山市）人，祖籍河北栾城。宋仁宗嘉祐二年（1057）进士。历官福昌县主簿、大理评事、殿中丞等。因满肚子不合时宜，屡次被贬。北宋中期的文坛领袖，文学巨匠，散文、诗、词、书、画等，成就都很高，特别是其词豪迈奔放，慷慨激越，冲破了晚唐、五代以来的旧框框，树一代新风。北宋著名文学家、书法家、画家。

苏轼幼时就聪明过人，10 岁就写出《黠鼠篇》，21 岁参加殿试，文坛盟主欧阳修看了苏轼考卷“竞喜极汗下”，说：“老夫当退让此人，使之出人头地。”

苏东坡

一年，苏东坡微服出访，到江浙一带暗察民情。

这天，他来到浙江州府，在一个亲戚家赴宴，大家并不知道他就是大文豪苏东坡。

席间，有人提议：“我们都来赋诗助兴，并且凭诗的好坏轮流坐首位，诸位看怎样?”

县令王笔说：“我领头先赋一首。”接着念道，“一个朋字两个月，一样颜色霜和雪；不知哪个月下霜，不知哪个月下雪。”

一个官员马上接着吟道：“一个出字两重山，一样颜色煤和炭；不知哪座山出煤，不知哪座山出炭。”

知府杨贵也摇头晃脑地吟道：“一个吕字两个口，一样颜色茶和酒；

不知哪张口喝茶，不知哪张口喝酒。”

这时，苏东坡吟道：“一个二字两个一，一样颜色龟和鳖。不知哪一个是龟，不知哪一个是鳖。”

苏东坡刚一念完，县令王笔忽然醒悟过来：好哇，这不是辱骂大人杨贵和我王笔吗？我还听不出来吗？“龟”和“贵”、“鳖”和“笔”是同音字呀。他当下指着苏东坡骂道：“狂徒！你胆敢骂人。”

苏东坡说：“要说骂人，我看你们刚才吟的诗才是骂人。试想：霜雪是见不得阳光的，煤炭是烧成灰的，茶酒进肚要变成尿的，这还不是骂吗？至于我的诗才是祝寿的，龟鳖是长寿的标志，你们难道连这点常识也不懂吗？”

他的话说得王笔无言以对。知府杨贵这时才看出这位客人有来头，忙问：“请问贵客尊姓大名？”当他们知道面前的就是大名鼎鼎的苏东坡时，一个个都愣住了。

（来源：百度网）

点评：苏轼不愧是北宋著名文学家，人也骂了，骂得那叫实在，又让对手挑不出什么毛病、说不出话来，真乃大智慧也。

175. 包公巧断牛舌头被割案的故事

包拯（999—1062）民间又称包青天、包公。字希仁，庐州合肥人（今安徽合肥市肥东县），北宋天圣五年（1027）进士。曾任天章阁侍制，人称“包侍制”，后为龙图阁直学士，故后人亦称“包龙图”，卒赠礼部尚书，谥孝肃。有《包孝肃公奏议》传世。

包拯廉洁公正、立朝刚毅，不附权贵，铁面无私，且英明决断，敢于替百姓申不平，故有“包青天”及“包公”之名，京师有“关节不到，有阎罗包老”之语。后世将他奉为神明崇拜，认为他是文曲星转世，由于民间传其黑面形象，亦被称为“包青天”。

包拯曾经写过一则家训，刻在家中壁上。家训的全文是：“后世子孙仕宦，有犯赃滥者，不得放归本家，亡殁之后不得葬于大茔之中，不从吾志非吾子孙。”也就是说，包拯严厉要求后代不贪不好，不要欺负百姓，如果有人不如此做，那么就不是包家子孙，死了之后也不得葬在包家祖坟。

包拯

宋景佑四年（1037），包拯任天长（安徽天长）知县。包公巧断牛舌头被割案的故事，就发生在这一期间。

北宋时期，在安徽天长城郊小羊村，有个农民叫刘全。有一天，刘全从山上放牛回家，见有一头牛气喘吁吁，从嘴里往外淌血，仔细一看，原来是牛舌头被人给割去了。于是，刘全牵着这头牛告到了知县。

当时，包拯就在这儿任知县。经详细询问案情后，他判断作案人一定是刘全的仇人，于是便问刘全：“你仔细想想，左邻右舍和三里五村都谁和你不对付，你得罪了哪些人？”刘全说：“我平日一向宽厚待人，凡有争执的事我都让别人三分，凡是有利可图的事我都从来不沾边，得罪了谁，一时还想不出，请知县大人做主。”

包拯眉头一皱，计上心来，就命人拿五百贯钱，交给刘全说：“你只好回去把伤残的牛宰了，把肉卖给四邻，卖的牛肉钱加上这五百贯钱，你另买新牛，好耕田度日。”刘全听了包大人这样吩咐，不好意思收钱，经过包拯的再三劝说，才肯收下，叩头谢恩，离开县城。刘全走后，包大人立即派人张贴布告，上面写着：“春耕大忙季节，不得擅宰耕牛，有违者重罚，检举宰杀者，赏钱三百贯。”后面盖着天长县大印，明晃晃地贴满全城及村村落落。

刘全回家后，按照包大人的吩咐，把牛宰了，把肉卖给街坊四邻。恰好这时东邻一个叫卜安的人看到了县衙的布告，就去刘全家送信，吓唬刘全说：“不好了，县衙正张榜想抓宰牛的人，你怎敢顶风上？”说着，扯着刘全硬是给拉到县衙。包拯见此情景先令卜安退下，问刘全：“昨天你放牛时卜安是否也在山上？”刘全说：“我去牵牛之时，看见他从山上下来。”

包拯继续问："他过去同你有什么不睦的地方吗？"刘全答道："倒是有的。还是去年，他要收蚕茧，向我借柴草，我没借，他很不满意，我俩拌了几句嘴，他破口大骂，我倒把柴草借给了他。"包大人又问："此人为人怎么样？"刘全答："狡猾得很，人人都不同他交往。"

于是，包拯又亲自到了小羊村，走访了刘全和卜安的邻居，又询问了甲长，说法和刘全介绍的相同。于是，传卜安到衙，严加审讯。包拯问："刘全的牛舌被人割掉，变成废牛一头，宰杀有何罪过？你明知县衙禁止宰杀的是耕牛，为什么还要告他？"卜安神情不安，有气无力地辩解说："小民实在不知刘全的牛舌被割。"包大人怒气冲冲地说："混账！刘全的牛舌被割，来衙告状谁人不晓？你身为邻居，居然不知，谁人相信你的鬼话！我看这事分明是你干的，还想赖账。"卜安吓得目瞪口呆，还在支支吾吾，不肯认账。这时包大人大喝一声："大刑伺候，看你有多大本事不从实招供！"卜安哪里见过这种场面，早已魂不附体，便如实说出事情的原委：原来是因为向刘全借柴草结下了仇，总想伺机报复，便趁刘全放牛躺在草地之机，将刘全在山坡上啃草的一头牛的牛舌割下。真相大白，卜安被判戴枷囚禁一个月。从此，包拯名声大噪。

点评：包拯断案既重视调查研究，又有自己精明的诊断和逻辑推理。故事反映了包拯断案的智慧和实事求是。

176. 林肯"月光作证"的故事

美国总统林肯曾经是个杰出的律师，使他取得全国声誉的是阿姆斯特朗案件。

一天，林肯在报上看见一则消息说，有个叫阿姆斯特朗的青年被指控犯谋财害命罪。阿姆斯特朗是林肯一个已去世的好朋友的儿子，他知道这青年性格善良，决不会干杀人的事，就以被告律师的资格，到法院查阅了全部有关案卷，进行仔细研究，直到心中有数，才要求法庭复审。

复审开始了。全案的关键在于原告方面的证人福尔逊。因为福尔逊发誓说，10 月 18 日晚，他在月光下清楚地目击阿姆斯特朗开枪击毙了被害者。

林肯质问福尔逊：“你在草堆后面，阿姆斯特朗在大树后面，两者相距二三十米，你能认清楚吗？”

福尔逊回答：“看得很清楚，因为月光很亮。”

林肯问：“你肯定不是从衣着方面认清的吗？”

林肯总统

福尔逊回答：“不是的，我肯定认清了他的脸蛋，因为月光正照在他脸上。”

林肯又问：“你能肯定时间是在晚上 11 点吗？”

福尔逊一口咬定：“是的，因为我回屋看了钟，那时正是 11 点一刻。”

“你担保你说的全是事实吗？”

“我可以发誓我说的全是事实。”

“谢谢你，我没有其他问题了。”

林肯这时向整个法庭环视了一遍，郑重地宣布道：“全体女士和先生，亲爱的陪审官先生们，我不能不告诉你们，这个证人是个彻头彻尾的骗子！”

整个法庭一阵骚乱，大家纷纷向他投去疑问的目光。

原告跳了起来：“你有什么根据来证明我的证人是骗子？”

林肯神采奕奕，侃侃而谈。“你的证人福尔逊先生一口咬定 10 月 18 日晚上 11 点在月光下认清了被告的脸。请诸位想想，10 月 18 日那天是上弦月，11 点时月亮已经下山了，哪里还有月光？退一步说，也许他时间记得不十分精确。假定说，时间稍有提前，的确有月光。但那时月亮应该在西方，月亮是从西往东照射的。草堆在东，大树在西，如果被告的脸对着草堆，脸上是不可能有月光的，证人怎么可能从二三十米外的草堆看清被告人的脸呢？”听了他的理由，整个法庭轰动起来。证人在众人的咒骂声中承认了自己是被人收买来陷害被告的。阿姆斯特朗立即被宣告无罪。

（来源：百度网）

点评： 林肯的辩护完全基于事实上的推理，而不是主观臆断，又充满了智慧，让人听了无不口服心服。因此，律师要诚实做人，不要当黑律师，为了赚钱就昧着良心说瞎话。

177. 德谟克利特智答法官的故事

德谟克利特（约公元前460—前370或前356），古希腊的属地阿布德拉人，古希腊伟大的唯物主义哲学家，原子唯物论学说的创始人之一。

古希腊哲学家德谟克利特家里很富有，但他把父亲的遗产用作旅行，到埃及等各地学习各种文化知识。回家后，又一心解剖动物的尸体，准备写一部《宇宙大系统》的巨著。那时，阿布德拉城有一条法律，对于不专心经营父亲遗产而将其耗尽的人，要进行严厉的惩罚，不仅要将剩余的财产交给别的亲属，而且还要落个败家子的名声。

有个想把德谟克利特的财产占为己有的亲属，根据这条法律向法院告了他一状。德谟克利特的邻居劝他做好准备，但他不愿让诉讼占去自己的宝贵时间，仍将整天的时间放在写作上。邻居以为他神经错乱，还特地为他请了一个医生。

一天，医生请来了，见德谟克利特正在解剖野兽，一面翻看野兽的内脏，一面在本子上登记。邻居对医生说："你看，他哪像个正常人，完全像个着了魔的精神病人。"话刚说完，突然从天上掉下一个大乌龟，把他砸得鲜血直流，昏倒在地。

过路人议论说："老鹰是最高神宙斯的传信鸟，一定是这位邻居刚才说了德谟克利特的坏话，而德谟克利特是神宙斯喜欢的人，所以，神宙斯就派传信鸟叼着乌龟来惩罚他。"

医生和德谟克利特忙着为他包扎伤口。

不久，德谟克利特被传到法庭。法官问他："这些报告是不是事实？"

德谟克利特答辩说："我的亲属说我花费了父亲遗留下来的金钱，这是事实。但我从事的是研究关于宇宙的知识，我正在写一部叫作《宇宙大系统》的著作。其中，涉及哲学、逻辑性、数学、宇宙学、物理学、生物学、心理学、伦理学、教育学、语义学以及艺术、技术和社会生活等各方面的问题。"

法官问："在你的那些学问里，为什么没有神学？"

狠毒的亲属马上说："他就是不信神，按照法律应当判处他死刑！"

德谟克利特灵机一动，说："法官先生，你最敬仰神，这是很好的。你一定听说过，我的一个邻居说我得了神经病，就给天上掉下来的乌龟打破了头，可见，神喜欢谁是清楚的。现在，请你判我的刑吧，不论你判我多重的刑都可以，反正最高神宙斯是给我做主的。我已经看到派出的老鹰向这里飞来了。"

迷信的法官吓得连忙宣布他无罪，而判那个亲属犯了诬告罪。

德谟克利特走出法院时，那位医生问道："你不是不信神吗？怎么在法庭上又说神宙斯的惩罚呢？"

德谟克利特答道："真理只能和相信真理爱好真理的人谈论。对于那些昏庸的家伙，只能用别的办法对付他。"

点评："真理只能和相信真理爱好真理的人谈论。对于那些昏庸的家伙，只能用别的办法对付他。"德谟克利特这句话，前半句反映他的"实"——处理问题实际、实诚的一面；后半句反映他的"智"，借神打"神"（法官）的一面。

178. 德国王子和下属的故事

17 世纪的德国军队里有一个王子对他的下属情同手足，受到士兵和各级军官的深深爱戴。一次，在攻打某国失败而归的路上，正值冬天的深夜，严寒、饥饿折磨着他以及一些部下，在极度寒冷和饥肠辘辘的状态下，王子慢慢地进入梦乡……睡梦中，王子梦见阳光格外的灿烂与温暖。他醒来了，发现自己身上盖了许多件大衣。再看四周，他的部下因为把大衣都盖在王子的身上，早已经全部冻死了。

点评：爱人如爱己。故事中的王子因为对他的下属情同手足，才出现了在冬天的深夜，严寒、饥饿折磨着每一个人的情况下，“部下因为把大衣都盖在王子的身上，早已经全部冻死了”的动人一幕。这也反映了诚信与智慧的关系。

179. 古希腊囚徒死里逃生的故事

古希腊有个国王，一次处死一批囚徒。那时候，处死囚徒的方法有两种：一种是砍头，一种是用绳绞死。这个国王忽然想起了一个奇怪的念头，“我要和囚徒开个玩笑。让他们自己选择一种死法，看他们说些什么。这一定是很有趣的事情。”

国王想到这里，就让刽子手向囚徒宣布：国王陛下有令——让你们任意说一句话——如果是真话，就绞死；如果是假话，就杀头。

这样的法令真是太奇怪了。可是，这批囚徒的命运都掌握在国王手里，反正是一死，也就顾不得多想，都很随意地说了一句话。结果是可以想象得到的。有的不是被杀头，就是被绞死。国王看到一个个囚徒被处死，很开心。

在这批囚徒中，有一个人非常聪明。当轮到他来选处死的方法时，他忽然对国王说：“你们要砍我的头！”

国王一听，感到好为难：如果真的砍他的头，那么他就说的是真话，说的真话按照原来的规定是应该是被绞死的，而不应该被砍头的；但如果按照原来规定绞死他，那么他说的“你们要砍我的头！”便成了假话，而假话又是应该被砍头的。那么，他讲的话既不是真话，也不是假话，那么，就应该既不能绞死，也不能砍头。

国王没有办法，只得挥挥手，说：“那只好放他一条生路吧！”

点评：智慧能救人。但故事告诉我们，诚信也有个“脑筋急转弯”的问题。故事让人看到了诚信中的智慧。

180. 善意谎言的故事

到了中午快吃饭的时间，一家小吃店走进一对中年夫妇，男的一只眼睛已经看不见了，身后背着一把二胡；女的是个盲人，在男人的搀扶下，摸索着坐了下来。

“大碗豆花米粉，两份。”男的将二胡靠在墙角。

刚坐下来，男的又起身去拿筷子，顺便付了钱，又向店员说了几句什么。一会儿，米粉上来了，却是一大一小两碗。男的仔细将豆花米粉弄碎、拌匀，然后将大碗递给女的。

女的吃了两口问：“你呢？”

“我也是豆花米粉，大碗的，足够了。”

“这种不是大碗的。”坐在旁边的一个小孩忽然说。他一定以为，这个叔叔弄错了，却付了大碗的钱。中年男子并没有抬头，继续低头吃着。“叔叔，你吃的这种不是大碗的。”小男孩以为他没有听见，重复道。

正吃米粉的女人停了下来，侧着头仔细辨别声音的方向，她的脸轻轻地抽搐了一下。

吃完米粉，他们搀扶着走出了小吃店。

"今天吃得真饱。"男的说。

女的沉默了一会儿，"你不要骗我了，你吃的是小碗，你一直瞒着我。"女的失声哭了起来。

"我不饿，真的不饿，你——你别这样，路人看了多不好——"男的有些手足无措，扯起衣袖为女的擦泪。

点评：类似的"善意谎言"在实际生活中，特别是在与自己亲人的相处中时常发生。这种善意谎言，虽然也是谎言，但由于其背后掩盖的是人的善心、亲情、真情、恩情，所以，虽然是假的，但不使人反感，反而让人感动；不但不使人认为是骗人，反而认为是人世间存在的一种真情。

家庭是社会的基本细胞，是人生的第一所学校。

——习近平

十、诚信家风篇

所谓家风，指的是家庭成员的道德风貌和相沿成习的家庭传统。习近平说：“家庭是社会的基本细胞，是人生的第一所学校。不论时代发生多大变化，不论生活格局发生多大变化，我们都要重视家庭建设，注重家庭、注重家教、注重家风，紧密结合培育和弘扬社会主义核心价值观，发扬光大中华民族传统家庭美德，促进家庭和睦，促进亲人相亲相爱，促进下一代健康成长，促进老年人老有所养，使千千万万个家庭成为国家发展、民族进步、社会和谐的重要基点”。“家风正民风纯。”家是最小的国，国是千千万万的家，家国两相依。一玉口成国，一瓦顶乃家。好的家风是中华民族绵延不息的重要软实力，也是五千年中华文明璀璨不绝的基本基因。

181. 曾国藩的家风故事

曾国藩（1811—1872），汉族，初名子城，字伯涵，号涤生，宗圣曾子七十世孙。中国近代政治家、战略家、理学家、文学家，湘军的创立者和统帅。与胡林翼并称曾胡，与李鸿章、左宗棠、张之洞并称“晚清四大名臣”。官至两江总督、直隶总督、武英殿大学士，封一等毅勇侯，谥曰文正。

曾国藩

曾国藩出生于晚清一个地主家庭，自幼勤奋好学，6 岁入塾读书。8 岁能读四书、诵五经，14 岁能读《周礼》《史记》文选。道光十八年（1838）中进士，入翰林院，为军机大臣穆彰阿门生。累迁内阁学士，礼部侍郎，署兵、工、刑、吏部侍郎。与大学士倭仁、徽宁道何桂珍等为密友，以“实学”相砥砺。太平天国运动时，曾国藩组建湘军，力挽狂澜，经过多年鏖战后攻灭太平天国。

曾国藩一生奉行为政以耐烦为第一要义，主张凡事要勤俭廉劳，不可为官自傲。他修身律己，以德求官，礼治为先，以忠谋政，在官场上获得了巨大的成功。

曾国藩的崛起，对清王朝的政治、军事、文化、经济等方面都产生了深远的影响。在曾国藩的倡议下，建造了中国第一艘轮船，建立了第一所兵工学堂，印刷翻译了第一批西方书籍，安排了第一批赴美留学生。可以说曾国藩是中国近代化建设的开拓者。

作为近代湖湘文化集大成者，曾国藩一生秉承儒家“修身齐家治国平天下”信条，把“齐家”摆在突出位置，他梳理治家方略，形成“书、蔬、鱼、猪、早、扫、考、宝”的治家八字诀，推出“尚廉、尚谦、尚劳”的家规，使世代子孙从中受益，曾国藩的家风很值得今人借鉴。

不久前，笔者探访了湖南省娄底市双峰县荷叶镇的曾国藩故居“思云馆”，印象极深。曾国藩出身农家，终其一生与俭朴相伴。据导游介绍，曾国藩不讲究膳食，通常每顿饭只有一个菜，因此博得“一品宰相”美誉。30 岁时曾国藩做过一件缎马褂，却每年只在喜庆日穿一下，珍藏三十年而不换新的。在京城上朝，他坚决不坐一品官轿，只坐普通蓝呢轿子。

他小女儿少时随母到两江总督府，穿一条缀青边的黄绸裤，曾国藩觉得太奢华，命她立即换一条没花边的裤子……有这等严父，曾家老少自然始终传承俭朴家风，谁也不敢越轨。

最能体现曾国藩家风的，当然是收录1500封信札的《曾国藩家书》了。该书记录了曾国藩30年从政、领军生涯中的家教心得，涉猎内容涵盖教子、持家、治学、交友、修身、理财、用人、处世、治军、从政等方方面面。“一滴水可见阳光”，曾氏行文从容镇定，运笔挥洒自如，于平平无奇“拉家常”中蕴含许多真知灼见，充满人文关怀，具有极强的亲和力、说服力和感召力。这是一部真实生动的生活宝鉴，更是中华传世家教之经典。历年来笔者多次拜读此书，越读越觉得意味深长、历久弥香。

我们读《曾国藩家书》，印象最深者当是其家庭教育，全表现在他写给儿子纪泽、纪鸿及诸弟的书信中。曾国藩终其一生明道经世、宁静致远，以简养俭、以廉明志，他以自己立德、立功、立言的实践教诲子女，赢得美誉。无论在教子读书、研究学问、勤俭持家、自尊自立、修身养性、做官从政等各个方面，曾国藩都传承中华民族传统美德，其学养造诣和道德操守在信中随处可见。所以民间有“从政要学曾国藩，经商要学胡雪岩”之说，近代他更被奉为“道德文章冠冕一代”的“官场楷模”。

曾国藩在家书中写道：“居家之道，惟崇俭可以长久。”他要求妻儿和媳妇每日纺纱、做鞋，新媳妇进门无论出身如何均须下厨和做家务；他要求家人不得借侯府之家摆阔气，“后辈子侄出门宜常走路，不可动用舆马”。他的《家书》堪称中国近代家教范本、中华优秀家风的结晶。正是靠这种优良严谨的家风，使曾国藩的家庭教育大为成功，其子女后代一个个牢记父训，勤奋好学、廉洁处世，成为有益于国家民族的有用之材。

优秀家风加之家学渊源、严格要求，曾国藩的兄弟子侄、亲朋好友乃至门生故旧深受影响，曾氏后裔人才辈出，构成一个名声远播的名门望族。据统计，曾国藩兄弟五房中出过成功人士240多位，包括一批著名的外交家、诗人、学者、科学家和高级干部。

曾国藩曾是一位有争议的历史人物，数十年来国人对其毁誉参半、褒贬不一，但一个不争的事实是：无论力挺他的人还是憎恨他的人，对他的家书无不追捧备至拍案叫好。

《曾国藩家书》何止是一部记录家常的书信集，更是一部蕴含为人哲理，指导做人处世、持家教子的家风宝典！当今社会，父母无不“望子成龙”“望女成凤”，怎样才能成为一个无愧于国家民族的栋梁之材？读一读《曾国藩家书》定会大有裨益。曾家何以能颠覆“富不过三”的潜规则，从家书中也不难找到答案。

曾国藩一生勤奋、俭朴、好学、务实。其家风不但一直为曾家后人所传承，而且成为后人教育子女的宝典。毛泽东主席生前对曾国藩的家风也十分看重。

曾国藩曾留下脍炙人口的十六字家风箴言：“家俭则兴，人勤则健，能勤能俭，永不贫贱。”意思是，节俭能使家庭兴旺，勤快会使身体强健。既勤劳又节俭，人生才能高枕无忧。

曾国藩不肯将金钱留给后人，曾写信对女儿曾纪芬说：“予自三十岁以来，即以做官发财为可耻，以官囊积金遗子孙为可羞。盖子孙若贤，则不靠父辈，亦能自觅衣食；子孙若不贤，则多积一钱，必将多造一孽，后来淫佚作恶，大玷家声。故立定此志，决不肯以做官发财，决不肯以银钱予后人。”这段话的意思就是：为官应当清廉，当为民请命，不是为了发财。子孙全靠自己，何须我来帮衬。所以，我绝对不留一文钱给后人。

（作者：李苏旺、马承钧）

点评：凡是了解一点儿历史知识的人都知道，晚清四大名臣之一曾国藩曾经是镇压太平天国运动的“刽子手”，但作为农民运动领袖的毛泽东对他也是赞赏有加，曾夸他是“办事（干事业）兼传教（传播思想学说）之人”，并说“愚于近人，独服曾文正”。从故事看，曾国藩之家风确有让今人警醒之处，如“予自三十岁以来，即以做官发财为可耻，以官囊积金遗子孙为可羞。盖子孙若贤，则不靠父辈，亦能自觅衣食；子孙若不贤，则多积一钱，必将多造一孽，后来淫佚作恶”，今天看来也不乏是字字珠玑，真知灼见。那些位高权重、富可敌国的腐败分子如果多读点书，看到曾国藩此高见也会感到相形见绌，无地自容。

家风是家庭的信仰。曾国藩的家风箴言，我们今天读来，犹感发人深省。一个人从小就受到良好家风的熏陶，生活、处世、工作上定会有“法”可依，坚守内心，才能成就好人生的辉煌。

182. 八旬老人郑宜栋替父还67年前旧债的故事

《北京晚报》2009年7月1日，刊登了这样一个故事：

近日，江西省上饶县旭日镇里施巷的85岁退休干部郑宜栋，数十年来省吃俭用，到老了还依然辛苦挣钱，最终还清了67年前父亲欠下的所有旧债。为此，十里八村的乡亲以及大批的网民都纷纷称赞郑宜栋老人的诚信之举，叫好声评论声此起彼伏。

郑宜栋

事情的经过是这样的：

解放前的1942年，正当郑宜栋的父亲在上饶县黄沙岭乡的麻灯炸油坊生意如日中天时，家里却发生了一场重大变故。因未按时去服乡里派下来的劳役，伪乡长指使几个乡丁上门催促其父亲马上去服劳役。当时，郑宜栋正在和父亲与哥哥在田里堆稻草，他父亲顶了几句，被乡丁开枪打死，其兄上前拼命，也被打成重伤，于当晚死于医院。

父亲和哥哥的去世，留下郑宜栋和他的母亲及两个年幼的弟弟，还有一个写着106人的债务名单。

解放最初，郑宜栋只有4元钱的薪水。1952年改为包干制，工资也才有23元钱。加上妻子和7个孩子，生活过得很艰苦，根本就没有钱还债。直到1989年退休了，子女也相继成家立业，才可以安心地着手还债的事了。

1996年，70多岁的郑宜栋老人省吃俭用攒下第一笔钱，就按父亲账本上所欠的账单，带了1万多元钱，如数买了茶油，赶到黄沙岭去还债。他花了9天时间，为还债挨家挨户跑了100多户人家。有些债主已经过世，郑老汉就千方百计找到其后代，将欠的钱还上。

直到2009年5月30日，也就是3年后，郑宜栋老人终于替父亲还清了67年前的旧债，包括桐油800多斤（折合现金13000余元），茶油、菜油300余斤。

点评：解放前的旧债按照现在的法律规定，超过了20年诉讼时效保护期限，没有诉讼等于放弃债权，就可以不还了。但郑宜栋老人不是按照法律办事，而是按照“借债还钱，天经地义”的老理办事，退休以后数十年来依然辛苦挣钱，省吃俭用，到85岁硬是把父亲欠的解放前的债还上了。从中我们可以看到，中华民族诚信传统文化的魅力！诚信不但是做人的准则，而且是维系着中华民族和谐的人际关系的纽带。

183. 农民苏文墨“父还子债”的故事

2013年5月20日，在江西省德兴市绕二镇马坑村，村民们发现在镇财政所、村委会及临街店的墙上，张贴了一则讣告。讣告是这样写的：“吴琼于本月10日交通事故身亡，因突发未留下遗言，生前与其有经济借贷的朋友，尽快和亡者父兄联系，敬请互相转告，以告慰死者亡灵。”讣告结尾留有亡者吴琼父亲和兄长的电话。

39岁的吴琼是江西省德兴市绕二镇财政所的合同制驾驶员。5月10日夜里，他搭乘便车去德兴市看望妻子，遭遇了车祸，因交通事故身亡，未留下只言片语。今年其65岁的父亲苏文墨是一个老实巴交的农民，听了这个噩耗悲痛万分。苏文墨知道儿子生前因为做生意曾欠下一些外账，但他不知道具体的债主和具体金额。于是就有了文章开头的一幕，写了一则《替子还债讣告》，张贴在村委会和儿子生前工作的绕二镇财政所以及一家临街店铺的门前。

“虽然儿子走了，人生一大不幸之事降临在我身上，我很难过。但是，欠债还钱，子债父还是天经地义。儿子虽然已经走了，但人死债不烂，欠债就必须还，这是做人的本分。以诚待人，做人诚信第一。”苏文墨老人如是说。老人虽然掩饰不住老来丧子的悲痛，但替子还债的决心还是很坚定的。

苏文墨老人的诚信举动，感动了乡邻，老人上门还钱时屡屡被债主婉拒，但他仍然一直坚持一家一家地还钱。如今，苏老已经帮儿子还了50000元债款，还有13000元没有还，有3个债主为苏文墨的事情所感动，无论如何也不肯收苏老的钱。

（根据《北京晚报》和网上文章编改）

点评：在当今骗子、“老赖”遍地的情况下，农民苏文墨在儿子因交通事故不幸身亡万分悲痛的情况下，不忘儿子生前欠下的债务，坚持“子债父还”，认为“这是天经地义，是做人的本分”。非常难能可贵。它体现了一个好的家风，即诚信的家风。我们可以设想一下，如果我们每一个家庭都能够有这样的一个家风，我们的社会将是多么的和谐呀！这使我不由得又想起毛泽东的一句话，农民“尽管他们手是黑的，脚上有牛屎”，但他们的灵魂比那些穿着时髦、西服革履的“老赖”不知要干净多少倍！

184. 宁煤员工龚艳红“孝老爱亲”的故事

对于大多数人来说，家庭是夫妻恩爱、长相厮守的温馨港湾；家庭是膝前承欢、其乐融融的和谐家园。可对于神华宁夏煤业集团公司枣泉煤矿机电队的充电女工龚艳红来说，家庭意味着常人难以承担的责任、奉献、宽容和理解。

六年！2190 天！

龚艳红面对重重困难，坚守自己作为一个妻子、母亲、女儿的责任和义务，对家庭她不抛弃、不放弃。六年来，除了上班她没有出过远门；作为女人，她没有逛过一次街，每天的午餐，就是一个菜饼子兑白开水。

龚艳红

六年的坚守，对于龚艳红来说并不意味着结束，而面对遥遥无期的未来，它只是个休止符。但生性乐观的龚艳红永不言放弃，用坚强的臂膀撑起了一个苦难的家庭和特殊的家庭，以泰山压顶腰不弯的精神战胜各种困难，为世人树立了一个好的家风。

失败婚姻　“灰心人”遇“知心人”

1986 年，龚艳红在金贺兰公司参加了工作，成为一名运输皮带司机。1997 年经人介绍认识了同在一个矿区的前任丈夫，结婚不到一年，前任丈夫就染上了赌博喝酒的恶习，经常是彻夜不回家。龚艳红苦口婆心多次进行劝说，但每次劝说换来的都是丈夫一顿毒打或者辱骂。四年后，对这段婚姻彻底心灰意冷的龚艳红选择了离婚。

2006 年，龚艳红遇到了在金贺兰焦煤公司工作的刘顺利。经过一段时间的接触和了解，老实敦厚、善解人意的刘顺利又让龚艳红对开始一段新的婚姻充满憧憬。2006 年 10 月，龚艳红与刘顺利组建了新的家庭，婚后的龚艳红和丈夫尽管工资微薄、生活窘迫，可他们夫妻恩爱、相互关爱、相互支持，赡养老人，一起承载生活工作的重压和困难，日子过得倒也美满快乐！

一场车祸　为爱坚守生死不离

天有不测风云！不及始料命运的一场车祸让龚艳红的一生都发生了巨大的转折，将她命运的轨迹带入了无法自拔的泥潭。

2009年的一天夜里，丈夫刘顺利骑着摩托车外出办事，漆黑的路上堆着一大堆石头，刘顺利还没有来得及看清就一头栽进去了，被人发现后紧急送到医院抢救。经过一夜的抢救，刘顺利的命是保住了，可脊椎的11、12段摔成了粉碎性骨折！这次事故后，刘顺利变成了高位截瘫患者，从此，他不能再正常地工作不说，日常生活的吃喝拉撒睡都要龚艳红和家人的照顾。

老天跟这个原本过着幸福而平凡生活的女人开了个大玩笑！家庭的重担，对于龚艳红来说简直是太难了。面对这突然降临的灾难，龚艳红没有选择退缩，而是迎了上去，以泰山压顶腰不弯的精神选择了坚持。六年来，在一天天、一月月、一年年的艰辛而又琐碎的生活中，她用爱将点点滴滴做到了极致，她用坚强的臂膀挑起了这个多难的家，始终对自己的亲人不离不弃。

丈夫刘顺利的病需要麻醉药止痛。刚开始的时候，一天只吃一片，现因长期服药，身体产生了耐药性，需要的药量越来越大，每月光麻醉药就要花去家里5000块钱。这对于每月只有1000多块钱收入的家庭来说困难可想而知。想到自己治病要花这么多钱，自己还要忍受疼痛，家里人也跟着自己一起受罪，丈夫刘顺利几度想到了自杀。

2013年6月的一天，下班回到家的龚艳红像往常一样操持着家务，给老公擦洗身体，更换丈夫的被褥，照顾有病的婆婆，忙得汗流浃背。丈夫刘顺利看到龚艳红这么辛苦，心里犹如打翻了五味瓶。一个念头随之在他脑海盘旋……

“艳红，我饿了，你做点饭去。”刘顺利对坐在床边为他削苹果的龚艳红说。

龚艳红没有察觉到丈夫的异样，转身走进厨房去做饭了。刘顺利悄悄把准备好的绳子绑在床上用来帮他翻身的杠子上，可是杠子太低了，他想上吊的想法实现不了。他只好扭过头一下一下用力撞向墙壁。正在厨房做饭的龚艳红听到“咚咚”的声音，急忙跑出来，顿时惊呆了，只见丈夫血流满面，墙面上也留下了一大片血迹。她急忙冲到床边，抱着丈夫的头喊道：“你干什么？”

刘顺利失声大哭，歇斯底里地对龚艳红喊道：“你走，你赶紧给我滚，让我去死，让我去死吧！”

看到丈夫这样，龚艳红的心都要碎了。可她忍住自己的伤心，耐心地安慰丈夫：“我和婆婆苦苦支撑了这么久，都是为了什么？还不就是为了有一个完整的家吗？我们的整天付出难道就是为了换来你这样的回报吗？”

丈夫痛哭流涕地说道：“老婆，你别管我了，我不能再耽误你了，我是累赘啊！”

龚艳红拿起床边的止血纱布，帮丈夫止住头上的鲜血，把他的头抱在自己怀里：“老公啊，咱们夫妻这么多年了，还说什么耽误不耽误的。你千万不要胡思乱想，我和婆婆都不会嫌弃你。你自己也要鼓起勇气，坚强地面对生活。无论怎样，我们都是一家人！”听着妻子的话，看着妻子脸上的泪痕，丈夫刘顺利的心软了下来。“自己再不坚强面对困难，可真叫这个女人怎么办？”丈夫刘顺利心想。

大爱无疆　传承真善美德显露真情

生活似乎又回归了它原来的轨道。随着时光的流逝，在龚艳红的细心照料下，丈夫刘顺利逐渐走出煎熬痛苦的阴影。可龚艳红的担子却更重了。随着时间的推移，婆婆和自己的父亲年事已高，体弱多病。家里还有一个姐姐和弟弟都是身患二级残疾，而且弟弟还有精神障碍，生活自理困难。一家5口人都需要她照顾，而她还要上班，龚艳红通常是照顾完丈夫，还要照顾老人、姐姐和弟弟，为了减轻父亲的负担，一天到晚两头跑，忙得连口水都顾不上喝！这对于一个人来说，是多么沉重的负担呀！就是一个铁人也挺不住呀！

可问题还不止于此。让龚艳红更加牵挂的还有一个人，那就是丈夫刘顺利在监狱服刑的儿子。龚艳红自己没有孩子，她把刘顺利的儿子当成自己亲生的孩子一样看待！为了让丈夫安心养病，也为了孩子好好改造，利用每年几次监狱探望的机会，带上自己亲手做的饭菜给孩子送去，像一个亲生母亲那样耐心劝导这个儿子。让龚艳红高兴的是，这个孩子由于表现良好，已经获得减刑。

生活的艰辛、家庭负担的沉重和身体的劳累，没有让龚艳红退缩，除了料理家务、伺候病人老人外，她本职工作干得也挺好。上班时间，她勤勤恳恳、踏踏实实，保证了自身无“三违”，出满勤，干满点，圆满完成各项生产任务，先后多次荣获矿优秀员工、工会积极分子、优秀协管员等荣誉称号。2015 年 4 月，被银川市宁朔南路江南小区评为社区好人。

矿领导得知她的情况后主动为她伸出援助之手，工友们也自发地为她解囊捐款捐物。2015 年 5 月，龚艳红和丈夫的事迹被宁夏电视台《都市阳光》栏目报道后，在社会上引起强烈反响。面对领导、工友和社会的关怀，不善言辞的龚艳红说：“我会用我更多的关怀和爱照顾好家人，用更努力的工作来回报组织，回报社会，回报兄弟姐妹对我的帮助。”

每次说到龚艳红，丈夫刘顺利双眼总是浸满了泪水：“我听说我妻子在班上就吃个夹菜饼子，我心里特内疚，我感觉我媳妇为我付出太多了，这样的女人心眼儿太好了，说心里话，我确实感觉特别亏欠她！”

没有龚艳红顶天立地的坚持就没有这个家，就形不成这样“孝老爱亲”的家风。在特殊家庭状况下，龚艳红用一颗善良的心，支撑了一个常人难以维持的家庭，面对接二连三的厄运，她泰山压顶不弯腰，用坚强、毅力和乐观诠释着母亲、妻子和女儿对家庭的爱、孝和亲，彰显了中华民族一个好妻子、一个好女儿、一个好母亲的良好品德。

（宁煤集团枣泉煤矿组宣科）

点评：家庭是社会的基本细胞。家庭和睦社会才能和谐。故事给我们树立了一个家风很好的榜样，那就是在任何艰辛苦难面前，都能够具有一个“孝老爱亲”的家风，这是我们能够战胜一切困难的源泉。

185. 用爱托起“5 个病人”之家的故事

刘艳，女，汉族，35 岁，双马煤矿筹建处调度室通风监测监控微机操作员，同单位治安保卫队员工肖鹏的妻子。11 月 10 日是刘艳的生日，这是她的老公肖鹏于 2013 年写给她的一封信。

刘艳

亲爱的艳：

你好，明天就是你的生日，我有好多话想要对你说，可怎么说也表达不了我此时此刻的心情。我欠你的实在太多了，我们这个家也欠你的太多了，回想我生病的这 3 年来，我身体能康复到目前的状态，是你精心照顾得来的，我们的这个家能撑到今天也离不开你。你是我的好妻子，也是儿子的好妈妈，更是这个家的好媳妇。看到你每天光做饭就要做上七八顿，一忙起来就忙到你上班走，回来后依旧如此，我的心里好酸。每当想不开时，又要你反过来安慰我，劝导我直到我打开心结。可你心里有苦却不让我知道，总怕对我身体不好。艳，你对这个家做的一切我都看到眼里，记在心上。

老婆，谢谢你，你辛苦了。你一定要照顾好你自己，我会尽快好起来的，我们一起撑起这个家。相信，我们以后一定会过得很幸福很幸福，直到我们彼此搀扶着走完这一生！

爱你的老公——鹏

她，收到三份病危通知书

2005 年冬天，刘艳与同单位的肖鹏喜结良缘。和许许多多新婚燕尔小夫妻一样，他们对未来美好的生活充满了憧憬和向往，夫妻两人能在同一个单位上班是作为煤矿人来说羡慕不过的。两人恩恩爱爱，一起上下班，一起回家照顾老人，节假日和父母吃团圆饭，一家人其乐融融。

天有不测风云，人有祸福瞬变。原本一个幸福和睦的家庭，灾难却不期而至。从 2010 年开始，她用坚强的臂膀托起家的重担。父亲刘金城，65 岁，因伤退休，患有心肌梗塞，2009 年心梗做搭桥手术并伴有重度糖尿病；母亲张素梅，55 岁，2010 年因脑出血入院治疗，2011 年 10 月第二次出血鉴定二级重症伤残生活不能自理；公公肖中欣，63 岁，退休工人，五级工伤，左眼视力二级伤残；婆婆杜巧华，61 岁，也因急性脑梗住进了医院。作为媳妇的她，又要照顾婆婆又要照顾母亲。好在医院了解情况特殊后，主动将两位老人调到了同一间病房，这才解决了当时的困难。可就是这样，灾难还是雪上加霜地又一次降临了。2011 年 8 月，老公肖鹏突然因急性坏死性胰腺炎住进重症监护室。当她收到三份病危通知书签字时，坚强的她哭了，一家 7 口除了孩子就只剩下她一个健康的人，为了不给老人增加心理负担，这个坚强的女人擦干了泪水，独自承担着这份苦痛。老公的病情得到了控制，可是母亲的第二次脑出血却让她的心再次揪了起来。这一次比上次的情况严重多了，从治疗到出院都没能让母亲站起来，她一个人悄悄地躲在房间里想了很久才出来，笑着对母亲说："别害怕，你会没事的，以后有我呢，你好好养病，会站起来的!"以后的日子，这位坚强的女人就忙碌在两个家庭之中。因丈夫的病情不能沾油和肉，她一天最多的时候做过 8 顿饭，熬中药都要熬 3 份，晚上睡觉时还要给老人按摩、洗脚、洗头，就因为医生说这样能够活血，对病情有好处。公公左眼没有视力，腿脚也不好，她就不让公公接孩子，自己一天 3 趟往返于家与学校之间。照顾老人是个力气活。记得有一次，在背母亲上楼时没抓稳扶手，她怕摔到老人，硬硬地用膝盖顶在了冰冷的楼梯上，磕得膝盖直流血，心疼得老人家直掉眼泪。

她，一颗孝顺之心

当不幸突然降临到这个多难的家庭时，刘艳用博大的爱托起了这个家。公公、婆婆、父亲、母亲重病在身生活基本无法自理，而其他儿女又不在身边，刘艳为了能够更好地照顾老人，她就把父母亲和公公婆婆都接到了自己的家里照顾。在 10 多年的岁月里，面对重重困难和打击，不抛弃，不放弃，把为人女、为人妻、为人母的美德，在日复一日、年复一年平凡而又平淡的点点滴滴的生活中，最大限度地传承下去，用真心待人，以挚情爱人，让孝老和爱亲不灭的"长明灯"，照亮这个命运多舛的家庭。

2011 年 8 月的一天，丈夫经医院诊断是重症坏死性胰腺炎，必须手术，且手术风险大，费用高。当夜，刘艳彻夜未眠，想着一家人病的病，残的残，眼泪禁不住夺眶而出，连续几天几夜急得吃不下饭。感到这些年自己好不容易挺过来了，如今生活刚有点起色，可天有不测风云，丈夫又得了重病。高昂的手术费如一块巨石压在她的心上，让她喘不过气来。为了丈夫的手术费，她不得不四处借钱，时常深夜拖着疲惫的身子回到家。

可是丈夫的一封信却让她伤心欲绝："艳子，我能与你成为夫妻，就已知足了。这些年辛苦你了，为了老人，家中已无积蓄，我的病你就不用再操心了，生死由命。手术我不做了，若我先走，你好好照顾老人、孩子，我在九泉之下也会感谢你的！"看着被病痛折磨的丈夫，她含着眼泪动情地对丈夫说："钱借不够，卖房子我也要给你治病，你要想开一点儿，我一定会和你携手走下去的。"在亲朋好友的支持下，手术很顺利，从死神手里夺回了丈夫的一条命。经过两年多的恢复，也许是感化了上苍，丈夫终于能做一些较轻的家务，但天天都要吃药，维持治疗。

多年来，处在这样的家庭中，面对这样多重的困难，面对双方父母病的病、残的残，刘艳心中充满了苦与痛、累与忧，但她为了一个完整的家，认识到作为家里唯一的劳动力，自己不能垮。因此，她始终不弃不离，精心照顾，勇敢地把家庭的责任、义务担当起来。她的付出得到了家里家外、邻里老小、单位的理解支持，心里得到了很大的宽慰。她说："为了这个家，我就是再苦再累，远比他们受病痛、受折磨要好很多，负起孝老爱亲的责任，是我义不容辞的责任！也是为人女、为人妻、为人母最起码的道德与良知！"她坚信，只要不舍不弃，一定会感动苍天，一定能走出这个困境。

她，在传承着一种家风

家庭就是一所学校。她是一名母亲，儿子今年9岁了，她深知知识的重要性，即使工作再忙，负担再重，她也从不放松对儿子的教育。她时常教育孩子学习要刻苦、生活要简朴、对人要和善、对长辈要尊敬、做人要诚实、做事要诚信。她言传身教，身教胜于言教，而她本身的所言所行都在诠释这一点儿。在她的影响下，儿子养成了良好的学习生活习惯，小小年纪就有孝心、爱心、上进心。有好吃好喝的他自己不吃，总是先让给长辈吃；坐公交车，遇到老人总是主动让座。在学校，他是老师眼里的好学生；在家里，他是爷爷奶奶的好孙子。

十余载的风雨沧桑，她用她特有的宽广胸怀和一颗热诚之心，温暖着一家7口人；她用她的坚强臂膀，撑起了这个7人有5个病人之家的生活，使这个风雨飘摇的家庭变成一个希望之舟。她在家里，自觉不自觉地传承着一种家风，让孩子学会怎么做人，让人知道怎么感恩，让病人变得坚强，让家庭重新燃起了希望。从她身上，我们知道了好的家风应该怎么传，让我们知道了什么叫贤，什么叫孝。

（宁煤集团双马煤矿组宣科）

点评：一个好的家风的传承，离不开“贤”，离不开“孝”。好的家风，不是说出来的，关键是做出来的，是“带”出来的。双马煤矿筹建处刘艳“感动神宁十佳道德模范”事迹材料就说明了这一点儿。

186. 岳飞“精忠报国”的故事

岳飞（1103—1142）字鹏举，南宋军事家，民族英雄。岳飞出生于北宋相州汤阴（今河南汤阴县）的一户佃农家里。少时勤奋好学，并练就一身好武艺。19岁时投军抗辽。不久因父丧，退伍还乡守孝。1126年金兵大举入侵中原，岳飞再次投军，开始了他抗击金军，保家卫国的戎马生涯。传说岳飞临走时，其母姚氏在他背上刺了“精忠报国”四个大字，成为岳飞终生遵奉的信条。

岳飞目睹北宋灭亡前后的惨痛史实，和当时中原沦陷区的人民呼吸相通，有坚决抗击女真贵族民族压迫、收复故土、统一祖国的强烈愿望和要求。

北宋末年，深受民族压迫的汉族、契丹族、渤海等各族人民，“仇怨金国，深入骨髓”，纷纷自动组织起来反抗。

岳飞

从12世纪20年代起，黄河南北、两淮之间，掀起了轰轰烈烈的抗金民族战争。岳飞和抗金名将宗泽、韩世忠等一道，站在抗金斗争的最前线。可是，腐败的北宋统治集团，采取妥协、投降的政策。

1127年（靖康二年），徽宗赵佶、钦宗赵桓被掳走后，继而接位的南宋小朝廷的头目赵构，同样是个投降派。他偏安于江南一地，沉醉于歌舞逸乐之中，没有真正组织抗金民族战争并把它进行到底的决心和打算，所不同的是一面信用秦桧等投降派，通过他们出面进行一系列议和投降活动；一面则利用宗泽、岳飞、韩世忠等抗战派，抵挡金军的凌厉攻势，以保住他的皇帝宝座和积累屈膝求和的资本。到了12世纪20年代中期，东自江淮、西至陕西一线的宋、金双方对峙的军事分界线形成后，赵构、秦桧统治集团，实际上已经成了南宋抗金斗争最大绊脚石；反过来，岳飞、韩世忠等抗战派，则成了赵构、秦桧投降派活动的最大障碍。南宋朝廷内部抗战派与投降派的斗争，日趋尖锐。

岳飞坚决反对议和，主张抗战到底，置个人荣辱安危于度外，对赵构、秦桧的投降活动进行坚决斗争。1139年（绍兴九年），岳飞在鄂州（今湖北武昌）听说宋金和议将达成，立即上书表示反对，申言“金人不可信，和好不可恃”，并直接抨击了“相国”秦桧出谋划策、用心不良的投降活动，使“秦桧衔之（抱恨）”。和议达成后，高宗赵构得意忘形，颁下大赦诏书，对文武大臣大加爵赏。可是，诏书下了三次，岳飞都加以拒绝，不受开府仪同三司（一品官衔）的爵赏和三千五百户食邑的封赐。他在辞谢中痛切地表示反对议和：“今日之事，可危而不可安，可忧而不可贺。”并再次表示收复中原的决心，“愿定谋于全胜，期收地于两河，唾手燕云，终欲复仇而报国。”这无异于给宋高宗当头泼了冷水，从而，更使赵构、秦桧怀恨在心。但岳飞不顾个人得失，坚持抗战到底的立场，率领军队，联络北方义军，卓有成效地从事抗金战争，筹划收复中原、统一祖国，成为全国抗金民族战争中的有力支柱。

1139 年（绍兴九年）夏，金兀术撕毁绍兴和议，倾巢而出，再度发动大规模的对宋战争。在东、西两线军取得对金大捷的形势下，岳飞挥兵从长江中游挺进，实施锐不可当的反击，他一直准备的收复中原抱负的时机到来了。

岳家军进入中原后，受到中原人民、忠义民兵的热烈欢迎。这年 7 月，岳飞亲率一支轻骑驻守河南郾城，和金兀术一万五千精骑发生激战。岳飞亲率将士，向敌阵突击，大破金军“铁浮图”（侍卫亲兵）和“拐子马”（左右两翼钳攻的骑兵），把金兀术打得大败。岳飞部将杨再兴，单骑闯入敌阵，想活捉金兀术，可惜没有找到，手杀敌人数百，身上几十处创伤，豪勇无比。岳家军将士具有“守死无去”的战斗作风，敌人以排山倒海的大力，也不能把岳家军阵容摇动。郾城大捷后，岳飞乘胜向朱仙镇进军（离金军大本营汴京仅四十五里），金兀术集合了十万大军抵挡，又被岳飞打得落花流水。岳飞这次北伐中原，一口气收复了颍昌、蔡州、陈州、郑州、郾城、朱仙镇、消灭了金军有生力量，金军全军军心动摇，金兀术连夜准备从开封撤逃。南宋抗金斗争有了根本的转机，再向前跨出一步，沦陷 10 多年的中原就可望收复了。岳飞兴奋地对大将们说：“直抵黄龙府，与诸君痛饮尔！（破掉酒戒庆祝）”而金军则发出了“撼山易，撼岳家军难”的哀叹。

但是，外敌难以撼动的岳家军，却遭到了南宋朝廷内部投降派的摧残。就在抗金战争取得辉煌胜利的时刻，甘心充当儿皇帝的高宗赵构，因担心一旦中原收复，金人放回他的哥哥钦宗，他就保不住皇位，而急切地希望与金人议和。金人安插在南宋朝廷里窃取了宰相高位的内奸秦桧，也抓住高宗这个难言的心病大肆活动，破坏岳飞的抗战。他们狼狈为奸，密谋制订了全线撤军、葬送抗金大好形势的罪恶计划。他们首先命令东西两线收兵，造成岳家军孤军突出的不利态势后，即以“孤军不可久留”为名，连下十二道金牌（红漆金字木牌），急令岳飞“措置班师”。在要么“班师”要么“丧师”的不利形势下，岳飞明知这是权臣用事的乱命，但为了保存抗金实力，不得不忍痛班师。岳飞愤慨地说；“十年之功，废于一旦！所得诸郡，一朝全休！社稷江山，难以中兴！乾坤世界，无由再复！”岳飞的抗金英勇斗争，至此被迫中断。岳家军班师时，久久渴望王师北定中原的父老兄弟，拦道恸哭。岳飞为了保护老百姓的生命财产，故意扬言明日渡河，吓得金兀术连夜弃城北窜，准备北渡黄河，使岳飞得以从容地组织河南大批人民群众南迁到襄汉一带，才撤离中原。这时，有一个无耻的书生，骑马追上金兀术扣马而谏：“太子（兀术）毋走，京城可守也，岳少保兵且退矣！……自古没有权臣在内，而大将能立功于外者”，金兀术这才又整军回到开封，并以不费吹灰之力，又把中原土地夺了回去。

此次北伐，岳飞壮志未酬，写下了千古绝唱的名词《满江红》：

怒发冲冠，凭栏处、潇潇雨歇。
抬望眼，仰天长啸，壮怀激烈。
三十功名尘与土，八千里路云和月。
莫等闲，白了少年头，空悲切！
靖康耻，犹未雪；
臣子恨，何时灭。
驾长车，踏破贺兰山缺。壮志饥餐胡虏肉，笑谈渴饮匈奴血。
待从头，收拾旧山河，朝天阙！

岳飞一回到临安，立即陷入秦桧、张俊等人布置的罗网。1141 年（绍兴十一年），他遭诬告“谋反”，被关进了临安大理寺（原址在今杭州小车桥附近）。监察御史万俟卨（音末期屑）亲自刑审、拷打，逼供岳飞。与此同时，宋金政府之间，正加紧策划第二次和议，双方都视抗战派为眼中钉，金兀术甚至凶相毕露地写信给秦桧：“必杀岳飞而后可和。”在内外两股恶势力夹击下，岳飞正气凛然，光明正大，忠心报国。从他身上，秦桧一伙找不到任何反叛朝廷的证据，但岳飞却仍于绍兴十一年农历除夕夜，被赵构“特赐死”，被秦桧毒死于临安风波亭，年仅39岁。岳飞部将张宪、儿子岳云亦被腰斩于市门。岳飞父子及张宪死于奸臣昏君之手，激起了抗金军队和老百姓的强烈愤怒，韩世忠当面质问秦桧，秦桧支吾其词：“其事体莫须有（也许有）。”韩世忠当场驳斥：“‘莫须有’三字，何以服天下？”民族英雄岳飞，就在“莫须有”的罪名下，含冤而死。临死前，他在供状上写下“天日昭昭，天日昭昭”八个大字。这是悲愤的呼喊！

岳飞遇害后，临安义士隗顺，负尸越城，草草地埋葬于九曲丛祠旁。为了便于以后识别，隗顺将岳飞随身佩戴的玉环系于遗体腰下，坟前种植了两棵橘子树。清道光年间（1821—1850），因重修栖霞岭下岳飞庙墓，追寻岳飞初葬地，终于在杭州市众安桥螺丝山下扁担弄内的红纸染坊旁，找到了最初的岳坟。1876年（光绪二年），在这里修建“忠显庙”，杭人俗呼为“老岳庙”。

岳飞死后二十年，即1162年6月（绍兴三十二年五月）宋孝宗赵昚继位，七月下令给岳飞平反昭雪，“追复原官”，并以五百贯的高价购求岳飞遗体，“以礼改葬”。

点评：一代民族英雄岳飞精忠报国、壮志未酬的英雄气概一直为中华民族后人万分景仰。为再现一代民族英雄岳飞在宋金战争中的英雄故事，再现那段悲壮的历史，历代文人、作家、画家创作小说《岳飞传》、评书、画书、电视剧等歌颂岳飞，就说明了这样一个问题。

187. 民族英雄文天祥“留取丹心照汗青”的故事

文天祥（1236—1283），初名云孙，字宋瑞，一字履善。自号文山、浮休道人。江西吉州庐陵（今江西省吉安市青原区富田镇）人，宋末政治家、文学家，爱国诗人，抗元名臣，民族英雄，与陆秀夫、张世杰并称为“宋末三杰”。宝祐四年（1256）状元及第，官至右丞相，封信国公。于五坡岭兵败被俘，宁死不降。至元十九年（1282）十二月初九，在柴市从容就义。著有《文山诗集》《指南录》《指南后录》，名篇有《正气歌》《过零丁洋》等。

1275 年初，元军大举进攻南侵，南宋朝廷下了一道《哀痛诏》，号召各地军民起兵勤王，保卫京师临安（今杭州）。这年 3 月，正在赣州任上的文天祥接到诏令，捧诏涕泣，决心应诏起兵，挽救国家危亡。他依然捐出全部家产作军费，凭借自己的声望，很快就募集组织起 3 万多人的义军。然而，执政大臣却担心义军顽强抵抗，会打乱他们卖国投敌的既定步骤，便命就地驻守。直到是年 7 月，迫于形势和舆论的压力，才同意义军开赴临安。

文天祥

1276 年，元军加紧发动进攻，很快逼近临安，南宋朝廷告急。在这危急时刻，朝廷授文天祥为右丞相兼枢密使，派他率人去元军谈判。文天祥为摸清敌人虚实、动向，怀着深入虎穴、不辱使命，以报效国家的赤诚前往元营谈判。在谈判中，他与元朝统帅伯颜唇枪舌剑，针锋相对，坚持元军“先撤兵而后议和”，表现出了大义凛然、视死如归的英雄气概，双方不欢而散。后元放了随从，扣留了文天祥。在元军的威胁下，谢太后改派贾余庆为右丞相到元营投降。伯颜接受降表后，再请文天祥进营帐，文天祥大骂贾余庆。接着，元军便占领了临安，谢太后和小皇帝出城投降，并将文天祥也一同押往大都（今北京市）。在北上途经江苏镇江时，由于各方面营救，文天祥逃离了虎口。

文天祥几经周折到达温州继续组织武装抗元。不久，打听到张世杰等爱国将领在福州拥立了小皇帝的哥哥赵昰即位，便马上赶到福州，在朝中任枢密使。在极其艰苦的情况下，文天祥指挥连续收复了许多县城，取得了不少的胜利，但终因南宋朝廷腐败，敌我力量悬殊，1278 年秋兵败被俘。

元军押解文天祥北上，他知道此次已凶多吉少，在途经零丁洋时，写下了著名《过零丁洋》诗一首：

辛苦遭逢起一经，
干戈寥落四周星。
山河破碎风飘絮，
身世浮沉雨打萍。
惶恐滩头说惶恐，
零丁洋里叹零丁。
人生自古谁无死，
留取丹心照汗青。

诗中强烈地表达了文天祥忧国忧民的爱国之情，读后令人肃然起敬。

文天祥被押解到京后，元朝统治者想方设法劝他投降，派南宋的降臣原宰相留梦炎前来劝降，被文天祥骂走了。

接着又派被俘的皇帝赵昰来劝，文天祥请赵昰面南而坐，自己往北跪拜，泣哭“圣驾请回”。于是，元朝宰相阿合马亲自出马，威胁利诱，文天祥终不为所动，大义凛然地表示：“我乃亡国之人，要杀便杀，决不投降！”一计不成，又生一计。元人先是想用文天祥两个被俘的女儿来劝降不成，于是，又派已经降元做了官的弟弟文壁，带了精美的食品和4万贯元钞来探视并劝降。文天祥大声斥责说：“你是元朝的官，我是大宋的臣，我们不再是一家人，也不再是兄弟。”

一切伎俩无效，看着软的不行，元人便用暴力折磨文天祥。对文天祥使用重枷严镣，把文天祥关入昏暗潮湿的囚牢里。囚牢中，文天祥饮食醋砺，衣服褴褛，老鼠成群，恶臭四溢。就这样，一关就是三年。元人满以为通过残酷折磨文天祥会屈服，没有想到的是文天祥丝毫不为所动，在狱中还写出了如《正气歌》等大量爱国诗篇。《正气歌》全诗60句，“是气所磅礴，凛烈万古存。当其冠日月，生死安足论”，表现了巍巍的浩然正气。

最后，元世祖忽必烈亲自劝降，卫士喝令文天祥跪拜忽必烈，文天祥屹立不跪。卫士想硬让文天祥跪下，被忽必烈止住。忽必烈对文天祥说：

“我想用你做宰相如何？”被文天祥断然拒绝，而且大骂不止。

就这样，1283 年 1 月 9 日，文天祥被押往刑场。他在问清楚哪是南方后，向南深拜几拜，悲壮地说：“臣报国至此矣！”然后从容就义，时年 47 岁。

（《处世哲学》第一卷，第 89—101 页）

点评：“人生自古谁无死，留取丹心照汗青。”这两句名句，集中地反映了文天祥的爱国主义精神。今天看来，文天祥的爱国主义精神虽然具有一定的历史局限性，但这种精神仍然是一种好家风，仍然是值得我们今天需要继承和发扬的。

188. 北宋刘庭式重信义娶盲女的故事

宋代有一个读书人叫刘庭式，他和邻居家的女子订了婚，订婚之后并没有行婚礼，就去上了太学，读了太学又考中了进士。

五年之后，等他回来的时候，邻居家的女子却双目失明了，而且她家也衰落了。但是，刘庭式还是决定选择一个良辰吉日把这个女子迎娶过来。女子的家人说：“我们家的女儿现在已经双目失明，怎么能够再嫁给您做‘箕帚妾’（正配夫人）呢？”

但刘庭式却坚持说：“我答应的事情一定要做到，不能够违背道义，违背良心。”所以，他还是坚持娶了邻家女子过门。这个女子过门之后，为他生育了两个儿子。

后来，刘庭式到高密去担任通守，就是太守的助理，在此期间，他的妻子得病过世了。刘庭式感到很哀痛，哭得很伤心。

当时的太守大文学家苏轼就劝导他：“我听说人是因为喜欢美色才产生情爱，有了情爱才会有哀痛的感受。而你的妻子又不是一个美人，而且还是一个双目失明的人，你有什么哀痛可言？”

刘庭式说：“我哀痛的只是我丧失了自己的妻子，并没有想到她的双目是失明的。我所痛苦的，是因为我丧失了和我同甘共苦、筚路蓝缕的妻子。如果说因人有美色才生起情爱，因为情爱才有哀伤，那么你看集市上有风尘女子，每一天都挥着袖子对你献媚，诱惑你，她们每一个人都长得很美，那是不是她们每个人都可以做你的妻子呢？”

苏轼听了之后感到非常的羞愧，也非常感佩刘庭式的德行。后来刘庭式的两个儿子也都中了进士，也都非常的显达。什么原因呢？就是因为刘庭式很讲道义，很守信义，他的妻子嫁过来之后一定要报答他的这份恩情，非常用心地相夫教子，将儿子教育得很好、很成才。

点评：“我答应的事情一定要做到，不能够违背道义，违背良心。”刘庭式的话就体现了一个好的家风。这个家风，突出体现的就是一个“信”字。否则，一个考中进士的人，怎么能娶一个盲女呢？因为形成了一个好的家风，所以“将儿子教育得很好、很成才。”对比故事中的刘庭式，很多现代人都会感到无地自容，但这也说明我们需要注重家风教育。

189. 晏婴“我不能违背婚约”的故事

晏子（公元前578—前500），名婴，字仲，谥平，习惯上多称平仲，又称晏子。夷维人，春秋时期著名政治家、思想家、外交家。历任齐灵公、庄公、景公三朝，辅政长达40余年。以有政治远见、外交才能和作风朴素闻名诸侯。司马迁非常推崇晏婴，将其比为管仲。孔丘曾赞曰：“救民百姓而不夸，行补三君而不有，晏子果君子也！”

一天，国君齐景公的女儿不知不觉地看上了晏婴，对晏婴产生了爱慕之心。于是，拉着爸爸齐景公的手说：“我要嫁给宰相。”

齐景公非常喜欢自己的女儿，便亲自到晏婴家提亲。

国君来了，晏婴妻子便出来给齐景公倒酒。喝了一会儿，齐景公佯装醉了，指了指晏婴的妻子问晏婴：“这是你的妻子吗?”晏婴点了点头。齐景公却假装不相信的样子：“不可能！不可能！她哪里像堂堂的宰相夫人啊！又老又丑，离了算了。我的女儿年轻、漂亮，就嫁给你做妻子吧！哈哈——就这么定了！你快拜岳父吧！”

晏婴站起来，给齐景公行了个礼，诚恳地说：“国君，我不能从命啊。我妻子确实又老又丑，但我们曾经发过誓要夫妻恩爱，白头偕老。”说完，他便给齐景公拜了两拜，坚决辞谢了。

妻子被晏婴的高尚行为深深地感动了，从此以后，对晏婴照顾得更加无微不至。

点评：“您虽然有那份美意，但我却不能违背婚约啊。”晏婴的话，反映了其不为年轻美貌女子所动，是一个诚信守义之人和有一个诚信的家风。如果是一个势利小人，能够攀上国君，不知怎么美呢！可见诚信家风的重要性。古时，把晏婴的死看成“是中国历史上一颗散发正义、充满智慧的星陨落了”，可见人们对晏婴的崇拜。

以铜为镜，可以正衣冠；以史为镜，可以知兴替；以人为镜，可以明得失。

——唐太宗

十一、诚信警世篇

以铜为镜，可以正衣冠；以史为镜，可以知兴替；以人为镜，可以明得失。用孔子话说：“见不贤而内自省也。”

190. “烽火戏诸侯”的故事

周幽王（公元前795—前771），姬姓，周宣王之子，西周末代皇帝，是一个非常残暴而腐败的君主。

周幽王有个爱妃名叫褒姒，长得非常美丽。眉清目秀，唇红齿白，发挽乌云，指排削玉，有如花如月之容，倾国倾城之貌。

褒妃虽然长得很美，但是自从进宫以后，从未笑过，每天都是闷闷不乐的。为此，周幽王为了博褒妃开心一笑，想尽了一切方法，给她珍奇礼物，用各种古怪的方法逗她，可她都不能开口一笑。

为此，周幽王在宫中悬赏："有谁能叫褒妃一笑，赏黄金千两。"这时候，有个叫虢石父的佞臣为了讨好周幽王，就给他出了一个主意，对周幽王说："大王可以带着娘娘去骊山游玩几天，到了晚上的时候，吩咐人把烽火点起来，各诸侯国看到烽火台烽火就会带兵赶来，娘娘看到这么多兵马都来了，肯定会开口一笑的。"

烽火台是当时为了防备西部犬戎部落的进攻，发出军事报警信号用的。周王朝在镐京附近的骊山（今陕西省临潼东南）建了20多座烽火台，每隔几里地就是一座。一旦犬戎部落打过来，首先发现的士兵就在第一道烽火台上点燃烽火，接着第二道关的士兵看到第一道的烽火也就点燃第二道关的烽火，如此类推，第三道、第四道等等的烽火也就一个接一个都点了起来。各诸侯国知道京城天子有难，都会率大军赶来救驾。

周幽王听了虢石父的这个计谋，连声称好！于是，就带着褒姒来到了骊山，晚上，下令20多座烽火台都点燃了烽火。临近的诸侯看到了烽火，以为西戎来犯，便领兵赶到城下救援。等赶到那个地方的时候，没想到的是山上灯火辉煌，鼓乐喧天，传出了一阵阵乐声和歌声。一打听才知是周幽王为博娘娘一笑才这么做的。各诸侯国敢怒不敢言，只好气愤地一个个收兵回营。褒姒看到千军万马招之即来，挥之即去，如同儿戏挺好玩，不觉嫣然一笑。周幽王看着褒姒笑了，大喜，立刻赏虢石父千两黄金。

5年后（前771），被废王后父亲申候联合西北犬戎部落大举攻周，听到犬戎进攻的消息，周幽王急忙命令烽火台点燃烽火，20多座烽火台大白天冒着滚滚浓烟，但是，诸侯们看到后都以为又在戏弄他们，谁也不愿再上当了，便不再理会，没有一个诸侯再派兵来。

镐京的守军本来就非常怨恨周幽王的昏庸无道，犬戎大军一到，勉强招架一下就一哄而散。犬戎兵蜂拥入城，周幽王带着褒姒、公子伯服从后门仓皇出逃，逃到了骊山。周幽王再次下令点燃烽火，但是依然没有诸侯救兵前来。最后，周幽王被犬戎兵当场砍死，公子伯服被杀，而褒姒被抢走。等到诸侯知道犬戎真的打进了镐京，才带着大队人马来营救，而这时"黄花菜都凉了"，西周已经灭亡了。这就是"烽火戏诸侯"的悲剧。

点评：国之大事，岂能儿戏？人无信不立，国无信失国。当前，以习近平为代表的党中央进行党的群众路线教育，高举反腐大旗，坚持“老虎”“苍蝇”一起打，其很重要的一点儿就是把中国共产党要立党为民、取信于民，把失去的党心和民心找回来，挽社会主义江山而不倒。

191. 齐襄公“瓜期不代”失信亡国的故事

战国时期，即公元前686年（齐襄公十二年）大臣连称、管至父伙同公孙无知杀齐襄公。起因是前687年齐襄公命连、管二人率兵守葵丘（今沂源璞丘，旧属临朐），允诺甜瓜再熟时换防，一年后到期却仍不换防。连称、管至父再三要求襄公换防，襄公就是不准。连称有妹为

襄公妾，因襄公只钟情于文姜而未曾受宠，于是怀恨在心，私通公孙无知等密谋叛乱。公孙无知许诺若他能当上国君就让连妹做自己的夫人。这一年的12月，正是隆冬之际，襄公出游姑棼，于是就到沛丘狩猎。在狩猎过程中因受到惊吓，从车上摔了下来，摔伤了。回宫后发现自己丢了一只鞋，就不分青红皂白地把替他看鞋的侍从鞭打了一通。这个侍从出宫后，正碰见公孙无知与连称等人率兵前来。他们听说襄公受了伤，于是来袭击行宫。这个侍从对他们说：“你们先不要进去惊动昏君，一旦惊动了他就不容易杀进去了。”公孙无知等人不信，侍从让他们看了自己身上的伤，他们才相信。于是，他们派这个侍从先进去，侍从进去后，把齐襄公藏了起来。公孙无知等人进去后，这个侍从带着宫内的其他侍从与叛军打了起来，结果因寡不敌众，全部被杀死。他们寻找齐襄公，怎么也找不见。突然发现门后有人行走，正是齐襄公，于是他们将齐襄公杀死。之后，公孙无知自立为齐君。

点评：君无戏言，失信失国。故事从反面告诉人们：作为一国之君说话要算数，不能朝令夕改。从中可以看到执政者守信的极端重要性。当然，大臣因为“到期却仍不换防”就发实宫廷政变，也足见其小人也。

192. 康熙弈棋失信的故事

清圣祖康熙，名爱新觉罗·玄烨（1654—1722），清朝皇帝，在位61年。康熙是顺治皇帝的第三子，他在位期间稳固了清朝开国时的统治，继承了中国传统的封建统治，并大大加强了君主集权。

一年夏天，康熙皇帝来到塞北木兰围场狩猎。当他走过伊逊河到了一座大山时，感觉有点累了，便对身边的老太监郭继功说：“传朕的旨意，命大队人马稍停片刻。”人们便停下休息。

这里的风景很美。康熙下马后，信步走上了山顶，见有棵独立的青松，翠滴滴的，就像山顶上的一把绿伞，下面十分阴凉，微风吹来，使人心旷神怡。

康熙坐在松下，一时来了棋瘾，便让随从摆好棋盘，同一位大臣下起棋来。这位大臣哪里是皇上的对手，下三盘，连输三盘。可是，皇上越来越有兴趣，他问周围的大臣们：“谁再同朕下一盘呢?”大臣们你瞧瞧我，我看看你，谁也不敢下。大家都知道皇上的棋下得好。

这时，旁边有一名年轻的侍卫叫那仁福，是个“象棋迷”。他见皇上平易近人，满脸慈祥，早就想和皇上对弈一盘。康熙看出那仁福的意思，便笑笑问道：“你会下棋吗?”

那仁福忙说：“皇上，奴才不敢。”

康熙说：“一同玩玩无妨，朕不怪罪你就是了。”

那仁福大着胆子在皇上面前面对面地坐下。他只要一玩上象棋，就什么也不顾了，“皇上”两个字早就被他忘得一干二净。

那仁福善用车、马、炮联合进攻，不一会儿就把皇上的棋路杀乱了。康熙的眉头皱一阵松一阵，正在想对策。那仁福是越杀越猛，好多卒子过了“汉河”。接着，又巧使连环马，瞅准时机，三跳两蹦，那仁福的马踩掉了康熙的车。康熙脑门热汗直流，围观的人都为那仁福流了一头汗。

在这节骨眼上最会察言观色的老太监郭继功说：“皇上，不好啦，山下窜出一只猛虎!”康熙一听，忙站起身来对那仁福说：“朕先去猎虎，你等着，回来再跟你下完这盘棋吧!”

说来也巧，康熙走下山坡，却遇上了一只野鹿。常言道：有鹿就无虎。康熙以为老太监看花了眼，把鹿错当成虎了。其实，老太监见皇上棋势已成败局，故意引他下山。

那野鹿见有人骑马追赶，扬起四蹄就跑，跑呀跑，翻过了一山又一岭，涉过了一河又一川，康熙还是紧追不放！一直追到塞罕坝上的密林里，终于用箭把鹿射死了。康熙好不高兴，下棋的事早就忘得一干二净了。

半个月的时间过去了。康熙狩猎归来，又路过这座大山。他抬头一见山坡上那棵大松树，呦，这是朕与那仁福下棋的地方么，还有一盘棋没有下完呢!

康熙来到松下，只见那仁福一膝跪地，左手托腮，两眼闭着，像是在凝思。

康熙高兴地说：“仁福，朕一去多天，让你久等了!”那仁福一声不吭。康熙拍拍那仁福的肩膀，仍然纹丝不动。这时康熙才发觉他已经死了。好一个忠厚守职的小伙子啊!

康熙难过极了。他想，君无戏言，自己失信那仁福，竟让人白白地死了。从此，康熙引以为鉴，再也不失信于人了。

（来源：百度网）

点评：君无戏言，失信死人。“朕先去猎虎，你等着，回来再跟你下完这盘棋吧。”康熙的一句话，让仆从那仁福空等了半个月不说，而且搭上了性命。古人是今人的一面镜子。在事关民生的问题上，各级领导务必充分注意，万万不可粗心大意。

193. 留在“我心底永久的痛”的故事

这是发生在神宁煤业集团某矿的故事。

当时，矿上实行短期工制度，我所在的采煤队分来了一名农民小伙子。他憨厚，好学，能吃苦，天生是个乐天派。每天快乐地工作，所到之处都是笑声一片。单位里他是生产骨干，家中他是顶梁柱，多次被员工推选为“安全生产先进个人”。在矿上，他住着一套二层独楼独院，加上固定的收入，一家三口的小日子过得红红火火。每次他回老家，全村人的羡慕眼光让他充满了自信和满足。

随着日子越过越好，社会上不良风气的诱惑，渐渐地使他学会了喝酒、打麻将，下班以后不好好休息，整天沉浸在低俗的乐趣之中。关心他的领导和工友们多次劝他不要玩物丧志，下班要保证休息好，工作时才能保证安全。但他总是习惯性地回答：“请大家放心，我年轻精力充沛，只需要睡上一会儿就能够恢复体力，你们看我什么时候耽误过工作?”是的，谁也无法因为工作指责他，久而久之，大家见怪不怪，也就习以为常了。

“常在河边走，哪有不湿鞋”。有一天，我清楚地看到，由于他精力不集中，“台柱子”违章跨越刮板输送机机尾时，左脚不慎踏入了观察口，造成左脚组织大面积创伤和跟腱撕断。在帮助他转院治疗的途中，他问我：“是不是残了?”看着他急切而痛苦的眼神，我不忍心伤害他，劝道：“好兄弟放心吧，你只是轻微的皮外伤，很快就会好的。你的儿子还等着你回家教他踢足球呢!”

几年过去了。他因为脚伤失去了工作，又回到了老家。在经过4次手术后，他的伤口虽然已经愈合，但由于还需要两次跟腱移植手术，至今还拄着双拐。每当单位里以这起事故为例进行安全反思教育时，他那种悔恨和痛苦的表情就会浮现在我的眼前。

今年春节当我随队领导去他家慰问时，推门进屋的那一幕至今让我的心还在隐隐作痛。一贫如洗的生活窘境，让我对他既同情又悲哀。徒墙四壁的屋子由于长期烧烤稻草被熏得黝黑，小脸蜡黄的孩子和他一起蜷缩在土炕的被窝里，他的妻子正在披头散发地在炉子边熬稀饭，当年风华正茂的女人已经被家庭的重担折磨得找不到一丝的时尚和女人的特点。此时，屋中的空气凝结了，能清晰地听到人们的呼吸声。曾经乐观的他此时哽咽着说不出一句话来，他妻子以浓重的本地口音诉苦似的说："感谢领导的关怀，要不是这几年单位的关心给我生活增强了信心，我真不知道该怎么过这个日子了。"此情此景，让现场所有的人无语，沉闷地压得透不过气来。

痛定思痛。我经常想：如果我们当初坚持对他帮教，现场监督更严一点儿，或者是周围同事能够担负起安全责任，及时制止他八小时以外的不良行为，哪怕是一句提醒都可能避免这起安全事故。希望工友们从这起事故中认真吸取教训，在工作中按章作业，在 8 小时以外养足精神，保证睡眠，保证充足的体力和精力，才能远离事故。

点评：安全大于天。故事告诉人们：不按照规章制度，就会酿成悲剧。要保证安全别无他法，就是严格地按照规章制度办事，必须是做老实人，一是一二是二；对于那些"马大哈"的员工，领导不要满足已经说过的，一定要把好安全关，措施到位，才能杜绝此类事情的发生。

194. 第 99 朵玫瑰的故事

这是发生在宁煤集团的一个故事。

在一个矿区的山旮旯，几株衰草在寒风中微微抖动。一座半旧的坟前摆着一束鲜红的玫瑰，好像是被山风抽疼了，一副滴血、洒泪的样子。

静眠在地下的是一个很有志气和人生追求的大男孩。是前几年才从矿区技校毕业分配到矿采煤队的。有些同学都嫌井下辛苦和危险拼命往上和外面调，可他不。“我爸爸下了一辈子井都没有事，嫌井下危险，学习本事改造它，干吗往上和别处跑呢!”就这样，别人托门子跑关系往外调，可他又拜师又买书，硬是想在井下扎根。三年的时间，他不但拿到了大专学历，还当上了大班长。

正在他春风得意的时候，碰上了头疼的事。相爱一年的心上人眼看就到了谈婚论嫁的时候了，未来丈母娘就是死活不乐意。“不行！就是干出一朵花也是个下井的，我一辈子替你爸担惊受怕，这次说啥也不让你嫁给井下工。”“阿姨，现在井下不是您想的那样，我们用的是现代化的采煤设备，管理也严，挺安全的。不信，要不我带您去看看?”求婚心切的他恳求似的说。未来丈母娘一听就火了：“我在矿上待了一辈子，啥没有见过。用得上你这个毛头小伙子教我!”大门一关，就把小伙子赶了出去。

可姑娘不顾母亲反对，表示即使私奔也要嫁他。而小伙子也决心说动她的母亲，风风光光把姑娘迎进门。从那天起，每次升井以后，他都要捧着一朵玫瑰花去姑娘家求婚。因为他相信，矿山人心善，精诚所至，金石为开。

等送到99朵玫瑰的时候，老人的心终于被小伙子的诚意感化了。婚期就定在那年的春节。

就在要举行婚礼的前几天，一件不该发生的事情发生了。那天，该下班了。他不放心地又到各井口检查，因为春节快到了，人人都想早点回去。当他走过一条偏巷，发现有一个黑影一闪不见了。他想：会不会有人偷懒省事想抄近道？废巷里顶板可都不牢靠，要是——他心里升起了一种不祥的念头，便加快了脚步。他边喊边紧跟了进去。近了一看，原来是自己的同学小亮：“哥儿几个要聚餐，我——”“胡闹，不要命了!”边说着边拽着小亮往外跑。就在这时，一声闷响，他把小亮一下子推出了巷口，可是他却……

多么好的一个小伙子呀！他用自己的生命换回了小亮的一条生命。这就是侥幸心理不执行规章带来的血的代价。小亮后悔极了。下班以后默默地照顾两家老人，上班细心检查安全漏洞，成了矿上有名的安全员。再后来姑娘收到了他送来的99朵玫瑰，做了他的新娘。每年情人节的那天，他俩都要来到坟上祭祀这位年轻人，汇报矿里的安全情况。

点评：安全大于天。多么好的一个小伙子呀！用自己的生命换回了别人的一条生命。血的教训告诉人们：违反规章制度不仅是自己的事，也关系着别人的身家性命。不但害己，也害别人、害单位、害国家。要珍惜自己的生命和他人的生命，就必须严格地执行规章制度。

195. 一个漂亮的女大学生“应聘”的故事

她是一位品学兼优的大学生，人长得漂亮气质不凡不说，在学校里还是一个优秀的学生会干部。按说才貌双全的她，到社会上找个工作应该不成为什么问题，可是就在一个不起眼的小事上搁了浅。

那是大学毕业后的不久，她很快在一家大集团竞聘中脱颖而出，并成为最后三名入选者。一天，集团人事部经理给她打来电话，让她第二天去办理聘用手续，并说老总要和他们几个见见面。第二天她把自己打扮得非常靓丽。可她还是有一点儿担心，自己在一次意外着火事故中因为救火右手被烧伤至今伤痕累累，很不好看。于是，她就戴了一副白手套，笑容可掬地出现在公司老总面前。当她伸出戴着手套的右手与老总握手时，老总当时就愣住了，本来一脸笑意的老总瞬间板起了脸。事后，人事部经理告诉她，你不用来了，老总这一关你没有过，女孩顿时傻了眼。这位主任诚恳地对她说：“你怎么能够戴着手套与老总握手呢?”女孩哭着离开了这家集团，幸运因此与她失之交臂。

点评：真实的是最美的。在人与人沟通时还是要展示自己真实的一面，千万不要让虚荣心把自己诚实的品质遮盖了，造成因小失大。

196. 供销科长赚钱反被炒鱿鱼的故事

某合资企业供销一笔俏货，已与某客户签订了合同，碰巧有另一家客户又找上门来，答应比前一客户多10万元，于是，供销科长就改变了主意，将货物卖给了后来出高价的那个客户。这位供销科长因此为企业多赚了10万元钱，满以为为企业立了一功，应该得到奖励。不料结果正相反，被外方总经理炒了鱿鱼。那位总经理说：“你为企业赚了10万元钱，可是你不讲信誉，给企业造成的形象的损失几个10万元钱都买不来。”

点评：这个鱿鱼炒得好！企业经营，经营的是诚信。这给了那些只认钱，见利忘义、鼠目寸光的人上了很好的一课。在市场经济条件下，企业信誉比什么都重要。有了信誉，没有资金可以有资金；没有市场可以有市场。而信誉没有了，一切就都没有了。所以，成功的企业家都是有一定战略眼光的人。

197. 贪心警察在学生拾金不昧面前"吃回扣"的故事

据《北京晚报》2015 年 1 月 5 日报道：

这两天，河南安阳电视台报道的一起事件，引起网络关注。事情发生在 2014 年 12 月 25 日晚，两名中学生在河南安阳一小区门前捡到钱包后交给正在值勤的保安，在这两名学生、两名保安和一名业主的共同见证下，清点钱包内的现金是 3700 元，然后如数交给出警的 110 民警。得知钱包被人捡到，失主去领钱包，接待的民警却说不了解此事，后来失主托人 4 天后才把钱包领回，一查里面的现金只剩下 1500 元，2200 元蹊跷消失。

失主将此事发到朋友圈后，引起网友关注。然而就在失主领回钱包第二天，这 2200 元又奇迹般地被退还给失主。到底是谁把这 2200 元退还给他，失主称压力太大，始终不愿明说。

此事经过电视台报道后，安阳市公安局纪委立即成立了工作组展开调查。经查，12 月 25 日，北关公安分局出警民警王某在收到群众捡拾到的钱包后，没有履行交接登记手续，没有及时将钱全部交还失主造成不良的社会影响。鉴于在组织调查前，王某能认识错误并主动退还失主财物，依照相关法规，市公安局决定对责任人北关公安分局民警王某给予行政撤职、留党察看一年的处分；对北关公安分局分管领导和直接领导诫勉谈话。

点评：这个警察的行为太丢人了！他不但丢了个人的人，而且丢了整个警察队伍的人，把"人民警察为人民"的本色都丢光了。上世纪五六十年代有一首歌："小学生捡到一分钱，交到警察叔叔手里边”。可今天遇到这样“吃回扣”的警察“叔叔”，谁还敢再交到警察的手里边？当然，在警察中这只是个案，但对整个警察队伍造成的影响很坏。连警察都如此，一般老百姓就可想而知了！从中可以看到整个社会诚信缺失到了何等程度！希望每个警察以此为反面教材，要想到帽子上的国徽，不要再为警察队伍抹黑。

198. 一个在德国学习的中国博士毕业找不到工作的故事

中国一个男孩在德国读博士，毕业后他把简历投了几家大公司都不聘用他，于是，他又把简历投给了一些小公司，结果还是没有公司聘用他，这使他有些灰心了，也使他感到非常奇怪。为什么一个个公司都不肯聘用他呢？后来他才知道，因为他在德国学习期间有三次乘车没有买票。像这种情况在德国一年有万分之三，而他就有三次。因此，哪个公司都不敢用他。因为我不能把职位给一个可能欺骗我的人。

点评：“人之所助者，信也；人之所害者，失信也。”这才叫占小便宜吃大亏。德国是个契约国家，故事中主人公的结局是必然的。故事从反面告诉人们：不具备诚实品质，就是学富五车，才学再高，走到哪儿也是给国家丢人现眼，也是没有光明前途的。

199. 男子助人骗亲弟近亿的故事

在广州街头，一位穿着病服的老人戴着枷锁手链走上街头，老人还在纸皮上写下一段文字：8 年前老人协助外人将自己亲弟弟手上的全部股份骗走，金额上亿元。

2014 年，老人被查出患有喉癌，不得不切除咽喉，之后老人不能发出声音，只能用写字板与人沟通。在生命的最后时刻，老人不想带着遗憾和内疚离开，所以想用这种方式补救。

这个老人名叫张兴坤，今年 65 岁，年轻时张兴坤经商找到了出路，并在家乡梅州开办工厂。四弟张兴展也由此找到了发展的商机，赚到人生第一桶金。

上世纪 90 年代初，张兴展看准了房地产市场，于是，在深圳投资房地产事业，但在 2002 年发生了命运的转折。当时，张兴展正在经营深圳市福田区香珠花园项目，但因牵涉行业违规操作触犯法律而被刑拘，四年后，终审获刑。

张兴展入狱后公司一直处于混乱状态，后来一位商人找到张兴坤，说想收购张兴展在泰生实业公司所占的 65% 的股份，张兴坤最后采用冒充签名、骗取委托书等形式，将上亿元的资产转给他人，本来说事成之后给张兴坤 1000 万好处费最后也没有了音讯。

没有料到的是，当初自认为高明之举的张兴坤，却酿下了长年的苦果。“我也被骗了，对方许诺的条件都没有兑现，之后我也被‘扫地出门’。”张兴坤如是说。接下来他所要面对的，是全家人长达数年的指责与白眼。

2014 年底，已是迟暮之年的张兴坤突然喉咙异样，严重之时几乎无法吞咽，前往医院检查确诊为喉癌。

“我也不知道自己还能活多久，但我不想带着遗憾离开。”原来，张兴坤对自己做错了的事一直不敢面对，如今终于醒悟，希望向公安机关自首，接受法律的惩处。“无论结果如何，家人是否能够原谅，至少我做了自己该做的事。”

看到这样的状况，实在是令网友惊呆了。现在的骗术可是越来越高超了，要是不做好一点儿防御，总会被骗得体无完肤。

（中国青年网，2015 年 5 月 14 日）

点评：故事从反面教育了我们：贪心是受骗之源。不管骗子的骗术多么高明，多么五花八门，但只要不贪心就不会上当受骗。故事的主人公就是因为贪心而占弟弟财产后被人家骗的，而因此受到了法律的惩罚不说，而且也受到了良心的惩罚。

200. 小张想“捞”父母出狱做伪证被捕的故事

《北京青年报》报道：父母因非法经营被批准逮捕，儿子小张为救父母出狱做伪证。近日，西城区人民检察院以涉嫌伪证罪批准逮捕小张。

2006 年，由于烟草专卖许可证必须人证合一，从事香烟生意的张某夫妇租用他人许可证是违法的，今年 2 月，二人因为涉嫌非法经营罪被批准逮捕。

父母双双入狱，儿子小张想尽各种办法要“救”父母出来。一次偶然的机会，小张听说如果父母和烟草专卖证主人路某是雇佣关系的话，可能就会有转机。急中生智的他便找来了一张有父亲签名的空白纸，然后找到路某，要求他在纸上写一段协议，大概意思是路某是老板，雇用张某、周某打工，给他们发工资，落款时间是 2012 年，并让他签上自己的名字。路某禁不住小张三番五次来求，便按他说的做了，于是小张兴冲冲地拿着这份伪造的“合同”交给了公安机关。

5 月，路某因转让烟草专卖许可证被西城区人民检察院以涉嫌非法经营罪批准逮捕。到案后，路某如实供述了其与张某夫妇的真实关系，并交待了帮助小张伪造证明的事实。

小张因为"偷鸡不成蚀了米",也因涉嫌做伪证被捕。

点评: 不诚实最终害己害人。故事告诉人们:国家法律是科学的、缜密的,不是那么能够蒙骗过关的。退一万步来说,就是蒙骗过关了,对蒙骗过关的人也不一定是好事,因为这样就会使蒙骗过关的人产生侥幸心理,往邪道上走下去,犯更大的错误和罪行,直至毁其一生。

201. 湖北某大学老师学术造假的故事

2013 年 8 月 2 日《北京青年报》报道,国家自然科学基金委员会(简称基金委)1 日公开通报一批(六宗罪)科研不端案例,决意维护科研诚信。第一个就是抄袭他人成果、谎报个人信息的案例。

情况是这样的:

湖北某大学郝汉舟列为第一作者的有 2 篇,列为非第一作者的有 1 篇。郝汉舟用这些论文申报 2011 年度国家自然科学基金项目并获得资助。2012 年度,又用同样的方式申报国家自然科学基金项目,更为虚假的是还虚构了一篇未发表的英文论文。

另外,在郝汉舟的背景资料中,还谎称自己为澳大利亚学者和硕士研究生导师。经调查,郝汉舟从未到澳大利亚做过什么访问学者,更不是什么硕士研究生导师,而倒像是一个十足的江湖骗子。

点评: 鲁迅说:"捣鬼有术,也有效,然而有限。所以,以此成大事者,古来无有。"老师特别是大学老师和教授,在人们心目中的形象是很崇高的,是让人很羡慕的。但故事中的教授原来也是这么龌龊。大学教授尚且如此，还能指望他们培养出什么诚信的学生来？所以，每年高考考试作弊问题屡禁不止，呈越演越烈之势，也就见怪不怪了。因此，诚信建设不是那些人的问题，而是整个社会问题，包括教育者也有个诚信问题。因此，解决诚信缺失是一个系统的工程，不是一蹴而就的，要有长期作战的思想准备。

202. 真实版“狼来了”的故事

广州市“80 后”小张，平常在游泳时爱跟朋友开玩笑，假称溺水求救，等到朋友救他时，他总说是装着给朋友看的，可真的“狼来了”的时候，上演了“假溺水时骗人，真溺水时无人救”被淹死的悲剧。事情是这样的：

2013 年 7 月 24 日下午，小张和朋友再次来到了广州市河源万绿湖游泳，6 时许，小张在游泳时再次做出了求救动作，朋友以为他又在开玩笑，再加上救生圈就在他身边，也就没有在意，也没有上前去救。谁知过两分钟后，小张从湖面真的消失了，边上就剩下了一个救生圈，朋友们才知道小张刚才发出的是真的求救信号，在大家搜救无果的情况下，遂报警求助。源城公安消防中队与城南派出所民警赶到现场，多名消防员绑上安全绳潜入水里搜救无果。

随后多天，河源市相关部门请来广州水上救援打捞队前来打捞。直到 7 月 28 日凌晨 1 时许，打捞队终于在万绿湖水域找到了小张的尸体。

点评： 诚信立命。“假溺水时骗人，真溺水时无人救”。这就是说谎者的悲剧。每一个人都应以此为戒。

203. 三鲜汤里苍蝇的故事

一天，有一位戴眼镜的顾客来到一家大酒店就餐，他要了几个菜和一个三鲜汤。吃着吃着，忽然看见三鲜汤里有一个黑乎乎的东西，他把眼镜摘下来擦了擦再看，没错，汤里浮着的是只苍蝇！他气愤地大叫起来，连声责问服务员，那服务员难以招架。恰好，这时大酒店的公

关部主任出现在餐厅里，他走到这位顾客的餐桌前拿起汤羹，把那死苍蝇捞起来看了看，一下子就放进嘴里吞了下去，并平静地对那位顾客说道："先生！大概你是看错了吧，这是一片烧煳的葱花。"随即让那服务员重新更换了一碗，那位戴眼镜的顾客看得呆住了。

事后，很多人对这位公关部主任表示佩服、赞叹，自己虽然委屈一点儿，但维护了酒店的形象，一般人是想不出来，做不出来的。当然，也有不同的看法。

点评：俗话说：假的真不了，真的假不了。公关部主任光天化日之下的拙劣表演让人作呕。他的表演不亚于表演大师，确实"很高明"，使当事者目瞪口呆，使别的顾客也看不到证据。这样做好像一时维护了酒店的形象，但他为酒店埋下了弄虚作假的祸根。如此下去，就会造成酒店假话成风。骗人者往往自以为聪明，其实结果往往是弄巧成拙。

204. 富翁因失信而丧生的故事

《郁离子》中记载了这样一个因失信而丧生的故事：

济阳有个商人过河时船沉了，他抓住一根麻秆大声呼救。有个渔夫闻

声而至。商人急忙喊：“我是济阳最大的富翁，你若能救我，给你一百两金子。”待被救上岸后，商人却翻脸不认账了。他只给了渔夫十两金子。渔夫责怪他不守信，出尔反尔。富翁说：“你一个打鱼的，一生都挣不了几个钱，突然得十两金子还不满足吗?”渔夫只得怏怏而去。不料想，后来那富翁又一次在原地翻船了。有人欲救，那个曾被他骗过的渔夫说：“他就是那个说话不算数的人!”于是，商人被淹死了。

点评： 商人两次翻船而遇同一渔夫是偶然的，但商人的不得好报却是意料之中之事。一个人若不守信，便失去了他人的信任。故事从反面告诉人们：失信于人，一旦遭难，只能坐以待毙。

205. 愚人获生的故事

元朝大德年间，荆南境内，有一行九人外出，走山路遇上了倾盆大雨，都躲到路旁一个土洞子里。这时，突然跑来一只老虎盘踞在洞口，咆哮着怒目而视，炯炯有神。这九个人吓得屁滚尿流，无计可施。其中一个人一向被认为是傻子。另外八个人一起暗中核计：虎若吃不到人，怎么能善罢甘休离开这里呢?于是，就想出一个馊主意。就是让这个傻子跑出去，他们掩护他时好把虎除掉。傻子听了还是有点犹豫不决。这时，八个人各脱下一件衣服，捆成人形，从洞口抛掷出去。

见到这种情况，虎越发愤怒，直接扑向衣物，趁这工夫，八人用力把傻子推了出去。这时虎光顾叼着衣物，没有注意到有人出来。于是，叼着衣物又雄踞洞口，怒视如前。不大会儿工夫，雨越下越大，土洞突然坍塌了，八个人都被压死在里面，只有傻子获生。

点评：古语说：善有善报，恶有恶报。聪明反被聪明误。山洞坍塌虽然具有一定的偶然性，但偶然之中有必然。人与人还是要讲诚信，长好心眼好。

206. 卡萨琳说谎付出惨重代价的故事

前不久，去了一趟澳大利亚。其间，结识了卡萨琳·卢韦克，并听了她的一次教训。

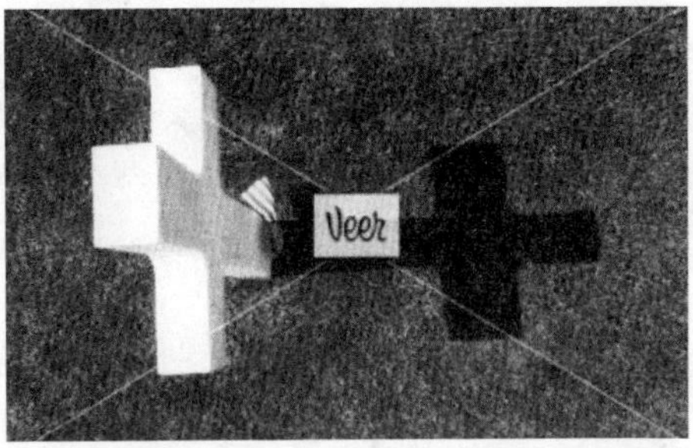

卡萨琳·卢韦克原来是澳大利亚塔斯马尼亚州政府开发及自然资源部的一位经理人。年轻貌美的卡萨琳，不仅思维敏捷，足智多谋，还善于交际，人缘也好，在单位里说她一花独秀也毫不过分。

半年前，卡萨琳接到一项任务，负责在州西北边的河边区筹划一个商业、教育及休闲的多用途中心。这对于精明能干的卡萨琳，实在是轻而易举的事情。卡萨琳和她的几位助手三天两头往河边区跑，经过一番实地考察和周密论证很快就有了初步设想。尤其让卡萨琳惊喜的是，河边区有一片树林，一眼望不到边，林中遍生青草。在林的另一端，有一条莹洁的小河。两岸的树木郁郁葱葱映在水中，连水也无比浓绿。在这里散步娱乐，无疑是非常的惬意！

美中不足的是，年初的时候，当地一家环保组织筹集了一笔资金，准备在这个选址的一个角落上建一个小型的野生动物公园。虽然卡萨琳的方案还没有最终确定，但她知道，要确保中心进出道路的方便快捷，就必须撤掉这个野生动物公园。

说来也巧，就在方案将要完成的前几天，卡萨琳应邀去参加了那家环保组织的一次会议，并在会上发言。卡萨琳借机向众人介绍了自己的方案。这个方案严谨精细，简直无懈可击，许多听众都表示认同，连那个环保组织的人员也意识到这个中心一旦建立，将给社区经济带来积极的影响。所以，他们大多是卡萨琳方案的支持者。可环保组织的负责人凯威·鲁洛斯一本正经地向卡萨琳提出："您的方案很好！但是，有一个前提，那就是不能影响野生动物公园的建立。而您在讲话中，似乎没有提到我们的公园，希望您要慎重考虑。"卡萨琳听了，先是一惊，思忖片刻，还是爽快地说："没问题。你们的公园会得到保护的。"其实，卡萨琳的算盘是，这个环保组织很小，没有什么知名度和影响力，而且，它远离媒体中心，就算不重视，也不会引来太大的麻烦。

没想到，凯威·鲁洛斯是一个很认真的"刺头"，过了几天，依然没有得到卡萨琳的具体回复，便联系了当记者的朋友米歇尔·沃斯，并请她询问卡萨琳，如何在事先承诺在不牺牲野生动物公园的前提下做出那个方案。

当卡萨琳接到米歇尔·沃斯的电话时，不由慌了神。她试图说服米歇尔·沃斯，可做了10多年的记者的米歇尔·沃斯见多识广，能言善辩，卡萨琳招架不住，最后败下阵来。

而这时，卡萨琳已将方案提交给了相关部门，相关部门不仅同意了她的方案，还准备拨款。可米歇尔以迅雷不及掩耳之势将问题捅了出去，顿时舆论哗然。人们纷纷指责卡萨琳没有把手上的项目会对野生动物公园造成的不良影响公之于众，是不合道德规范的行为。卡萨琳的声望在一夜之间一落千丈。

没多久，有关部门否定了卡萨琳的方案。澳大利亚一家全国性的环保机构还将卡萨琳列入季度"撒谎者名单"。而塔斯马尼亚州政府开发及自然资源部以"不适合做经理人"为由解除了卡萨琳的公职。卡萨琳非常后悔，可她必须承受因撒谎而付出的沉重代价。

（《国际市场》，2012年2月）

点评： 撒谎容易，但代价很大。不知哪一位伟人说过："此人失败就在于不老实"。卡萨琳·卢韦克就是此种类型的人。卡萨琳被澳大利亚一家全国性的环保机构列入"撒谎者名单"，并以"不适合做经理人"为由被解除了公职，这就是撒谎者的代价！这就是对撒谎者的报应！所以，还是要诚信做人好！

207. 卢梭"永远的忏悔"的故事

雅克·卢梭（1712—1778），法国18世纪伟大的启蒙思想家、哲学家、教育家、文学家，是18世纪法国大革命的思想先驱，杰出的民主政论家和浪漫主义文学流派的开创者，启蒙运动卓越的代表人物之一。主要著作有《论人类不平等的起源和基础》《社会契约论》《爱弥儿》《忏悔录》《新爱洛漪丝》《植物学通信》等。

在卢梭的《忏悔录》中，记录着这样一件事：

卢梭小时候，家里很穷，为求生计，只好到一个伯爵家去当小佣人。伯爵家的一个侍女有条漂亮的小丝带，很讨人喜爱。一天，卢梭趁没人的时候，从侍女床头拿走小丝带，跑到院里玩赏起来。

正在这时候，有个仆人从他身后走过，发现了卢梭手中的小丝带，立刻报告了伯爵。伯爵大为恼火，就把卢梭叫到身旁，厉声追问起来。

卢梭紧张极了，心想，如果承认丝带是自己拿的，那他一定会被辞退，以后再找工作，可就更难了。他结巴了好大一会儿，最后，竟撒了个谎，说丝带是小厨娘玛丽永偷给他的。伯爵半信半疑，就让玛丽永过来对质。玛丽永比卢梭大几岁，人不但长得漂亮，而且乖巧、善良、诚实。小玛丽永一听这事，脑瓜子顿时懵了，吃惊地瞪大眼睛看着卢梭，好半天一边流泪，一边说：“不是我，决不是我！我也没有见过这条丝带。”

卢梭仍然坚持说：“你撒谎，就是你送给我的！”

玛丽永用失望地眼睛看着卢梭，说：“卢梭，求你说实话，可不要因此断送我的前途啊！”

虽然知道这样诬蔑好人是不对的，可是又不好反悔，只好死死咬住玛丽永不放，并把事情的所谓“经过”编造得有鼻子有眼。

伯爵更恼火了，索性将卢梭和玛丽永两人同时辞退了。当两人离开伯爵家时，一位长者意味深长地说：“你们之中必有一个是无辜的，说谎的人一定会受到良心的惩罚！”

长者的话说对了。这件事给卢梭带来终身的痛苦。四十年后，他在本人的自传《忏悔录》中坦白说：“这种沉重的负担一直压在我的良心上……促使我决心撰写这部忏悔录。”“这种残酷的回忆，常常使我苦恼，在我苦恼得睡不着的时候，便看到这个可怜的姑娘前来谴责我的罪行……”

点评：卢梭不愧是18世纪伟大的启蒙思想家、哲学家、教育家、文学家，18世纪法国大革命的思想先驱，他能够在他的自传体小说《忏悔录》中把自己小时候的一次说谎写出来，就说明了他是个诚实的人。卢梭故事告诉人们：“说谎的人一定会受到良心的惩罚！”说谎会像“沉重的负担一直压在自己的良心上”，给自己带来终身的痛苦，所以人还是不要说谎的好。

208. “与上帝契约之缘”的故事

在很久以前，有一个犹太人，家里有一位出落得十分漂亮的姑娘尚在闺中，没有嫁人。

一天，她和家人一起出行，由于走的路多，非常干渴，姑娘为了找水，一个人离开家人，找到一口井旁边。井水清澈得可以照见人影，姑娘心里十分高兴，便想舀些水上来喝。但是，她的手臂不够长，井旁倒是有一个吊桶，但凭她的力气，独自打一桶水上来又做不到。她左思右想看看四处无人，便决定攀着绳子下到井里去喝水。没想到，水是喝了，可由于井壁太滑，姑娘却无法爬到井上来。想到父母此刻正不知道急成什么样子，想到自己这样下去的话该怎么办，她又害怕又焦急，竟然呜呜地哭了起来。说来也巧，就在这时有一个小伙子经过这里，听见从井里传出的哭声，便赶紧过来看个究竟。就这样，漂亮的姑娘得救了。小伙子欣赏姑娘的貌美如花，而姑娘倾慕小伙子的勇于救人，两个人都表达了相互的爱慕之情。

不久，小伙子要出远门，约了姑娘到外面辞行，于是两个人立下了海誓山盟，小伙子非姑娘不娶。而姑娘呢？也是非小伙子不嫁，并约定等小伙子一回来两人就立刻结婚。按照古人的习俗，订婚要有证婚人，当时在场的只有他们两个人，没有第三者在旁。说来也巧，就在这时，有一只黄鼠狼从两人身边跑过，姑娘就说：那只黄鼠狼看见了我们俩的事情，就让他当我们的证婚人吧！

小伙子离开家乡以后，起初还把与姑娘的约定放在心上，可是，时间一长，渐渐地忘记了家乡的恋人，结果就和一个外地的姑娘结了婚。小伙子忘记了约定，可姑娘没有忘记，她天天在家里等着心上人回来。她不知道，她的心上人已经有了新欢。小伙子和他外地的妻子先后生了两个儿子，但这两个儿子却先后都遭到了不幸。先是第一个儿子在草地上玩，玩累了就在草地上睡觉，没想到在睡觉的过程中竟然被不知道从哪里跑出的一只黄鼠狼咬断了脖子。孩子死了，小伙子和他的妻子非常伤心，可是他还没有想到这里的原因。过些时候，他和妻子又生了第二个孩子，这一回他们再也不让孩子在草地上玩了，也决不让孩子在草地上睡觉。可是，正像过去一些老人所说的，是福不是祸，是祸躲不过。儿子稍大一点儿后，有一次来到井边，见井水清澈见底，感到非常好奇，便伸出头去看井里自己的倒影，就这样，不知道被哪种神秘的力量推进了井里。第二个孩子就这样被活活地淹死了。

两个孩子两场悲剧，终于让小伙子明白了神灵的意思。他想起了和姑娘的约定，不由得感到十分的惭愧。于是，便向妻子讲明了原因，两人离了婚。小伙子匆匆忙忙地赶回了家乡，看着当年漂亮的姑娘还在苦苦地等着他，他对姑娘表示了深深的忏悔，两人重续旧缘，喜结连理。

点评：故事虽然带有一定的迷信色彩，但它说明了一个道理，即承诺是应该兑现的，违约是应该受到惩罚的。

209. 东郭先生和狼的故事

故事出自中国明代马中锡的《中山狼传》。

春秋时期，晋国贵族赵简子到中山国打狼，前有向导开道，后有随从相随，声势十分浩大。

赵简子武艺出众，箭无虚发，远远地看见一只狼抬起前腿像人一样站在那里啼叫，便拔出一支箭向狼射去，箭镞一下子射中了狼的肌肤。狼号叫着逃窜，赵简子紧追不舍。

这时候，有一位书生东郭先生，正好赶着一头毛驴，背着一口袋书，到一个叫“中山国”的地方去谋求官职。突然，一只带伤的狼窜到他的面前，哀求说：“先生，我现在正被一位猎人追赶，猎人用箭射中了我，差点要了我的命。求求您把我藏在您的口袋里，将来我会好好报答您的。”东郭先生当然知道狼是害人的，但他看到这只受伤的狼很可怜，考虑了一下说：“我这样做会得罪猎人的。不过，既然你求我，我就一定想办法救你。”说着，东郭先生让狼蜷起了四肢，然后用绳子把狼捆住，尽可能让它的身体变得小些，以便装进放书的口袋中去。

不一会儿，赵荀子一等人追了上来，发现狼不见了，就问东郭先生：

"你看见一只狼没有？它往哪里跑了？"东郭先生说："我没有看见狼，这里岔路多，狼也许从别的路上逃走了。"猎人相信了东郭先生的话，朝别的方向追去了。

狼在书袋里听得猎人的骑马声远去之后，就央求东郭先生说："求求先生，把我放出去，让我逃生吧。"仁慈的东郭先生，经不起狼的花言巧语，就把狼放了出来。不料，狼却号叫着对东郭先生说："先生既然做好事救了我的命，现在我饿极了，你就再做一次好事，让我吃掉你吧。"说着，就张牙舞爪地朝东郭先生扑去。

东郭先生徒手同狼搏斗，嘴里不断地对狼着喊着"忘恩负义"。正在这时，有一位农民扛着锄头路过，东郭先生急忙拉住他，向他讲述自己如何救了狼，狼忘恩负义要伤害自己的事，请农民评理。可是狼却一口否定东郭先生救过它的命。老农想了想说："你们的话，我都不相信，这只口袋这么小，怎么可能装下一只大狼呢？请再装一下，让我亲眼看一看。"狼同意了，它又躺在地上，蜷作一团，让东郭先生重新用绳子捆起来，装进了口袋里。老农立即把口袋扎紧，对东郭先生说："这种伤害人的野兽是不会改变本性的，你对狼讲仁慈，简直太糊涂了。"说罢，抡起锄头，把狼打死了。

东郭先生恍然大悟，非常感谢农民及时救了他的命。现在，"东郭先生"和"中山狼"已经成为汉语中固定词语，"东郭先生"专指那些不辨是非而滥施同情心的人，"中山狼"则指忘恩负义、恩将仇报的人。

点评：故事警诫人们，不要怜悯狼一样的恶人。对不诚信之人讲诚信，就会上当受骗。

210. 老洛克菲勒"教育"孩子的故事

一天早晨，当老洛克菲勒的孙子站在桌子上伸出双手让他去抱时，他也伸出了双手，只不过是孙子已经扑出而他还未接到时，伸出的手就已经收回。害得小孙子从半空中重重地摔在了地上。最后，还要挨爷爷一顿训：在商场上你谁都不能信，包括你的亲人！

点评：故事告诉人们核心的是老洛克菲勒对孙子的一句训话："在商场上你谁都不能信，包括你的亲人！"美国是个移民国家，又是个资本主义国家，所以，美国法律很重要的一条，就是"私有制神圣不可侵犯"，其价值观都是姓私的，也就不足为怪了。这是美国的国情。我国是社会主义国家，因此，在这一点儿上，我们不能盲目地学西方。但可怕的是，这种说法现在已经成为我国不少家长教育孩子的"口头禅"。这就要引起我们家庭和教育部门的警惕，我们应该向孩子灌输社会主义核心价值观，不能把孩子往斜道上引。

主要参考文献

1. 章政、王京楠主编:《诚信史话》，红旗出版社2004年版。
2. 清福、继凡、恒天主编：《王安石三难苏学士》，辽宁大学出版社1993年版。
3. 唐琪、文雅编著：《中外智慧故事集锦》，少年儿童出版社1998年版。
4. 百度网寓言故事网、精品学习网等故事、图片，包括书中有的没有注名出处的文章。

后　记

经过3年多的耕耘，《诚信的力量——古今中外诚信经典故事》如一枝报春的迎春花，终于绽放在广大读者面前了。从2002年临近退休的我第一本企业文化书的出版，一路走来，到现在已经14年了。14年来，我陶醉于企业文化研究之中，先后著和编著了10本企业文化著作，包括《加入WTO后中国企业文化建设》《中外企业文化的故事》《企业家创新的故事》《最感动人的人性化管理故事》《最富哲理的人性化管理故事》《最经典的企业文化故事》《企业文化中国化——中国特色企业文化理论与实践》《引领——北京新经济组织党建巡礼》，等等。

在本书即将出版之际，首先声明的一点儿就是本书的210多个故事，不是编著者随意"编"出来的，有的是在基层调研、企业文化咨询、讲课中听来的；有的是从书本和报刊新闻媒体中淘来的；有的是朋友从基层实践中精心写出来的，而不少是从百度网上下载后加工整理的，包括一些图片。在编写中，对于引用的资料，我从保护知识产权出发，千方百计给以弄清和注明，并深表感谢；对于实在弄不清名字的（也有时间关系），特别是百度网上的文章，在本书出版之际特向大家说明，请作者予以谅解，并表示歉意和谢意！

其次，要感谢的就是十几年来众多专家、学者、教授、企业领导、老师，朋友对我写作的热情支持和厚爱。北京市思想政治工作研究会原常务副会长郝真，原中宣部理论局副局长（正局级）、中国企业文化理论家贯春峰老师，原红旗出版社总编傅国瑞老师，原北京国资委副主任白金荣，清华大学张德教授，中国思想政治工作研究会黄新慧副秘书长，中国企业文化研究会孟凡驰常务副理事长，北京青年政治学院王莉萍教授；中国企业文化促进会张鸿钧副会长，中国企业文化研究会张艳涛主任，北京市思想政治工作研究会原秘书长、韩旭、徐振凡、朱华东秘书长；原北京建工集团董事长、党委书记孙维林，神华神朔分公司党委副书记钟晓光，青岛市政协局级干部齐光辉，青岛海尔集团党委副书记王安喜，北京住总集团原宣传部长于文岗，北京市政集团公司原宣传部长赵英麟，北京市政专业设计院有限责任公司党委书记尹树元，神华宁煤集团物资公司党委书记姜宏瑜、宣传部史俊业老师，秦山核电站徐维康、张银林主任，北京市同仁堂集团宣传部长郭金风、原部长金永年，北京房山建筑协会李廷树秘书长，北京二轻党校高级讲师齐明山、刘昕等等，十多年来都给了我这样或那样的支持、指导和帮助，还有战友汪佑元、牟克军、吕吉申等，在本书出版的时候，一并向大家表示深深的感谢。

在此书出版之际，我还要感谢红旗出版社的毛传兵副总编辑、张明林主任和其他编辑同志，也借此机会，特向高向东、高峰、于富健、宫翠萍、刘正梅、刘工等同志，以及其他领导和一切帮助过我和支持过我的同志表示衷心的感谢。

莫道桑榆晚，为霞尚满天。我从 2004 年退休到现在，已经十二年了。十二年来，我除了到全国各地讲授企业文化课、进行企业文化咨询外，余下的时间几乎就是写企业文化的书了。当然，有时候也练练毛笔字娱乐什么的。有不少人多次劝我："退休了，弄不了仨瓜俩枣，写它干什么呀!"但由于爱好，我丝毫不为所动。十二年来，我几乎每天夜里两三点就睡不着了，脑子就开始打腹稿，四五点钟就披衣写作。每天就像打了兴奋剂似的，使我陶醉于写作的亢奋之中，即使节假日、春节也是笔耕不辍，这已经成为我的一种精神享受。而写作又逼着我上网、查字典、找资料。而在这一过程中，使我又接触了一个新的世界，不断激发出新的灵感，获取新的写作资料，往往是这本书还没写完，新的一本书又开始在脑子里酝酿了。在这种循环往复中，我因写作而心里充实，因充实而愉悦，在愉悦中充实了大脑，增长了知识，享受了快乐，享受了幸福，享受了生活，享受了人生。一本书、一本书就像春天的各种鲜花竞相绽放了。十二年来，我忘记了时光，忘记了年龄，心里感到越活越年轻。马克思说过，当劳动作为人们的一种需要时，就会感到劳动是很幸福的了（意思）。在写作中，我就有这样一种感觉。由于心态比较好，40 出头就得的心脏病好像也好了。在写作中，我享受了什么叫人生，感到了什么叫夕阳红。

编著者

2016 年 4 月 6 日